평가받으며
사는 것의 의미

타인의 시선에
휘둘리지 않는 사람이 되기 위해

평가받으며 사는 것의 의미

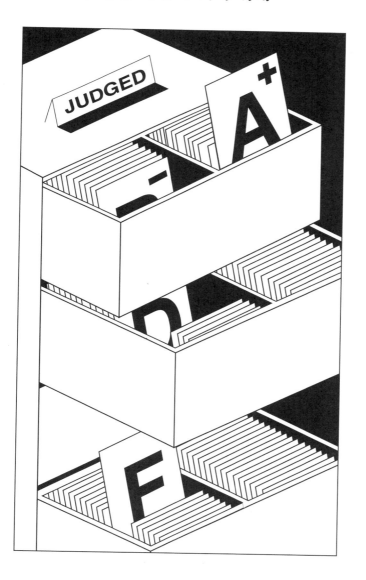

지야드 마라 지음 │ 이정민 옮김

현암사

베이루트에서 필리로 함께 왔던

아버지, 어머니, 나의 형제들 캐시, 나엘, 제인, 리스 마라에게

목 차

우리는 서로를 이해할 수 있을까

당신은 표지를 보고 이 책을 판단했는가? 아니면 제목이나 소제목에 끌렸는가? 이 글을 읽고 있는 지금, 당신에게 직접 말을 거는 이 시도가 혹시 거북하게 느껴지는가? 생각이 여기까지 미치자 머릿속이 복잡해진다. 나는 각자 원하는 게 다른 수많은 독자들을 염두에 두고 글을 쓰지만 모든 기대를 충족시킬 순 없다는 사실을 잘 알고 있다.

당신은 지금 날 평가하고 있는가? 이 질문을 하면서 욱하는 감정이 든다는 것은 많은 것을 의미한다. 나는 유감과 비난의 뜻을 담은 단정적인 어조로, 함부로 단정적으로 말하지 말라고 할 것이다. '단정적'이라고 말하는 건 부정적 의미다. 박수나 칭찬 세례와 함께 곁들일 수 있는 말은 아니지 않은가? 게다가 긍정적 평가와 부정적 평가는 영향력 면에서 결코 같을 수 없다. 평가에서는 비판의 무게가 칭찬보다 훨씬 무겁기 때문이다.[1]

당신을 '단정적'이라고 치부하는 이유는 나를 방어하기 위해서다. 지나치게 비판적이라고 비난하면서 설명을 요구하는 것이다. '날 평가하고 있는가?'라는 질문은 누군가 나를 뜯어보면서 부족하다고 결론짓는 게 불편한 것에서 시작된다. 결국 자신을 보호하고 똑같이 복수하고자 나 또한 당신을 평가하게 된다. 뿐만 아니라 나한테 당신이 뭔지, 내 행동이 당신과 무슨 상관인지까지 따져 묻는다. "대체 당신이 뭔데 그러는 거야?"

나는 당신이 평가를 그만해주기를 진심으로 원하고 있을까? 물론이다. 그게 바로 내가 원하는 것이다. 부정적 평가만큼은 피하고 싶기 때문이다. 남들의 가혹한 시선에서 어떻게든 도망치고 싶을 때 우리는 '어떻게 살든 내버려둬' '각자 사는 거지'라는 말 뒤에 숨어버린다.

하지만 남들의 평가로부터 완전히 벗어난다는 건 환상에 불과하다. 전혀 평가받지 않는다면 어떻게 의미 있는 삶을 살 수 있겠는가? 잘 살기 위해서는 때에 따라서 비판도 필요하다. 평가받지 않는 삶은 네트 없이 치는 테니스와 다를 바 없다. 타인은 다양한 차원에서 우리의 삶에 기여한다. 기쁨, 선의, 정보의 원천이기도 하지만 무엇보다 우리의 자아상과 자존감 형성의 핵심이다. 물론, 타인의 평가가 고통스러울 때도 있지만 존재의 의미와 이유를 찾는 데에는 꼭 필요하다. 부모님, 친구, 동료 혹은 그 누구든 우리가 소중하게 여기는 이들의 눈을 통해 자신을 바라보지 않고서는 강력한 자아의식이 구축될 수 없다.

비판적 평가를 받고 느끼는 고난과 억울함 뒤에는 좀 더 너그러운 평가를 받고 싶은 희망이 있다. 레이먼드 카버Raymond Carver는 말년에 쓴 시 「만년의 조각글Late Fragment」에서 이번 생에서는 자신이 원하던 것을 얻었다고 말했다. 그것은 사람들의 사랑을 받는다고 스스로 말할 수 있고 실제로도 사랑받고 있다고 느끼는 것이다. 카버처럼 우리는 타인으로부터 사랑받고, 최소한 존중받거나 그것도 안 되면 인정이라도 받기를 원한다. 결국 우리가 진정으로 원하는 건 타인의 좋은 평가지만 그렇다고 대놓고 요구하는 건 어렵다. 그런 바람을 내비쳤다가는 타인의 시선이나 신경 쓰는 사람으로 볼 것이기 때문이다. 나는 자비나 동정 같은 건 바라지 않고, 거짓 박수를 받고 싶지도 않다. 평소 타인의 좋은 평가를 갈구한다는 사실은 인정하기 어렵다. 우리가 원하는 건 평가에 연연하지 않는 듯 보이면서도 좋은 평가를 받는 것이기 때문이다.

심리분석가 레슬리 파버Leslie Farber[2]는 의지만으로 불가능한 것을 성취하려는 시도에 대해 설명했다. 그의 말에 따르면 지식은 쌓을 수 있지만 지혜로워질 수 없고, 침대에 누울 순 있지만 잠들 수 없고, 배를 채울 수는 있지만 허기질 수 없고, 온순하게 굴 수는 있지만 진정으로 겸손해질 수는 없다. 그가 제시하는 사례들을 듣기만 해도 심란해진다. 물론 타인의 평가는 이보다 더 뜻대로 되지 않는다. 하지만 만약 원하는 대로 좋은 평가를 받을 수 있다면 그런 식의 평가는 가치가 떨어질 수밖에 없다. 나쁜 평가를 받을 위험이 수반되지 않는다면 좋은 평가를 받더라도 그만한 가치가 없는 것이다. 타인의 평가가 마땅한 무게를 지니려면 고통스러운 비판의 가능성이 존재해야 한다. 우리가 타인의 평가에 깊은 애증을 느끼면서도 이따금 전혀 필요 없는 척하는 건 바로 이 나쁜 평가를 받을 가능성 때문이다. 앞선 내 질문에 욱하는 감정이 담겨 있는 이유도 바로 여기에 있다.

'타인의 평가'라고 할 때 보통 서로에 대해 내리는 다양한 사회적, 도덕적 평가를 떠올린다. 대개는 외모와 지위와 같은 특징이나 행동, 특히 그 사람의 경쟁력과 동기를 둘러싼 평가가 이루어진다. 하지만 사실 이러한 판단 방식은 우리의 상호작용을 방해하곤 한다. 불확실한 직감이 작용하여 부정적이든 긍정적이든 어떤 평가를 내리는 것인데, 나는 이 책에서 이런 능력이 필요하기는 하지만 불완전하고 모순적이며 이기적인 데다 왜곡되기 쉬우므로 결과적으로 공정하게 이루어질 수 없다는 사실을 탐구할 것이다. 이는 타인에 대한 평가뿐 아니라 스스로에 대한 평가 역시 마찬가지다.

말하자면, 우리가 서로를 이해하는 데는 분명 한계가 존재하며 아무도 당신을 진심으로 이해할 수 없다. 이 책에서는 우리가 상대방에 대해 알 수 있는 지식의 한계, 그로 인해 대부분의 사람들이 느끼는 익명성과 외로움을 상당 부분에 걸쳐 다룰 것이다.

본래 레바논의 베이루트에 살았던 우리 가족은 내가 열 살 되던 무렵 런던 남부의 펄리로 이사했다. 1975년 내전 발발과 동시에 레바논을 떠나 영국 크로이던의 외가 근처에 정착한 것이다. 우리가 영국에서 처음으로 여름을 맞이한 1976년은 기온이 항상 30도를 웃도는 폭염에 가뭄까지 겹쳐 사람들은 물을 배급받아야 했다. 반바지가 하나뿐인 사람들 사이에서 적응 못하고 있던 형과 누나, 그리고 나는 그 해의 더운 날씨 덕분에 새로운 나라에 친근감을 느끼기 시작했다. 우리 가족은 각자 다양한 방법으로 고군분투했는데 요르단인 아버지는 '영국의 중간 관리자들'에게 적응하지 못해 결국 중동까지 출퇴근하는 걸 선택했고, 15년을 떠났다 돌아온 엄마는 우리의 학교와 살 집을 찾아야 했다. 우리는 집 바로 근처에 있는 초등학교에 다녔기 때문에 통학은 그나마 편했다. 하지만 학교 생활은 혼란스러웠는데, 특히 선생님들이 기독교식인 내 중간 이름을 알고는 나를 폴Paul이라고 불렀지만 용기가 없어 1년 넘게 가만히 듣고 있어야만 했다.

하루는 수학 시험 성적이 발표되었다. 나는 10문제 중 9개나 맞췄지만 한 문제를 틀린 이유가 정답을 아랍어로 썼기 때문이

평가받으며 사는 것의 의미

라는 사실을 알고는 기뻐할 수가 없었다. 정답이었던 6을 아랍어로 쓰면 아라비아 숫자 7로 읽히기 십상이었던 것이다. 그냥 내버려두면 될 것을 나는 선생님께 말씀드리기로 마음먹었다. 그것도 내 자리에서 일어나 말하기가 부끄러워 교실 앞까지 나가 선생님 귀에 대고 자초지종을 설명했다. 선생님은 믿을 수 없다는 듯 날 바라봤다. 내가 거짓말을 하고 있다고 생각하는 게 분명했다. 당황한 나는 귀까지 빨개졌고, 내 자리로 돌아오는 동안 부당한 비난을 감내해야 했다. 여기저기서 키득대는 소리가 들렸다. 결과적으로 이 낯선 영토에서 느끼는 소외감은 더 커졌고, 당시 내가 뼈 아프게 체득한 것은 작가이자 심리치료사인 아담 필립스Adam Phillips의 저서 『일부일처제Monogamy』에도 드러나 있다.

우리는 타인의 마음속에서 자신의 이미지를 특정하게 유지하기 위해 열심히 노력한다. 물론, 매력이 덜한 모습은 보여주지 않으려고도 한다. 하지만 우리가 만나는 이들은 모두 좋든 싫든 우리를 창조한다. 우리가 하는 말을 그들이 어떻게 받아들이고 재구성하는지를 보면 타인이라는 존재, 그들이 우리와 얼마나 다른지 가장 극명하게 확인할 수 있다. 입에서 입으로 전달되는 사이 우리의 이야기는 완전히 달라지고 마는 것이다.

잘못 전달된다는 것은 동의할 수 없는 모습의 우리 자신으로 (새

롭게 만들어져) 제시되는 것이다.³

나의 수학 시험 에피소드는 이런 식으로 오해받은 숱한 사례의 하나에 불과하다. 물론 당시 나를 둘러싼 소문들은 다 금시초문이었다. 나는 그때 괜한 법석을 떨어서 교실 앞까지 나갔던 바보 같은 나 자신을 지금까지도 탓한다. 다행히 이렇게 뚜렷이 각인되어 있는 기억은 비교적 많지 않다. 하지만 좀 더 사소한 오해의 기억은 그야말로 차고 넘친다. 맥락이 어긋났거나 잘못된 추측, 혹은 과한 욕심이나 사회적 실수 등 사소한 일 하나하나가 오해의 그물을 만들어 우리의 내면과 일상을 어둡게 하고 고립시킨다. 좀 더 밝게 기억되는 에피소드까지 포함해 이 같은 오판과 오해의 경험은 내가 보기엔 인간으로 살아가는 가장 큰 특징이다.

어쩌면 정색할 수도 있겠지만 뒷부분에서 나는 오해가 암울하기만 한 것은 아니라고 주장할 것이다. 오해도 얼마든지 희망적일 수 있다. 당신과 내가 알고 있는 게 다르기 때문에 자아가 다채롭게 발전하고 성장할 수 있는 공간이 생겨난다. 서로 너무 잘 알아도 숨 막힐 뿐더러 빤히 보여서 단조로울 수 있다. 이 같은 메시지는 레너드 코헨Leonard Cohen의 노래 〈송가Anthem〉 후렴구에서도 말하고 있다.

당신을 완벽하게 보여줄 수 있다고 생각하지 말아요.

세상 만물에는 틈이 존재해요.

그래야 빛이 새어 들어올 수 있죠.

온라인 세상과 평가의 시대

우리가 인터넷 세상에서 나 자신을 표현하느라 얼마나 많은 시간과 노력을 투자하고 있는지 보면 최근 몇 년 사이 타인을 평가하는 영역이 훨씬 복잡해졌다는 사실을 알 수 있다. 인간이 스크린에 중독되면서 반사회적anti-social 존재가 됐다고 믿어온 이들 역시 생각을 바꾸기에 이르렀다. 나 역시 그런 불평을 했을 때 딸 안나가 "아빠, 이건 소셜social 미디어라고요."하며 일깨워준 적이 있다. 디지털 세상에서는 실제 일상과 완전히 동떨어진 자신의 모습을 보여주고 서로의 모습에 대해 더욱 치열하게 소통하고 평가하게 된다.

사람들은 온라인 활동에서 중요한 건 타인과의 관계 및 연결성, 정보 수집이라고 주장할 수 있겠지만 정작 온라인 활동을 시작하는 동기가 타인으로부터 좋은 평가를 받고 싶은 희망이라는 사실은 말하지 않는다. 그리고 온라인상에서는 남의 시선을 의식해 협력적이고 희망적인 모습만을 내보이는 등 의도적인 방식으로 행동한다. 이처럼 남과의 비교를 전제로 최고의 모습만 뽐내는 사람들이 가득한 세상을 들여다보면서 자신감을 갖기란 힘든 일이다.

매일같이 셀카와 가십이 폭주하고 인스타그램과 스냅챗 등의 어플이 발달하는 걸 보면 소셜 네트워크가 사람들의 자존감을 들었다 놨다 한다는 사실을 알 수 있다. 결국엔 후회할 말을 하거나 인터넷에는 완전한 삭제가 없다는 걸 모르는 사람들은 위험한 상황에 직면할 가능성도 높다.

소통의 새로운 방식들이 우리 문화에 깊숙이 침투하면서 십년 전까지만 해도 믿기 힘들었던 수치들이 더는 놀랍지 않게 됐다. 예를 들어 페이스북에서 매일 20억 명의 사람들이 동영상을 시청하고 그것을 모두 합치면 500년 분량에 달한다. 트위터에서는 분당 35만 개의 메시지가 생산되며, 블로그에는 매일 6억 5천만 개의 새 글이 게시된다. 그리고 이 모든 게시물에 비교할 수 있는 잣대들이 가득하다. 이 사람은 친구가 몇 명인지, 그의 글에 몇 명이 '좋아요'를 눌렀는지, 팔로워와 구독자 수는 몇인지, 리트윗 및 텀블러 리포스트는 몇 번이나 됐는지, 유튜브 조회수는 몇 번인지 세어볼 수 있는 것이다. 그리고 이렇게 단순한 척도는 중요하지 않다고 치부할수록 대부분 사람들의 행동이 왜곡될 가능성도 높다.

우버*에서 내릴 때 별점을 매겨 운전사를 평가하게 되어 있

평가받으며 사는 것의 의미

지만 운전사 역시 당신을 평가한다는 사실을 기억해야 한다. 영국 드라마 〈블랙 미러Black mirror〉 시즌3 1화에서는 이 같은 상호 평가가 만연한 세상이 일종의 디스토피아로 풍자된다. 개개인의 평점이 끊임없이 변하는 데다 완전히 공개되는데 그러다 4.2점 밑으로 떨어지면 고급 상품도 마음대로 못 사는 처지가 된다. 심지어 2점 미만의 점수를 받는 사람들은 하위 계층으로 추락한다. 이 작품은 사회적 평가가 온통 디지털로 중개되는 상황이 눈 깜짝할 새 현대인들의 삶의 일부가 됐다는 사실을 말해준다.

트위터의 경우를 보자. 자신의 팔로워가 몇 명인지 모르는 사람이 있을까? 팔로워 수가 늘고, 자신의 게시물이 리트윗 되었다는 알림이 떴을 때 뿌듯해하지 않을 사람은 또 어디 있겠는가? 트윗을 올릴 때 과연 사람들이 공감할지 궁금해하지 않는 이가 있을까? 눈에 띄거나 공감을 일으키고 싶은 마음이 없다면 애초에 트윗을 왜 올리겠는가? 이렇게 관심을 받고 싶어하는 메시지들이 분당 35만 개, 매일 5억 개가 넘게 생산된다.

이제는 누구나 방송인이 될 수 있다. 시청자들을 만난다는 건 몇 년 전까지만 해도 미디어 산업에 종사하는 이들에게만 허용됐지만 이제 모두가 클릭 몇 번으로 할 수 있게 되었다. 대

---

* 스마트폰을 기반으로 한 미국의 승차 공유 서비스

신 실수했을 경우에도 훨씬 신속하게 평가받는다. 디지털 세상에서는 평가가 훨씬 치밀하게 이루어지기 때문에 인터넷이 자신을 은밀하게 표현하는 공간이라고 믿은 사람들은 그야말로 뒤통수를 얻어맞게 된다. 일례로 영국의 정치인 에밀리 쏜베리Emily Thornberry는 잉글랜드 국기가 게시된 뉴욕 로체스터의 한 주택 이미지를 트위터에 게시한 직후 노동자 계급의 애국심을 자극해 표를 얻으려 했다는 가혹한 비난에 시달려야 했다. 며칠 후 의원은 결국 사임했다.

이제 트위터를 통해 온갖 무분별한 발언들이 전 세계로 퍼져나갈 수 있다. 실제로 노벨상 수상자인 팀 헌트Tim Hunt는 한국에서 열린 한 회의에서 성차별적 발언을 해 불과 며칠 만에 업계에서 퇴출당했다.

존 론슨Jon Ronson의 저서 『그래서 당신은 공개적으로 망신당했습니다So You've Been Publicly Shamed』는 이처럼 선을 넘은 트위터 이용자들에게 과도한 처벌이 가해진 사례들을 파헤친다. 평가하고 또 평가받길 원하는 우리의 욕구는 인터넷의 등장으로 더 강해졌을지 모른다. 디지털 세상이 이 욕구를 창조한 게 아니라 오래전부터 존재했던 것을 채워주었을 뿐이다. 마치 값싼 패스트푸드가 보급되면서 고대부터 있었던 지방 섭취 욕구를 충족시켜 준 것처럼 말이다. 우리는 이제 사회적 평가를 주고받고 싶은 강렬한 열망을 충족시켜 주는 수단을 전례 없는 규

평가받으며 사는 것의 의미

모로 누리게 되었다.

　얼마 전 나는 짐바브웨에서 힘겹게 살아가는 한 남성으로부터 질문을 받고 할 말을 잃고 말았다. "대체 서구 사람들은 왜 자살하는 거죠?" 그가 물었다. 세계에는 여전히 많은 사람들이 엄청난 궁핍과 고난에 시달리는데, 커다란 풍요를 누리고 있으면서 왜 삶을 포기하는지에 대한 질문이었다. 우리는 명품 사재기를 부추기는 문화에서 소비 및 소유를 향한 욕구가 결코 충족될 수 없다는 사실을 알고 있다. 타인과 비교하고, 그에 따른 기준에 의해 결국 자신은 실패했다고 여기는 것도 이 통찰에 비춰 생각해볼 필요가 있다. 결국 남과의 비교에 근거해 자신을 평가하는 것이야말로 우리가 직면하는 가장 가혹한 평가일 때가 많다.

　물론 타인의 삶을 들여다보고 평가하면서 자신의 삶에 가치를 부여할 수 있고 또 남들은 나를 어떻게 평가할지 상상할 수 있다. 하지만 그러다 자칫 타인의 평가를 절대적으로 받아들이고 자신이 너무 부족해 살아갈 가치가 없다는 결론에 이를 수도 있다. (매슬로의 피라미드[4]에서 제시하는) 욕구가 음식, 의복, 주거 등의 원초적 영역에서 자존감과 인정이라는 추상적 영역으로 진화하면서 존재의 정당성을 느끼고 싶은 욕구는 원초적 욕구만큼이나 강력하게 일어난다.

　'자신을 제외한 모든 이들이 애처로운 허세라고 여길지라도 모든 인간은 자신에게 명성을 안겨줄 것이라 믿고 있는 계획, 전 세계의 관심이 집중될 거라고 믿는 프로젝트를 갖고 있다.' 시인이자 평론가인 새뮤얼 존슨Samuel Johnson의 이 같은 통찰은 씁쓸하다. 이런 계획이 이뤄진다는 보장이 없기 때문에, 아니 도리어 가혹한 비평이나 무관심에 직면할 확률이 높기 때문이다. 나약한 공상가는 그 무엇도 되지 못하고 그저 싸늘한 반응에 둘러싸일 뿐이다.

돈과 같은 자원처럼 타인에 대한 평가 역시 상당히 불균등하게 분배된다. 누군가는 인정과 갈채, 선의, 신뢰와 명성을 넘치도록 누리는 반면 좋은 평가를 찾아보기 힘든 이들도 많다. 만약 평가가 이렇게 불균등하게 분배되는 게 공정성과 합리성을 갖춘 기준에 따른 것이라고 해도 좋을 건 없다. 하지만 우리가 일상적으로 내리는 평가는 상대방에 대한 위선적이며 왜곡된 인식에서 비롯되는 데다 여러 면에서 말이 안 되고 부당하게 분배된다는 점에서 최악이라 할 수 있다. 이에 대해서는 책 뒷부분에서 좀 더 상세하게 다룰 것이다.

이 같은 불공평한 분배는 또 다른 불평등과 밀접하게 연관되어 있다. 최근 한 신문기사는 중산층 부모가 자녀들을 위해 어떻게 유리 바닥glass floor을 창조하는지 보도한 바 있다. 자녀의 능력이 아무리 부족하더라도 일정 수준 이상의 인정과 기대를 받게 만들 수 있는 자원이 중산층 부모들에게 있다는 내용이었다. 다시 말해 이들은 사회적으로 좋은 평가를 기대할 수 있는 객관적 조건들을 이미 갖추고 있는 만큼 그 자녀들도 세상에서 얼마든지 당당해질 수 있다는 것이다. 이는 날카로운 시각을 가졌던 사회학자 어빙 고프만Erving Goffman이 50여 년 전에 했던 말에도 잘 드러난다.

> 미국에서 모든 걸 완벽하게 갖춘 남성은 딱 한 부류다. 젊고, 기혼이며, 백인에, 도시에 거주하고, 북부 출신인 데다, 이성애자이고 자녀를 둔 개신교 신자. 대학 교육을 마쳤고, 정규직이며, 얼굴과 체중, 키 모두 나무랄 데 없는 데다 평소 스포츠 활동을 즐겨야 한다… 이중 어느 한 가지 요건이라도 갖추지 못한다면 자신을 (적어도 가끔은) 가치 없고 무능하며 열등하다고 여길 확률이 높다.[5]

고프만에 따르면 이들은 '몹쓸 정체성'을 갖고 있는 것이다. 나는 이 같은 불평등이 우리 사회를 오염시키는 여느 고질적 불평등과 마찬가지로 쉽게 바뀔 거라고 생각하지 않는다. 하지만 사회적 평가의 기이한 본질을 탐구함으로써 그로 인한 위험을 조금이나마 피해갈 수 있을 것이다.

이 책에서 나는 매일같이 나타나는 사회적 평가가 이루어지는 방식과 구조를 탐구해 우리가 당연하게 받아들이는 불편한 결과를 좀 더 잘 이해해보려 한다. 그 불편한 결과 중 하나가 진심으로 이해받지 못한다는 불안함에서 오는 고립감이다.

불완전한 평가 속에서 살아가기

보통 평가에는 반드시 과학적 증거가 뒤따라야 한다고 이야기한다. 어떤 주장을 뒷받침하기 위해서는 증거와 논거가 반드시 필요하며, 이 같은 과학적 원칙 덕분에 실제 약과 위약, 차량 무게를 떠받칠 수 있는 다리와 없는 다리가 엄연히 구분되는 것이다. 하지만 이렇게 구분할 수 있는 건 비교적 '단순한 문제tame problems'에 불과하며 과학적 방법으로도 명쾌하게 설명할 수 없는 복잡한 현상 역시 세상에 존재한다. 실제로 사회에서 겪는 문제의 상당수가 '사악한 문제wicked problems'의 특징을 갖는다. 사악한 문제는 (더 낫다 아니다는 구분할 수 있을지언정) 단순히 옳다 그르다로 답할 수 없는 문제를 지칭하는 말이다. 전후 상황에 따라 가치 판단이 확연히 달라지기 때문에 일반화 자체가 불가능하며 어떤 잣대를 들이대느냐에 따라 판단 근거도 전혀 다르게 나타난다.

　예를 들면 불평등, 인간관계, 직업 만족도, 전반적인 삶의 질 등 이 시대의 주요 사회 문제들이 대부분 사악한 문제에 해당된다고 할 수 있다. (톨스토이가 『안나 카레니나』의 도입부에서 밝힌 것처럼) 객관적 지표만 봐서는 전혀 불행할 게 없는 가족들이 대체 왜 불행한지 알아보려면 실험 과학보다 훨씬 광범위한 영역에서 증거 및 논거를 수집해야 한다.

따라서 여기에는 개인의 주관적 판단이 개입될 수밖에 없다. 이 책에서 나는 모호한 판단 기준, 편향되고 비합리적일 수밖에 없는 판단 체계와 이런 잣대에서 벗어나고 싶은 불가능한 소망 등을 실험 심리학의 관점에서 들여다볼 것이다. 이뿐 아니라 철학, 전통적인 심리 분석, 인류학, 사회학, 그리고 문학과 대중문화 등 인간 지식의 다른 창고를 통해서도 양질의 통찰을 얻을 수 있다.

이러한 사실을 부인하는 것은 어느 날 밤 술집에서 나와 자신의 차로 걸어가는 만취한 남성에 비유할 수 있다. 그는 문득 자동차 열쇠를 잃어버렸다는 사실을 깨닫고 가장 가까운 가로등으로 다가가 밑을 살핀다. 이때 한 경찰이 다가와 도와주지만 아무리 찾아도 보이지 않자 여기서 잃어버린 게 맞냐고 묻는다. 이에 남성이 칠흑같이 어두운 한쪽 구석을 가리키며 대답한다. "아뇨, 저쪽에서 잃어버렸어요." "그런데 왜 여기서 찾고 있죠?" 어리둥절해진 경찰의 질문에 남성이 하는 말, "여기가 환하잖아요." 이처럼 어떤 현상을 탐구할 때 사람들은 가능한 것보다 명확한 것을 더 추구할 때가 있다. 이른바 '가로등 효과'는 설령 답을 구하는 게 불가능하더라도 직관적으로 합당한 것보다는 측정 가능한 것에 더 의존하는 경향을 가리킨다. 하지만 사악한 문제를 해결하려면 어둠 속을 꿰뚫어볼 수 있어야 한다.

실험 심리학은 개개인의 경험을 관통하는 인간의 본질적 특징을 발견하게 한다. 심리학자들은 특히 일상에서 착각하기 쉬운 사례들을 활용해 이를 설명한다. 일례로 돌멩이 하나를 비행기 밖으로 던지면 어디로 떨어질지 묻는 질문에 비행기 바로 밑이라고 대답하는 사람이 대다수지만 사실은 수 킬로미터 떨어진 곳이다(우리는 비행기가 초고속으로 난다는 사실을 간과한다). 그들은 이처럼 직관과 현실 간의 격차를 보여줌으로써 우리의 세계관을 구축하는 편견 및 선입견들을 능숙하게 묘사한다.

그런데 이렇게 공통적인 특징을 찾다 보면 우리가 매일같이 맞닥뜨리는 개인적이고 특정한 경험을 간과하기 쉽다. 평가를 주고받는 초사회적 동물에게 가장 중요한 건 바로 평판이다. 만일 어떤 경험을 통해 특정 평가를 내리게 됐다면 이는 당시의 고유한 전후 상황 속에서만 나올 수 있는 평가다. 그러므로 전후 문맥과 이야기가 분명하게 드러나 있는 영화나 소설 등 대중문화를 참고하는 것도 도움이 된다. 명성을 쌓기 위해 어떤 노력을 펼쳐야 하는지 이해하고 싶다면 인기 TV 시리즈 〈브레이킹 배드Breaking Bad〉에 등장하는 월터 화이트의 이야기에 주목해보자. 심리학자 댄 맥아담스Dan McAdams가 말했듯 "우리는 모두 자신만의 유일무이한 삶을 살아가는 예술가이지만 각자의 삶이 서로 얼마나 비슷한지 찾아가는 과학자이기도 하다. 그 속에서 유사성과 일반성, 그리고 흐름을 발견한다." 문학이 개개인을 분리한다면 심리학은 고유성보다 일반성을 강조함으로써 뭉뚱그리는 경향이 있다.

이렇게 다양한 분야를 동원해 다양한 관점에서 접근하는 이유는 연구실에 가만히 앉아 도출할 수 있는 결론보다 훨씬 복잡하고 '사악한' 현실이 더 충실하게 반영된 그림을 그리기 위해서다. 그를 통해 이 책이 더 흥미로워지고 여러분이 처음 집어들었을 때 내렸던 평가가 틀리지 않았다는 결론에 이르기를 바란다.

나는 가장 먼저 우리가 살고 있는 지뢰밭 사회Social Minefield를 둘러볼 것이다. 관습과 기대에서 벗어나지 않기 위해 조심할수록 나쁜 평가를 받는 데 대한 두려움과 다양한 형태의 사회적 고통에 시달리게 된다. 곤란하거나 창피한 상황, 혹은 죄책감에 맞닥뜨리고 싶지 않은 두려움이 수치심과 함께 우리의 행동을 크게 제약하고 그 결과 생각나는 대로 말하거나 내키는 대로 행동할 수 없게 된다. 사람들은 각자가 지닌 기량과 지식에 따라 자신에게 걸맞은 사회적 기술을 단련한다. 그래서 대부분 쿨한 모습과 곤란하고 서툰 모습 사이에서 최대한 섬세하게 인상을 관리한다.

이처럼 인상을 세밀하게 관리하는 데서 한 발짝 물러나 바라보면 평판을 좋게 혹은 나쁘게 만드는 요인이 보이기 시작한다. 2장의 주제가 바로 이것이다. 평판은 사회적 동물의 가장 중요한 자산에 해당된다. 최고의 평판을 누리기 위해서는 순수한 의도와 경쟁력 사이에서 아슬아슬한 균형을 유지할 수 있어야 한다. 도덕성과 유능함의 두 마리 토끼를 모두 잡아야 하는 것이다. 하지만 무엇보다 혼자서 평판을 쌓는 사람은 아무도 없다는 사실을 잊어선 안 된다. 당신이 도덕적이든 유능하든, 둘 다든, 둘 다 아니든 평가를 받기 위해서는 관찰자가 존재해야 한다.

그런데 불행히도 관찰자의 시각은 신뢰할 만한 게 못 된다. 이는 3장의 주제로 우리가 서로에 대해 사회적, 도덕적 평가를 내리는 과정은 엉성하기 짝이 없다. 가치관이라는 명목으로 포장된 이기적이고 위선적인 기준과 함께 잠재적 편견, 도덕적 결점으로 가득차 있다. 최근 실시된 연구들에 따르면 이런 편견은 심지어 광범위하게 퍼져 있기까지 하다. 결국 아무리 노력하더라도 서로에 대해 공정하거나 중립적인 평가를 내릴 수 없다는 뜻이다.

평가의 이면이 이렇다 보니 평가하고 평가받는 것의 저주에서 벗어나 독립되고 진실한 삶을 살고 싶은 마음이 생길 수밖에 없다. 실제로 많은 이들이 프랑스 사상가 라 로슈푸코La

Rochefoucauld의 발언에 담긴 혐오감에 공감한다. "타인이 나에게 호의를 갖길 원하는 단순한 마음에 타인의 평가에 연연한다면 내 마음의 평화와 삶의 방식이 위태로워질 것이다."

우리는 나를 관찰하는 관객 중 일부가 좋지 않은 평가를 내릴 듯한 낌새가 보이면 도망치고 싶어 한다. 인습 타파주의자, 괴짜들은 평가에서 벗어난 자유의 이상을 몸소 보여준다. 때로 우리는 모글리나 타잔처럼 단순한 자아상을 추구하며 동물적 본능에 충실하지만, 또 어떨 때는 자신만의 의지로 급물살 같은 일상에서 벗어나는 독창적 예술가상을 추구하기도 한다. 이들은 4장의 주제인 홀가분한 자아를 여실히 보여주는 도피 예술가들이다. 필립 로스의 『휴먼 스테인Human Stain』에 등장하는 주인공 콜먼 실크는 자유를 좇는 삶이 어떤지, 자칫 얼마나 난처한 상황을 유발할 수 있는지 보여준다.

마지막 장인 '최후의 평가'는 우리의 삶이 결국 어떻게 평가받는지에 대해 다룬다. 부고 및 전기 영화는 모든 게 끝나고 아직 공유되지 않은 삶이 어떻게 정리되는지 잘 보여준다. 정작 주인공은 볼 수 없는 이 이야기에 어떤 식으로든 일관성이 생기려면 삶이 왜곡될 수밖에 없다는 사실을 우리는 알고 있다. 공개하는 부분이 있으면 그만큼 감추는 부분도 있기 마련인 것이다. 진지한 부고라면 삶의 결에 대한 미묘한 통찰을 제공하는 한편 왜곡과 폭로는 피해야 한다. 하지만 한 사람의 삶에 일

관된 서사를 부여할 수 있는 왜곡되지 않은 시각, 중립적 기반
은 존재하지 않는다. 심지어 복잡하고 혼란스럽고 불공평하고
불친절한 기술이 계속된다면 급기야 진실은 묻히고 이해하기
힘든 부고가 탄생할 수도 있다. 그럼에도 기록되는 게 안 되는
것보다 낫고, 그래야 우리 삶에 의미가 있다고 느낄 수 있다.

　마무리 단계에 들어선 후에야 나는 이 책이 내 전작인『친밀
함: 인간관계의 미묘한 힘 이해하기 Intimacy: Understanding the Subtle
Power of Human Connection』와 완전히 반대 입장을 취한다는 사실을
깨달았다. 부제에서 알 수 있듯 전작은 내가 누군가를 알고 또
누군가 나를 안다는 느낌, 외로움을 해소해줄 잡힐 듯 잡히지
않는 친밀함을 향한 욕구를 탐구한 책이다. 이 책에서 나는 이
해받는다는 느낌을 받기란 힘들고, 그 느낌은 약해서 금세 사
라지기 일쑤임에도 우리는 그것을 원한다고 주장했다.

　반면 이 책은 이해받음에서 오는 친밀함을 느끼지 못한다는
사실을 탐구한다. 우리는 불완전한 평가를 주고받는 세상에서
살고 있다. 그럼에도 평가는 중요하며 만약 평가가 없다면 삶
의 또 다른 의미를 찾기 위해 고군분투해야 할 것이다. 평가는
편향적이고 이기적이며 상대방의 사회적 자아가 변화하면 함
께 달라지기도 한다. 누군가 나를 관찰해주고 인정해주기를 원
하지만 대개 겉으로 보이는 건 전체의 일부, 그것도 왜곡된 모
습일 때가 많다. 그렇다고 진실은 내면에 있다고 하면서 저절

로 드러나기만 기다리는 것도 잘못된 태도다. 지금은 베일에 가려져 있지만 진정한 자아라는 일관된 현실이 내재되어 있다거나 세상에 내보이고 있는 모습은 가짜라고 생각하는 것도 실수다.

사람들은 무의식적으로 상반된 선입견으로 겹겹이 싸여 있어서 끊임없이 오해하는 게 그리 놀라운 일도 아니다. 아무도 나를 이해하지 못한다고 생각하면 힘들겠지만 이것이 모두의 공통된 운명이라는 사실을 깨달으면 또 그렇지도 않다. 결국 우리 자신도 스스로를 이해하지 못하기는 마찬가지인 것이다.

1. 가면을 쓴 사람들

2년 전, 어떤 질문에 대한 딸의 답변에 놀란 적이 있다. 여름방학이 끝나갈 무렵, 신학기를 앞두고 여러 가지를 돌아보는 시간을 가질 때였다. 아이는 1년 새 달라진 것들을 알아보고자 학교 생활의 면면들을 묻는 정기 설문지에 다른 자매들과 함께 답하고 있었다. 설문지에는 누구와 친하게 지냈는지, 무슨 음악을 좋아했는지, 중학교에 입학한 1년 전의 자신에게 어떤 조언을 해주고 싶은지 등의 질문이 담겨 있었다. 답변은 대부분 예상을 빗나가지 않았지만 한 가지만큼은 예외였다. '가장 갖고 싶은 초능력은?'이라는 질문에 아이가 적은 답은 하늘을 날거나 다른 사람의 마음을 읽는 능력이 아니었다. 곤란한 상황을 몰아내는 능력이었다.

나는 '곤란하다'는 단어에 내재된 은밀한 위력에 놀랄 때가 있다. 곤란함은 신경 쓰지 않으려고 해도 다양한 관계에 무의식적으로 그림자를 드리운다. 사회적 관계에 능숙한 이들도 곤란함의 위협에서 자유롭지 못하기는 마찬가지다. 곤란함은 상호작용의 결과이기 때문이다. 사람들을 대하는 기술이 아무리 뛰어나도 상대방이 반응하지 않으면 얼굴이 화끈거리는 상황을 피할 수 없다. 친한 동료와 인사할 때 악수할지 입 맞출지 아니면 포옹할지, 열차에서 임신부나 노약자에게 자리를 양보할지 말지를 결정하는 건 오로지 혼자만의 판단이 아니다. 순조로운 상호작용은 개인이 통제할 수 있는 게 아니라 사람들과의 사이에서 일어난다. 어빙 고프만은 저서 『상호작용 의례Interaction Ritual』에서 "어느 누구도 곤란해질 여지가 없는 사회적 대면이란 존재하지 않으며 사건이나 오해는 생기게 마련이다."라고 했다.[6]

곤람함에서 벗어나는 초능력

이렇게 사소한 문제를 극복하기 위해 초능력이 필요하다고 생각하는 게 이상해 보일 수도 있다. '이런, 꽤 곤란한 상황이었어'라는 말이 두렵고 불안한 상황을 뜻한다고 할 수는 없다. 점심을 함께하기로 한 동료들과 출입문을 향해 갈 때 나는 항상 갈피를 못 잡고 우왕좌왕한다. 어쩌지? 똑같은 생각을 한 동료

평가받으며 사는 것의 의미

와 좀 뒤엉키더라도 뒤로 물러나 다른 사람들이 먼저 나갈 때까지 기다려야 하나? 아니면 먼저 나가서 문을 붙잡고 있되 요즘처럼 기사도가 의미 없는 시대에 잘난 척하는 성차별주의자로 보이지 않도록 주의해야 하나? 그런데 굳이 오해를 사지 말아야 하는 이유는 또 뭐지?

사실 이유는 없다. 내가 조금 나쁜 평가를 받을 수 있다는 사실만 제외하면. 이 책은 우리 모두가 그런 평가를 얼마든지 떨쳐버릴 수도 있지만 속으로는 상당히 신경 쓴다는 사실을 전제로 한다. 뒷부분에서 다루겠지만 사람들이 평가에 얼마나 예민한지 노골적으로 보여주는 사례들도 있다. 그런데 곤란함은 이런 예민함을 지극히 평범한 일상 속에서 드러내주기에 더 강력한 힘을 갖는다.

문학비평가 제임스 우드James Wood는 몇몇 작가들이 단 한 문장의 짧은 구문으로 캐릭터를 '살아 숨쉬게' 만드는 간단한 방법을 알려준다. 그는 모파상의 소설을 활용해 유익하고 적절한 예시를 든다. "빨간 구레나룻의 그 신사는 언제나 가장 먼저 문을 나선다."7 이 묘사는 아주 적은 노력으로 많은 걸 보여준다. 몇 안되는 단어로 캐릭터를 '드러내고' 단숨에 파악할 수 있게 한다. 이를 통해 독자인 우리가 캐릭터를 규정하는 데 풍자작가 못지않게 능숙하다는 사실을 입증한다. 결국 우리도 괜히 경솔하게 자신을 드러내봐야 사람들이 어떻게 볼지 잘 알고 있는 것이다. 그래서 나는 출입문을 향해 직진하는 게 대개 더 수월하다는 사실을 알면서도 매번 애매하게 발걸음을 옮길 수밖에 없다.

곤란함은 절대 생각만큼 사소하지 않다. 신경 쓰지 않을 수 없는 무게감이 포함되어 있다. 누군가 넘어져서 '곤란해졌다'는 얘기를 들으면 당신은 당연히 다쳤을 거라는 생각에 움찔 놀랄 것이다. 이에 비해 사회적 관계에서 곤란함은 뭔가 잘못되고 누군가 실패하는 걸 암시하는 징조다. 당신이 곤란한 상황에 처하는 경우가 지나치게 많다면 결국 거부당하거나 고립될 위험성이 높다. 사회적 동물인 우리는 그런 거부가 신체적 고통과 유사한 사회적 고통을 낳는다는 사실을 알고[8] 있다. 그리고 이 고통은 어떤 면에서는 신체적 고통보다 훨씬 극심하다. '돌멩이와 막대기는 내 뼈를 부러뜨리겠지만 말은 결코 날 해치지 않아'라는 문구와 달리 삶에서 가장 고통스러웠던 경험에 대해 많은 이들이 가장 먼저 떠올리는 건 신체적 고통의 기억이 아니다.

우리는 사회적 고통을 유발하는 요소가 가득한 지뢰밭 사회를 살고 있다. 사람들의 행동을 끌어내고 규제하는 건 법과 규범이라고 생각하기 쉽다. 하지만 정작 사람들은 법률이나 금지 규정에 의해 움직이지 않는다. 그보다 행동을 근본적으로 결정 짓는 건 문화를 지배하는 절대적 기준들이고 그것을 감시하는 건 사회적 평가다. 소셜 미디어의 추문은 사회적 평가가 극단적으로 나타나는 경우다. 하지만 그외 온라인 밖의 일상에서도 우리는 오해받거나 비판적 시선에 노출되는 일이 없도록 항상 경계를 늦추지 않는다.

4장에서 알아볼 것처럼 타인의 평가에서 완전히 자유로운 세상도 얼마든지 상상할 수 있다. 하지만 매 순간 느껴지지 않는다고 하더라도 늘 행동을 감시하고 좌우하는 관객들의 고요한 권력을 잊어선 안 된다. 저널리스트 올리버 버크먼Oliver Burkeman은 저서 『합리적 행복The Antidote』에서 한때 곤란한 상황에 대한 두려움에 맞서기 위해 했던 행동을 이야기한다. 당시 그는 스토아학파, 타인의 평가에 무심한 그들의 능력에 심취해 있었다. 그래서 자신도 그렇게 스스로를 장악해보고자 만원 지하철에서 역에 정차할 때마다 무슨 역인지 큰 소리로 외치기로 결심했다.

결국 지하철 안에는 아는 사람이 없으므로 미친놈 취급을 당하더라도 잃을 건 없다. 게다가 지하철을 이용한 그간의 경험에 비춰 볼 때 큰소리로 혼잣말 하는 사람이 있으면 다들 무시하고 만다. 내게 벌어질 수 있는 최악의 상황이라고 해봐야 그게 전부인 것이다. 그리고 큰소리로 떠드는 사람들은 횡설수설하는 경향이 있지만 나는 이번 정차역이 어디인지 알려주는 것이니 공공 서비스를 제공하는 사람으로 생각할 수도 있다.

　그런데 열차가 점차 속도를 늦추고 챈서리 레인 역에 가까워질수록 왜 토하고 싶은 기분이 드는 걸까?[9]

사람들에게는 모두 심리학자 마크 리어리Mark Leary가 명명한 '사회관계지표sociometer'[10]가 있어서 자신이 사회적으로 받아들여지고 있는지 여부를 끊임없이 평가한다. 자존감은 사회적으로 높은 가치를 유지할 때 높아지며 곤란함은 이 지표가 낮아지고 있다는 뜻이다.

　곤란함은 다양한 형태로 나타난다. 상황에 맞지 않는 의상을 입고 나타나는 건 사회적 오류의 전형적인 사례다. 현대에 들어 격식에 얽매이지 않는 문화가 널리 퍼지기는 했지만 그럼에도 이런 잣대는 여전히 남아 있다. 게다가 격식을 따지는 경향이 줄어들수록 어떤 옷을 입을지 결정하는 건 더 어려워졌다. 내가 가장 최근 다녀온 몇몇 결혼식 역시 공식 드레스코드가 정해져 있지 않아서 하객들은 마치 교복 안 입는 날의 학생들처럼 더 많은 고민을 거듭해야 했다. 심지어 결혼식을 며칠 앞두고는 대세에 따르기 위해 다른 이들의 계획을 확인하느라 다들 여념이 없었다.

　더 큰 문제는 이렇게 특별한 상황에 표준 에티켓이 규정되어 있지 않을 경우 소외감이 확산될 수 있다는 사실이다. 이른바 '인싸*'들은 위계 없이 평등한 분위기에서 자유롭고 편안하게 자신을 표현할 수 있지만 무리에 끼지 못한 이들은 규정이 명백할 때보다 참고할 만한 체계나 지침이 적어 오히려 사회적 오류를 범할 가능성이 높아진다.

하지만 곤란한 상황이 반드시 어떤 실수나 결례로 인해 발생하는 건 아니다. 의도치 않게 모든 관심을 한몸에 받게 됐을 때에도 생길 수 있다. 어떤 모임에서 당신이 누군가에게 얘기하고 있는데 다른 이들이 하나둘 입을 다물기 시작해 결국 의도치 않게 당신만 이야기하는 상황이 됐다고 해보자. 이때는 딱히 논란이 되거나 나쁜 평가를 받을 만한 발언을 하지 않았더라도 곤란함을 느낄 수밖에 없다. 미처 준비가 안 됐는데 의지와 상관없이 모든 이의 시선을 받게 된다면 마치 발가벗었다는 사실을 깨달았지만 숨을 곳 없는 사람처럼 움츠러들 수 있다. 혹은 부끄러울 때의 아이들처럼 손으로 얼굴을 가리고 싶을 것이다. 상대방의 눈을 피하는 이들은 어디서든 숨고 싶어 하는 경향이 있어서 사람들이 보기에는 어쩔 수 없이 노출된 것처럼 보인다.

이뿐 아니라 주위 사람 때문에 본의 아니게 상황에 맞지 않는 방식으로 행동을 하고 곤란해지기도 한다. 사회학자 윌리엄

---

* 아웃사이더의 반대 의미로 쓰이는 인사이더의 줄임말. 무리에 잘 섞여 노는 사람들을 의미한다.

쿨리William Cooley는 이렇게 말했다.

> 단도직입적인 사람 앞에서 우유부단해 보이거나 용감한 사람 앞에서 겁쟁이처럼 보이거나 품위 있는 사람 앞에서 무례해 보이는 상황이 되면 우리는 부끄러움을 느낀다. 타인의 마음속에서 일어나는 평가를 항상 상상하고 공유하는 게 인간이다. 이처럼 날카로운 상호작용은 누군가에게는 부끄러워 털어 놓지 못할 행동도 다른 누군가에게는 자랑스러운 듯 떠벌리게 한다.[11]

초사회적 동물인 인간은 '타인의 마음속에서 일어나는 평가'에 지나치게 연연해서 그에 대응하기 위한 지침이 되어줄 사회적 감정들을 다양하게 발전시켜 왔다. 실제로 슬픔, 두려움, 기쁨, 놀라움이나 역겨움 등의 감정은 갓난아기 때부터 관찰되는 데 비해 죄책감, 당혹감, 수치심, 부러움이나 자존심 등의 사회적 감정은 훨씬 뒤늦게 나타난다.[12] 사회에 발을 들이면 온갖 기대와 평가를 잘 헤쳐 나가야 하는데 이때 사회적 감정이 다양한 상황과 인간관계 속에서 망신당하는 일 없이 길을 잘 찾아가도록 도와준다.

사회적 감정의 진화를 연구하는 진화론자들은 그중 얼굴이 빨개지는 걸 중요한 신호로 제시했다. 의지와 상관없이 얼굴이 빨개지는 건 결례를 범했음을 깨닫고 인정한다는 뜻으로 누구

평가받으며 사는 것의 의미

를 믿을 수 있는지 파악하는 게 중요한 사회 집단에서 그를 신뢰할 수 있는 사람으로 보이게 한다. 이에 비춰볼 때 사회적 감정이 그 불편함에도 불구하고 발달한 건 고통스럽고 의지대로 다스릴 수 없는 만큼 신뢰성을 보증하기 때문으로 추정된다.

사실, 사회적 감정은 진실성을 보장하는 한편 우리가 세치 혀로 모든 걸 주무르려 하지 않는다는 걸 보여준다. 게다가 사회적 감정으로 알 수 있는 곤란한 순간들을 인식하지 못할 경우 더 치명적 망신을 당할 위험도 있다. 예를 들어 고프만은 당혹감을 사과 혹은 회유의 한 형태라고 정의했다. 당황했다는 건 '그 사실에 적어도 동요했으며 언젠가 이를 보상할 것임을 보여주기 때문'이다.[13] 혹은 당신이 중요하게 생각하는 자신의 면모에 대해 사람들이 높이 평가하지 않는다면 수치심이 느껴지는 상황이 생길 수 있다. 사회관계지표는 안테나처럼 이 같은 위험성을 끊임없이 추적해 망신당하는 일을 미연에 방지한다.

나는 만약 어빙 고프만이 영국의 인기 시트콤 〈폴티 타워즈Fawlty Towers〉를 봤다면 푹 빠졌을 거라고 믿어 의심치 않는다. 그의 저서를 읽는 동안 매번 기능을 제대로 못하는 본인의 사회관계지표 때문에 온갖 고생을 다하는 주인공 베이즐 폴티가 떠올랐기 때문이다. 그중 한 에피소드를 예로 들어보자.

베이즐은 폴티 타워즈의 고객 수준을 높이기로 결심하고 새로 고용한 요리사를 내세워 미식가의 밤 행사를 개최하기로 한다. 그런데 (고품격 잡지로 손꼽히는 《호스 앤 하운드Horse and Hound》에 '오직 사회 고위층만 모신다'고 홍보한) 행사 당일, 걸출한 고객들에 걸맞은 멋지고 당당한 태도를 유지하는 데 번번이 실패하고, 고상한 체하려던 그의 계획은 물거품이 되고 만다. 특히, 저녁식사가 시작되기 전의 한 장면에서 그는 트와이첸 부부와 홀 부부를 서로에게 소개조차 하지 못한다. 트와이첸Twychen 을 '트위첸'으로 발음하는 찰나 트와이첸 씨가 요란하게 트위치twitch, 즉 경련을 일으켜 곤란해지고 마는 것이다.

베이즐   저녁식사 메뉴를 정하실 동안 음료 한잔 드릴까요?

홀 부부   감사합니다. 토마토 주스 주세요.

베이즐   트위첸 씨는요?

트와이첸   토마토 주스요. 고맙소.

베이즐   네! 아, 대령님. 소개할게요. 이쪽은 (트와이첸 씨가 경련을 일으킨다) 트위… 혹시 전에 만나신 적이 있나요?

홀 부부   아뇨, 처음 뵙습니다.

베이즐   그런가요? 그럼 음료는 뭐로 하시겠어요?

홀 부부   뭐라고요?

베이즐   음료요.

홀 부부   아직 소개를 못 받았소.

베이즐   아, 그렇군요. 전 잘 지냈죠. 어떠세요?

홀 부부   아뇨, 그게 아니고 아직 소개를 못 받았다고요.

베이즐   아, 폴티, 베이즐 폴티입니다.

홀 부부   아뇨, 저분들 말이오!

베이즐   아, 저분들이요. 죄송합니다. 당신, 아니 제 소개를 말하는 줄 알고… 분위기가 참 화기애애하죠? 음료가 필요하겠어요. 셰리주 한잔 더?

홀 부부   아니오, 이제 소개 좀 시켜주겠소?

베이즐   소개하지 않았나요?

홀 부부   전혀요! 이분들… 성함이 어떻게 되신다고요?

베이즐   음… 그러니까… (트와이첸 씨가 뒤로 넘어진다.) 죄송해요, 기절했네요. 아, 한결 나아졌어요. 이제 토마토 주스를 가져다 드리죠.

부끄러움과 당혹감의 강도를 높여 웃음을 주려는 시트콤 안에서 저 자리에 있는 사람들 중 어느 누구도 곤란에 처한 베이즐을 도와주지 않는다. 현실에서도 우리는 대화 상대에 따라 얼굴 빨개질 일을 면할 수도 있지만 만약 상대방이 무정하기 짝이 없는 사람이라면 처참하게 궁지에 내몰릴 수도 있다.

이 장면에서 또 하나 주목할 부분으로, 베이즐이 너무 당황한 나머지 자신의 이름조차 잊어버리는 대목이 나온다. 고프만에 따르면 "상대방으로부터 우호적 평가를 받지 못한다고 느끼는 사람은 당황하고 혼란에 빠져 순간적으로 상호작용을 제대로 할 수 없게 된다. 그 결과 태도가 불안정해지고 억울할 만큼 기세가 완전히 꺾이는 한편 수치심에 빠지고 만다."

사람들과 성공적으로 상호작용하려면 자연스러운 태도를 유지할 수 있어야 한다. 그렇지 않으면 시트콤 같은 실수를 저지르거나 그보다 더한 상황에 맞닥뜨리게 된다. 반면에 영화 〈보랏Borat〉의 주인공처럼 사회적 실패에 대한 두려움이 전혀 없는 캐릭터를 가리켜 몰염치하다고 한다.

당황스러운 상황을 소재로 한 수많은 코미디 프로그램이 그렇듯 베이즐의 난처한 실수가 더 안타까운 이유는 그의 수치심이 자신을 열등하다고 믿는 데서 기인하기 때문이다. 이와 관련한 내용은 뒤에서도 계속 다룰 것이다. 사회적 고통은 대부분 사회적 권력이나 힘이 부족해서 발생하는 경우가 많다. 실제로 권력층이나 특권층은 비난받을 소지가 있는 태도를 취할 때도 훨씬 극단적으로 나아간다. 상사의 변변찮은 농담에 하나같이 배꼽을 잡고 웃는 이유가 여기에 있다. 나 역시 미국 출입국 관리 사무소를 거칠 때마다 사무관이 아무리 무의미한 질문을 던져도 비위를 맞추느라 여념 없는 스스로를 보고 움찔 놀라고는 한다.

당황스러움과 곤란함은 실제 효과에 어울리지 않게 영향력이 크지만 이내 지나간다. 곤란한 상황이 너무 자주 일어나지만 않으면 나중에 웃으며 얘기할 수 있게 된다. 지난 경험에 대해 애기할 때 실제 그 상황이 벌어진 당시에는 찾아볼 수 없었던 서사를 뜻대로 덧입히는 것이다.

수치심과 죄책감

사람들의 행동을 통제하는 여러 사회적 감정들 중 평가에 가장 민감하게 반응하는 두 가지가 바로 수치심과 죄책감이다. 이들의 무게감은 당황스러움을 훌쩍 뛰어넘는다. 셔츠에 얼룩이 묻었는데 그것도 모르고 지금껏 돌아다녔다는 사실을 알게 되면 민망함에 얼굴이 붉어지겠지만 도덕적 비난을 받을 이유는 없다. 반면 도덕적 비난의 대상이 될 때 밀려드는 감정이 바로 수치심과 죄책감이다. 당황스러운 상황은 웃어넘기면 그만이지만 수치심과 죄책감은 그렇게 넘어갈 수 있는 문제가 아니다.

'그런 짓을 저지르다니 부끄러운 줄 알아'라는 말에서 알 수 있듯 수치심은 비난을 떠안는다는 의미에서 죄책감과 혼용되기도 한다. 하지만 사실 둘은 엄연히 다른 감정으로 조금만 더 생각해보면 그 차이가 확연해진다. 수치심은 일반적으로 체면을 잃을 만한 상황, 의지와 상관없이 벌어진 치욕적 상황을 타인이 생생히 목격했을 때 발생한다. 그럴 때 우리는 '땅속으로 꺼지고 싶은' 간절한 마음으로 사람들의 눈을 피해 달아날 수밖에 없다.

작가이자 연구가인 브레네 브라운Brene Brown은 '수치심에 귀 기울이기'라는 제목의 테드Ted 강연에서 수치심을 고립에 대한 두려움으로 규정한다. 그녀에 따르면 수치심은 "사람들이 알게 되면 나를 만나고 싶지 않다고 생각할 결점이 나한테 있나?"[14]라고 자문하게 만들며, 이런 걱정은 만국 공통이다. 그리고 이런 얘기를 잘 하지 않는 사람일수록 수치심을 더 많이 경험한다고 한다. 자신의 취약함을 있는 그대로 받아들이지 않고 보호용 성벽을 높이 쌓을수록 오히려 더 쉽게 상처받고 더 나약해지기 때문이다. '나는 충분히 x하지 않아'라는 생각은 언제 사람을 황폐하게 만든다. 게다가 x에 들어갈 수 있는 기준은 예쁘다, 키 크다, 현명하다, 똑똑하다, 진지하다, 재미있다, 독창적이다, 섬세하다, 용감하다, 예의바르다, 활달하다 등 무궁무진하다. 이 같은 수치심은 관계 맺기 위해 사람들 앞에 나서려는 의지를 꺾을 수 있다. 사람들 앞에 나선다는 건 약점 또한 드러내야 한다는 의미인데 자칫 그 정도가 지나쳤다가는 어울리기에 부적절한 사람이 되어 버릴 수 있기 때문이다. 따라서 이런 식으로 자신을 드러내느니 차라리 숨거나 땅속으로 꺼지고 싶다는 욕구를 갖게 된다.

반면 죄책감은 숨거나 가린다고 해서 피할 수 있는 게 아니

평가받으며 사는 것의 의미

다. 반드시 충족시켜야 할 기준을 채우지 못했다고 다름 아닌 당신의 양심이 말해주기 때문이다. 수치심이 그 사람 자체를 비난하는 것이라면 죄책감은 해당 죄에 한해 일어나기 때문에 개선의 여지가 훨씬 많다. 당신이 뭔가를 어기기로 선택했고 그에 따라 응당한 평가를 받았다면, 이를 바로잡을 새로운 선택도 얼마든지 할 수 있는 것이다. 반면 수치심은 의지대로 할 수 없는 것에 대한 전반적 평가이므로 개선의 여지가 존재하지 않는다.

이따금 우리는 내 잘못이 아닌 일로 수치심을 느끼고 선한 의도와 무관하게 치욕감에 휩싸인다. 이는 어느 정도 의도적으로 잘못을 저질렀을 때 발생하는 순수한 죄책감과는 구분된다. 수치심은 심지어 정체성의 일부가 되기도 하는데 감출 수 없는 신체조건 때문에 항상 풀이 죽어 있는 사람들의 경우가 그렇다. "수치심이라는 감정은 자아나 성격에 얼마나 큰 가치를 부여하느냐에 따라 다르게 나타난다. 하지만 이 감정에 깊이 빠질 경우 우리는 자신에게 화나는 대신 본인의 '추함'에 몸서리친다."[15]

심리학자 준 프라이스 탱니June Price Tangney와 론다 디어링Ronda L. Dearing은 공동 저서 『수치심과 죄책감Shame and Guilt』에서 수치심은 자아 전체를 공격해 자존감을 해치고 결과적으로 숨고 싶게 만들기도 하지만 공감 능력을 떨어뜨리고 분노까지 유발한다는 점에서 더 우려스럽다고 주장했다. 수치심의 의미가 '나는 나쁜 사람이야'라면 죄책감은 '나는 죄를 지었어'라고 할 수 있다. 후자의 경우 자아비판의 과정을 거쳐 속죄할 수 있고, 피해자에 집중함으로써 이미 발생한 피해를 보상해야 한다고 느끼게 된다. 그 결과 공감 능력을 발휘해 보상 방법까지 연구하게 만든다는 점에서 죄책감은 수치심보다 훨씬 유연하고 도덕적으로도 유용하다.

이처럼 부정적인 사회적 감정들을 정확히 파악하기 위해 이들과 대립되는 감정은 무엇일지 생각해보는 것도 좋다. 탱니와 디어링의 경우 죄책감의 반대 감정은 자부심으로, 수치심의 반대는 자만심으로 규정했다. 도덕 철학에서는 죄책감이 수치심에 비해 좀 더 성숙하고 진화한 형태의 도덕적 사고로 간주되는 경우가 많다. 죄책감의 경우 일반적인 기준에 얽매이기보다는 타인에게 초래된 피해에 대한 인식에서 출발한다는 특징도 있다. 그 결과 피해를 보상할 만한 조치를 취하고자 애쓰게 되는 것이다. 반면 수치심은 자신의 흠결에만 주목하게 만들어 타인에게는 별 주의를 기울이지 않는 결과를 낳는다.

전쟁 도중 끔찍한 짓을 저지르고 귀환한 군인이 있다고 가정해보자. 그가 자신의 행동에 수치심이 아닌 죄책감을 느낄 때 회복 가능성은 더 커진다. 만약 오롯이 수치심만 느낀다면 해당 기억을 철저히 묻어두고 싶은 마음에 관련된 얘기를 전혀 하지 않을 것이다. 반면, 죄책감을 느낀다면 벗어나고 싶은 마음에 진실을 털어놓고 보상하고자 할 것이다. 수치심에 휩싸인 개인 혹은 국가가 있다면 그 감정을 죄책감으로 변화시켜 속죄하고 스스로를 용서할 수 있도록 유도하는 게 좋다. 실제로 지난 20년간 과거의 범죄에 대한 집단 죄의식에 눈뜨고 보상을 위해 사과도 마다하지 않는 신선한 행보를 이어온 일부 지도자들도 있다.

이 대목에서 죄책감 없이는 문명도 존재할 수 없었다는 프로이트의 주장에 많은 이들이 공감할 것이다. 사람들은 죄책감이라는 자아와 초자아 간 투쟁을 통해 자제력을 발휘하는 건 물론, 상대방에 이로운 방향으로 행동해 사회가 순조롭게 돌아가도록 한다. 하지만 죄책감 역시 극단으로 치우치면 파괴적 결과를 낳을 수 있다. 어느 정도의 죄책감이 적당한지 기준이 존재하지 않기 때문에 자칫 도가 지나칠 수 있고, 결과적으로 단순한 자아비판을 넘어 자신을 처벌하고 심지어 학대까지 할 수도 있다. 자신을 비난하는 내면의 목소리로 귀가 멀 지경이 되는 것이다. 그래서는 자신의 죄를 바로잡기는커녕 오히려 무기력해지면서 수치심에 빠지게 된다. 아담 필립스는 초자아를 처벌하는 이에 대해 '잔인하고 지루하며 평가에 집착하는 사람'이라고 묘사하고 그를 만나 보면 '이 지경이 되다니 살면서 엄청난 일을 겪은 게 분명하다'고 짐작하게 될 것이라고 설

명했다.[16]

죄책감과 수치심은 개념적으로는 동떨어져 있을지 몰라도 동시에 밀려드는 경우가 많다. 아무도 안 보는 줄 알고 마지막 남은 케이크 조각을 먹다 들켰다고 상상해보자. 이때 당신은 죄책감과 수치심이 뒤섞인 감정에 빠질 것이다. 다른 사람들의 눈치를 보며 부당하게 남의 것을 가로챘다는 죄책감뿐 아니라 자제하지 못한 데 대한 수치심까지 느끼는 것이다. 이렇게 스스로 좀 더 통제할 수 있는 것에 대한 죄책감, 그리고 통제하기 힘든 것에 대한 수치심을 안겨주는 평가는 각각 비슷하게 마음을 짓누른다. 하물며 이 두 감정을 동시에 느끼게 하는 평가는 가장 가혹할 수밖에 없다. 매번 문을 가장 먼저 통과하는 빨간 구레나룻의 신사는 스스로 통제 가능한 행동과 통제할 수 없는 외모라는 두 가지 요인으로 인해 가장 가혹한 평가에 직면한다.[17]

연구 결과에 따르면 서구 사회의 경우 이전 세대는 집단주의 성향이 강하고 수치심을 강조했던 데 반해 최근에는 죄책감에 더 큰 무게를 두는 것으로 나타났다. 이 같은 평가를 가장 처음 내린 건 루스 베네딕트Ruth Fulton Benedict로 그녀는 1946년작 『국화와 칼The Chrysanthemum and the Sword』에서 미국인이 기독교적 죄의식 문화를 갖고 있다면 일본인은 전형적 수치심 문화를 갖는다고 비교했다. 그리고 개인을 집단보다 강조하는 환경에서는

평가받으며 사는 것의 의미

어떤 언어를 써야 하는지에 대해 많은 이야기를 해준다. 집단주의 사회에서는 (심지어 사람들이 '명예 살인'을 저지르도록 만들 만큼) '체면'과 수치심이 중시되는데, 그렇지 않은 사회에서도 겉으로 명백히 드러나지 않을 뿐 수치심에 전혀 연연하지 않는 문화나 개인은 존재하지 않는다.

투명성을 강조하는 서구의 자유로운 전통이 수치심에 빠지기 쉬운 여건을 조성한 면도 있다. 정보의 자유 법안Freedom of Information Act*은 불편한 폭로를 하기에 더할 나위 없이 좋은 도구다. 게다가 존 론슨의 저서 『그래서 당신은 공개적으로 망신당했습니다』에 적나라하게 설명되어 있듯 디지털 시대를 살아가는 우리는 전례 없이 공개되어 있고 너무나 다양한 방식으로 노출된다. 이 같은 상황은 옳고 그름이 중요한 죄책감 문화에서, 당신이 활동하는 소셜 미디어 무리에 받아들여졌는지 아니면 배제되었는지가 중요한 수치심 문화로의 전환이기도 하다.

곤란함에서 기인한 당황스러움부터 죄책감과 수치심에 이르는 사회적 감정은 우리의 사회적 행동을 감시하는 역할을 톡톡히 한다. 이들은 신체적 고통이나 혐오감 등의 동기를 제공해 고통스러운 고립감을 피하고 상대에게 신뢰감을 줄 수 있도록 돕

---

* 공공기관이 보유, 관리하는 정보에 대한 국민의 공개 청구와 공공기관의 공개 의무에 관해 제정한 법

는다. 사회적 처벌을 피하려면 선의뿐 아니라 기술 역시 필요하다.

몇 년 전 한 편집장의 농장에 묵기로 하고 보스턴에서 뉴햄프셔 메인 주로 향해 가고 있는데 경찰차가 사이렌을 울리며 다가왔다. 경찰은 내 차를 멈춰 세우더니 과속했다며 호통을 쳤다. 내가 영국 고속도로의 시속 70마일 제한속도에 익숙해져 있어 미국 고속도로의 제한속도가 55마일이라는 사실을 간과했던 것이다. 경찰은 나의 해명은 들으려고도 하지 않고 면허증을 요구했다. 내 지갑에는 녹색 면허증이 반듯하게 접혀 있었고, 그 안에는 수년 전 누군가 만일에 대비해 지갑 안에 넣고 다니라고 했던 10파운드가 잊힌 채 끼워져 있었다. 언젠가 기름이 떨어졌는데 현금이 없는 상황에 맞닥뜨리면 이 같은 비상금이 유용할 것이라는 조언이었다. 교통경찰이 내 면허증을 펴기 시작했을 때야 이 사실이 떠오른 나는 이미 너무 늦었음을 깨닫고 부디 지폐를 들키지 않기만 바랐다. 하지만 지갑 틈새에서 10파운드가 기어이 떨어졌고 이에 경찰은 실눈을 뜨고 나를 바라보며 나지막이 말했다. "지금 나한테 뇌물을 먹이려는 거요?" 아니라고 횡설수설하는 사이 예상치 못한 부분에서 경찰이 의심을 거뒀다. 실제로 내가 뇌물을 주려고 했다면 파운드화가 아닌 달러화를 썼을 거라는 부분이었다.

하지만 그때 경찰이 나를 믿기로 한 데에는 또 다른 이유가 있었다. 순간 내가 죄책감이 아닌 수치심 혹은 당황스러움에 휩싸였다고 느낀 것이다. 뇌물을 주려던 것이라면 그렇게 서툴게 대놓고 접근할 리가 없다. 의도와 상관없이 지폐가 다짜고짜 삐져나오기부터 했으니 이토록 쩔쩔매는 것이다. 만약 누군가에게 뇌물을 주거나 변명 이외의 방법으로 곤란한 순간을 모면하려 했다면 좀 더 교묘하게 움직이면서 은폐를 시도하는 게 맞다. 그에 비하면 나의 행동은 무례하다고 할 만큼 무신경하기 짝이 없었다.

만약 경찰이 나를 뇌물죄로 봤다면 곧장 체포했을지 아니면 이실직고하고 사과하게 만든 뒤 풀어줬을지는 알 수 없다. 어떤 경우든 나는 사과하거나 벌금을 내고 다시는 그런 잘못을 저지르지 않도록 조심했을 것이다.

사회관계지표가 계속 높은 수치를 기록하고 사회적 고통에 시달리지 않으려면 기술이 필요하다. 실제로 누군가의 행동이 의심스럽다거나 능력이 부족하다는 얘기를 할 때 우리는 곤란한 상황을 피하고자 에둘러 이야기한다. 마찬가지로 뇌물을 줄 때도 "돈을 줄 테니 과태료 청구서는 끊지 말아 주겠소?"라고 말하는 대신 "다른 방법으로 해결할 수 있지 않을까요?"라고 돌려서 말하는 경우가 보통이다. 자존심을 굽히지 않으면서도 비겁하게 돈으로 해결하려는 심사를 굳이 직접적인 말로 표현하지 않는 것이다. 이렇게 에둘러 말하지 않는다면 수많은 사람들이 영화 속 주인공 보랏과 다를 바 없어진다. 그는 저녁 식사를 함께하게 된 한 여성 손님에게 "언제 같이 잘 수 있을까요?"라고 대뜸 묻는다. 하지만 민감하고 곤란한 상황에서 우리는 대개 직설적으로 말하기보다 은폐한다.

사회적 가면이 말해주는 것

매주 헬스클럽에 갈 때 나는 티셔츠를 두 장씩 챙긴다. 45분간 크로스 트레이닝을 하며 땀을 흘린 뒤 옷을 갈아입고 웨이트 트레이닝으로 넘어가기 위해서다. 내가 다니는 헬스클럽은 복합 단지 내에 있어서 탈의실에 가려면 대형 실내 수영장을 지나가야 한다. 처음에는 탈의실까지 갔지만 점점 수영장 한쪽에서 옷을 갈아입게 되었다. 그때마다 이게 옳다 그르다를 가릴 수 없는 애매한 행동이라는 생각이 들었다. 옷은 당연히 탈의실에서 갈아입어야 하고 운동하는 공간에서 티셔츠를 벗는 건 규정에 어긋나는 일임에 분명하다. 그런 점에서는 죄책감이 밀려온다. 하지만 수영장 인근에 있는 남성들은 죄다 윗도리를 벗고 있고 그러니 나 또한 거기서 티셔츠를 벗어도 문제될 건 없다. 그러나 나는 수영이 아닌 헬스 수강생이기 때문에 아무리 수영장이라도 속살을 드러내는 게 민망한 면이 있고 그래서 최대한 눈에 띄지 않도록 재빨리 갈아입는다. 사실 탈의실까지 가는 게 그리 번거로운 일은 아니지만 왔다갔다하려면 마음이 급해진다. 또 수영장에서 티셔츠를 갈아입는 게 아무리 문제될 게 없다고 해도 만약 내가 여성이었다면 얘기가 달랐을 것이다.

우리는 말 그대로, 그리고 은유적으로 옷을 입을지 벗을지에 대해 끊임없이 선택하고 있다. 이 같은 사실을 대개 물속에 살면서 물을 인식하지 못하는 물고기처럼 간과할 수도 있지만, 그렇다고 해서 보는 사람이 아무도 없는 듯 행동해도 되는 건 아니다. 타인의 시선을 의식해야 한다는 게 이따금 혼란스럽게 느껴지더라도 말이다. 운동 중 티셔츠를 갈아입는 것처럼 옳고 그름을 판가름하기 애매한 순간들을 통해 우리가 어떻게 행동할지, 이미지를 어떻게 관리할지 결정하게 하는 보이지 않는 압박이 드러난다.

이와 관련해서는 사회학자 어빙 고프만이 '세계는 이질적인 것의 결합'이라고 규정함으로써 날카로운 통찰을 내놓았다. 고프만은 무대 전면과 후면을 구분해 연출된 자아를 설명했다. 또한 우리가 덜 낙인찍히기 위해 보내는 미묘하고 섬세한 신호들을 밝혀냈다. 예를 들어 공공장소에서 친구를 기다리는 사람은 왜 필요 이상으로 시계를 자주 들여다볼까? 이유는 그 사람이 시간을 확인함으로써 다른 이들에게 누군가를 기다리는 중이라는 메시지를 보내고 있기 때문이다. 문화적으로 깨어 있고 실수하지 않으려면 이 같은 무언의 신호를 이해할 수 있어야 한다. 밀폐된 공간에서 옷을 입는 것 역시 사회에 나가기 전 적절한 행동이 뭔지 배웠기 때문이다.

이는 사람들이 진정한 자신을 숨기기 위해 사람들 앞에서 가면을 쓴다는 사실을 의미한다고 이해하기 쉽다. 하지만 고프만은 무대 뒤 자아 즉, 관객이 아무도 없을 때 드러나는 모습이 공개적으로 알려진 모습보다 더 진실하다고 주장하지는 않는다. 이 두 가지 경우의 모습을 '가면'과 '실제 얼굴'로 분리하는 경향 자체가 참모습은 가려져 있다는 확인되지 않은 인식에서 출발했기 때문이다. 고프만은 우리가 쓰고 있는 가면에 깊숙한 내면이 투영되어 있는 것으로 본다. 이 가면이야말로 우리가 진심으로 되고 싶은 인간상을 반영하고 그 명성에 걸맞은 사람이 될 수 있도록 노력하게 만든다는 것이다.

옷을 입거나 벗는 것처럼 우리는 사회적 환경에서 무엇을 드러내고 또 숨길지 끊임없이 선택한다. 그리고 이 과정에서 선택에 개입하는 것들은 화법에도 비슷하게 적용된다. 언어는 투명한 소통의 창이지만 사람들은 간접화법을 사용하거나 교묘하게 표현하는 것 혹은 행간에 여운을 삽입함으로써 영리하게 의도를 감춘다. 사회적 환경에서 언어를 드러내지 않는 것은 몸을 드러내지 않는 것만큼이나 중요하다.

심리학자 스티븐 핑커Steven Pinker는 간접화법을 사용하는 이유와 방법에 대해 인상적인 해석을 내놓았다.[18] 그것은 뻔한 상황에서 일어나는 대화에 관한 의문에서 시작한다. 왜 우리는 별다를 것도 없는 상황에서 굳이 조심하며 돌려 말하는 것일까? 직설적으로 표현하면 모두가 시간을 절약할 수 있을 텐데 말이다. 간단히 "과카몰리 좀 건네줘."라고 말하면 될 것을 "네가 과카몰리를 내게 주면 무척 기쁠 것 같아."라고 말하는 건 이상하지 않은가? 단도직입적으로 요구하면 될 일도 예의를 갖추기 위해 "~해 줄래?"라는 표현을 써서 좀 더 부드럽게 만들고 "고마워."라는 말로 사례해야 한다. 하지만 이 같은 공손한 표현은 간접화법의 예시로 적절하지 않다. 핑커에 따르면 간접화법을 사용하는 데에는 이보다 더 복잡한 이유가 얽혀 있다. 인간관계는 조화와 갈등이 다양한 비율로 혼합된 결과물로서 그 비율을 탐색하려면 간접화법이 필요하다는 것이다.

이 같은 주장을 관철시키기 위해 그는 간접화법이 주로 쓰이는 민감한 상황들에 주목한다. 이를 테면 성적으로 유혹할 때, 위협할 때("이렇게 좋은 곳에서 이런 험악한 일이 벌어져야 하다니 안타깝군."), 그리고 뇌물을 줄 때("죄송해요. 제가 과속했네요. 그래도 우린 이 일을 원만하게 해결할 수 있을 것 같군요.") 등이 포함된다.

그의 이론은 세 부분으로 나뉘는데 각각 흥미로운 개념을 담고 있는 한편 서로 연관되기도 한다. 첫 번째 부분은 게임 이론을 바탕으로 '부인할 수 있는 그럴 듯한 소지'가 중요한 이유를 설명한다. 두 번째는 (상사가 친구가 되고 친구가 비즈니스 파트너가 되는 등) 우리가 타인과 맺을 수 있는 다양한 관계의 종류를 나열한 뒤 이 두 가지 관계를 자연스럽게 넘나들려면 어떻게 해야 하는지 정리한다. 마지막으로는 민감한 상황에서 상식을 피해가는 태도의 중요성에 대해 다룬다. 이 세 파트를 모두 알고 나면 간접 화법의 기술이 왜 반드시 필요한지, 그리고 〈폴티 타워〉나 〈오피스〉 같은 시트콤을 볼 때면 왜 정곡을 찔린 듯한 느낌이 드는 건지 깨달을 수 있다.

간접 화법을 쓰는 이유에는 다음 세 가지가 있다.

1. 부인할 수 있는 그럴 듯한 소지

경제학자 토머스 셸링Thomas Schelling은 대화 상대를 확신할 수 없는 경우 외교술을 발휘하는 게 중요하다는 주장을 사상 최초로 제기했다. 즉, 상대방이 당신의 필요나 동기에 대해 어떻게 생각하는지 알 수 없다면 신중한 태도로 접근해야 한다는 것이다. 핑커는 이 같은 통찰을 전제로 앞에서 말한 보스턴에서의 나와 교통경찰 같은 사람들이 취할 수 있는 태도를 탐색했다. 가령 내가 실제로 경찰관에게 뇌물을 주려 했다고 가정해보자. "만일 당신에게 돈을 주면 날 보내주겠소?"라는 직접화법을 사용했다면 두 가지 경우 중 한 가지가 일어났을 것이다. 경찰관이 부정한 사람이라면 뇌물을 받고 날 보내줬을 테고 정직한 사람이라면 날 체포했을 것이다.

하지만 간접화법을 사용하면 부인할 수 있는 그럴 듯한 소지가 생겨 더 많은 경우의 수가 펼쳐진다. 즉, 정직한 경찰관은 나의 불순한 의도를 파악하겠지만 합리적 의심의 관점에서 볼 때 명확한 근거가 부족할 것이다. 따라서 경찰관이 정직한지 부정한지 알 수 없는 경우(경찰관이 부정하다면 단도직입적으로 거래를 제안하겠지만 정직하다면 시도조차 안 하는 게 좋다) 최대한 외교술을 발휘하고 결과를 기다리는 수밖에 없다. 최악의 상황은 뇌물 제안을 거부당하고 과태료를 물게 되는 경우다.

이 논리에 따르면 불확실성이 지배하고 경우에 따라 유리한 태도가 무엇인지 달라지는 상황에서는 부인할 수 있는 그럴 듯한 소지가 반드시 필요하다.

2. 관계의 종류

간접화법은 다양한 유형의 관계에 두루 대처하는 데에도 필요하다. 과카몰리를 건네달라고 온갖 사족을 붙여 요구하는 건 친구에게 명령조로 말하지 않기 위한 노력이다. 핑커는 인류학자 앨런 피스케Alan Fiske의 연구를 인용해 우리 삶에서 반복적으로 맺게 되며 공통 관심사를 공유하는 관계의 주요 유형을 구체적으로 설명한다.

피스케가 꼽는 관계의 첫 번째 유형은 이른바 상호적 관계다. 이는 '내 것이 곧 네 것'이라는 전제를 바탕으로 친족과도 같은 친밀한 유대를 자랑한다. 이 관계에서는 상대방의 접시에 놓인 음식을 먹는 것처럼 보통 타인과의 사이에서는 하지 않는 일도 스스럼없이 한다. 따라서 뭔가 관철할 게 있는 사람들은 의도적으로 신체 접촉을 유도하거나 "이봐 동생, 돈 좀 줄 수 있어?"처럼 가족관계를 나타내는 호칭을 사용해 상호 유대를 구축하려 노력한다.

두 번째 관계 유형은 보상적 관계다. 여기서 가장 중요한 건 상호작용이 아닌 공평한 거래로, 예를 들어 당신이 나의 등을 긁어줬다면 나도 당신의 등을 긁어줘야 한다. 파이 하나를 똑같은 크기로 자르거나 오는 것이 있어야 가는 것도 있다는 원칙에 따른다면 이 관계 유형을 전제로 움직이는 것이다. 이런 이유로 자선 단체 및 영업 사원은 무상의 뭔가를 수시로 제공함으로써 형평성에 따라 우리도 보답하는 게 마땅하다고 느끼게 만들곤 한다.

세 번째 관계 유형은 이른바 계층적 관계로 서열에 따라 "내가 말하는 대로 해." 같은 직설적 표현이 가능해진다.[19] 이는 권력과 서열을 가늠하는 잣대가 되는 경우가 많으며, "나한테 잘못 보이면 좋을 것 없어."라는 발언이 어떻게 나오는지도 짐작하게 한다. 이 같은 관계가 가장 명확하게 드러나는 계층적 조

평가받으며 사는 것의 의미

직을 떠올려보자. 이 경우 사람들과 그들의 역할에 따라붙는 기대치 사이에는 분명한 격차가 존재한다.

사람들은 모두 이 세 가지 유형의 관계를 다양하게 맺고 있으며, 어떤 관계가 어느 유형에 해당되는지 직감적으로 안다. 간접화법의 진가는 이들 관계의 경계선에서 균형을 이루어야 할 때 발휘된다. 예를 들어 가까운 친구와 업무적 관계를 맺는 등 상호적 관계에서 보상적 관계로 넘어가야 하는데 잘 풀리지 않을 때, 또 절친한 동료지만 이따금 둘 사이의 권력 관계를 반추해야 할 때에는 양측에서 외교술을 발휘해 각 유형의 관계를 넘나들어야 한다. 업무적으로 활용할 수 있는 외교적 화법에 대해 좀 더 구체적으로 살펴보겠다.

3. 상식

간접화법이 쓰이는 또 다른 이유는 상식을 피하기 위해서다. 이는 공유된 지식과 엄연히 구분된다. 공유된 지식은 나와 당신이 어떤 사실을 공통적으로 알고 있지만 당신이 아는 것과 내가 아는 것이 같은지는 알 수 없을 때 성립된다. 여기서 당신이 아는 게 내가 아는 것이라는 지점까지 나아가기 위해서는 반복적 폭로를 거쳐야 한다.

이 대목에서 핑커는 벌거벗은 임금님 이야기를 인용한다. 황제가 발가벗은 채 사람들로 가득 찬 홀에 들어섰을 때 모두가 그가 알몸이라는 사실을 알아차렸다. 그런데 당황한 나머지 내가 보고 있는 걸 당신도 보고 있는 게 맞는지 확신할 수 없는 딜레마에 빠졌다. 이때는 공유된 지식에 불과하다. 하지만 한 꼬마 아이가 "저 사람 발가벗었어!"하고 소리치는 순간 모든 게 달라진다. 이 공개적 발언을 계기로 공유된 지식에 불과했던 것이 상식으로 돌변하는 것이다. 이제 나뿐 아니라 당신도 그가 발가벗었다는 사실을 알고 있고, 한 발 더 나아가 당신이 안다는 것을 내가 알며 내가 안다는 것을 당신도 아는 연쇄 작용이 생긴다.

독재자들이 정복하고 군림하기 위해 분열을 조장한 것은 이 때문이다. 상식에는 위대한 집단의 힘과 혁명을 일으키는 힘이 내재되어 있는 것이다.

그렇다면 민감한 상황에서 간접화법을 사용하는 이유와 상식 사이에 어떤 연관성이 있을까? 여기서 부인할 수 있는 그럴듯한 소지가 다시 한 번 등장한다. 우리는 다양한 간접화법을 이용해 현실을 조심스럽게 덮어버린다. 그럴 수 없는 빌미가 생기거나 심지어 이 덮개가 현실을 다 가리지 못할 때에도 친구로 남는다. 하지만 이 덮개를 제거하면 둘 다 꼼짝없이 상식에 직면하게 된다. 핑커는 영화 〈해리가 샐리를 만났을 때When Harry Met Sally〉의 한 장면을 인용해 이처럼 덮개가 제거되는 순간을 설명한다.

평가받으며 사는 것의 의미

자동차로 장거리를 달려온 해리와 샐리가 (해리를 안절부절하게 만든 샐리의 요란한 주문 이후) 저녁식사를 하는 도중 갑자기 해리가 말한다.

해리 당신은 정말 매력적이에요.

샐리 고마워요.

해리 아만다는 당신이 이렇게 매력적이라고 얘기한 적 없는데.

샐리 그렇게 생각 안 하나 보죠.

해리 그럴 순 없어요. 그건 명백한 사실이거든요.

샐리 아만다는 내 친구예요.

해리 그래서요?

샐리 당신은 아만다랑 사귀고 있고요.

해리 그래서요?

샐리 그런데 나한테 지금 추근대는 거예요?

해리 뭐라고요? 아니에요. 남자가 여자한테 매력 있다고 하면 무조건 추근대는 거예요? 좋아요. 그냥 추근댔다고 칩시다. 이제 어떻게 할까요? 취소하면 돼요? 그럼 취소하죠.

샐리 취소는 불가능해요.

해리 왜요?

샐리 말이 이미 나왔으니까요.

해리 세상에, 그럼 어떻게 할까요? 경찰을 불러요? 이미 저기 나와 있네요.

한번 입 밖으로 내뱉은 말은 주워 담을 수 없기 때문에 당황스러움, 수치심 혹은 사람들의 눈총을 동반하는 곤란한 상황을 유발할 수 있다. 물론 이때 기술을 활용하면 실제보다 더 유연하고 교묘하게 대처할 수 있다.

특히 업무 환경에서는 이처럼 영리하게 대응할 필요가 있다. 최근 나는 여러 동료들의 '관리 효율성'을 다각도에서 묻는 설문지에 응답해야 했는데 익명이 보장된다는 내용이 과도하게 강조되어 있어 새삼 놀랐다. "당신의 응답은 철저히 기밀에 부쳐질 것이며 설문지에는 이름이 기재되지 않을 것입니다." 이 같은 사실이 강조되는 데에서도 알 수 있듯 직장에서 모든 걸 있는 그대로 드러내는 건 위험하다.

왜 그럴까? 그럭저럭 살아가기 위해 우리는 불가능한 일들을 해야 한다. 자신은 물론 모두에게 있어 서로 상충되는 우선순위, 필요와 욕구를 충족시키는 것이다. 이를 위한 동기들 중에는 기분 좋은 것도 있지만 그렇지 않은 것도 있다. 게으르고 이기적이며 의지가 약한 우리의 자아는 좀 더 나은 자아와 경쟁한다. 게다가 사회적 지위, 자산, 성(性), 현실 도피, 사랑과 애정 등을 둘러싼 서로 모순되는 욕구로 인해 피폐해진다. 우리는 공정하면서도 만족하고 싶고, 무리에 잘 섞이면서도 돋보이고 싶으며, 친구들과 어울리면서도 아이들과 충분한 시간을 보내

평가받으며 사는 것의 의미

고 싶은가 하면, 쉬운 길을 가고 싶은 마음 한편으로 '뭔가 해내고' 싶기도 하다. 아무리 불가능한 일이라고 해도 이처럼 모순된 욕구들이 일관된 자아로 발현될 수 있어야 한다.

여기서 곤란한 사실은 사람들의 욕구가 일치하는 지점이 생각처럼 많이 존재하지 않는다는 것이다. 그래서 사람들은 상대의 신뢰를 얻고 싶은 마음에 내 이야기가 실제보다 더 보편적으로 들릴 수 있도록 안간힘을 쓴다.

책임질 건 많고 동기는 다양한 업무 환경을 떠올려보자. 중요한 이메일인데 너무 빨리 보내기 버튼을 누른 뒤 불안감이 밀려올 때 우리는 조용히 머리를 굴리기 시작한다. 내가 혹시 별로 좋아하지 않는 거래처 사람을 참조인 목록에 넣은 것은 아닌가? 직장에서 관계란 권력과 돈에 따라 결정되는 만큼 평판이 중요하게 작용하기 때문에 긴장감이 더 높다. 직장에서 신뢰를 잃는다는 건 실직을 의미할 수도 있다. 그래서 사무실에는 은폐가 넘쳐난다.

게다가 권력과 돈에 가까워질수록 책임은 더 무거워지고 그에 따라 은폐하고 싶은 마음이나 그 필요성도 커진다. 기업의 CEO들은 특히 더 큰 긴장감에 맞서야 한다. '사람은 우리의 가장 소중한 자원' 등의 거창한 선전 문구는 기업의 주요 임무가 얼굴 없는 주주들(보통은 자본금을 순식간에 회수할 수 있는 투자자들)에게 이윤을 안겨주는 것이라는 다 아는 사실을 은폐하려

들어 냉소를 낳는다.

하지만 이 같은 모순은 피할 수 없는 면이 있다. 누군가 말했듯 이유가 없으면 업무도 사라지는 것이다. 심지어 비정부기구들도 조직을 문 닫지 않고 직원들에게 계속 월급을 줄 수 있으려면 자신들의 목표를 어떻게 추구할지 결정해야 한다. 나는 상충되는 이해관계를 공개적으로 협상해야 한다는 이유로 다 안다는 듯한 비웃음을 견뎌야 하는 부동산 중개인, 정치인과 영업사원들이 안쓰럽다. 무조건 상대방을 설득해야 하기 때문이다. 이에 비해 (의사, 출판업자, 학자 등) 다른 이들은 좀 더 신중할 수 있지만 그렇다고 방심해선 안 된다. 제품이나 서비스를 제공해야 하는 사람, 혹은 평판을 관리해야 하는 사람들 중 안심할 수 있는 이는 아무도 없다.

물론 사람들은 평소 대개는 투명하게 말한다. 누군가 화장실이 어디인지 혹은 몇 시인지 물어올 때 깊은 인상을 남기기 위해 고도의 기술을 발휘할 필요는 없으며 질문에 대한 답변만 한다. 하지만 많은 게 걸려 있을 때에는 가볍게 단순한 진실만 선택할 수는 없다. 여러 가지 경우의 수 중 선택해야 한다. 만약 상사가 컨디션이 어떤지 물어온다면 심한 숙취 때문에 어지럽다는 말을 할 수도 있고 안 할 수도 있다. 하지만 둘 중 어떤 경우든 전날 밤 함께 술을 마셨던 친구에게 하듯 완전히 무장해제한 채 대답하지는 않을 것이다. 투명하게 보여줄지 말지는

평가받으며 사는 것의 의미

맥락이 결정한다. 앞서 언급한 다각도 설문에서 익명성이 보장된다고 강조한 이유도 이 때문이다. "이번에는 진실을 말하는데 따른 여파를 걱정하지 않으셔도 됩니다. 그저 보이는 대로 말해 주십시오"라고 확인시켜 주어야 했던 것이다.

하지만 이처럼 익명성의 망토를 두른다고 해서 모든 걸 투명하게 드러낼 수 있는 건 아니다. 설문에 답할 때 나 자신을 있는 그대로 드러냈는가? 미처 인식은 못했지만 이기적인 이유로 실제보다 점수를 많이 주거나 적게 줬을 수도 있는 노릇 아닌가? 내가 그럴 거라고 생각하지는 않지만 그렇다고 실제로 그러지 않는다는 보장도 없지 않은가?

왜냐하면 우리 안에는 불편한 진실을 묻어두는 자기 기만의 체계가 확립되어 있기 때문이다. 사실이 아닌 걸 빤히 알면서도 거짓말하는 건 대부분 어려워하며 그만큼 실패 확률도 높다. 결국 거짓말이 성공하는 건 화자 스스로 자신을 설득했을 때다. 우리는 다른 이들 사이에 넘쳐나는 조용한 은폐를 아무렇지 않은 듯 치부해가며 흡족한 자아상을 구축한다. 두뇌가 망상에 빠져 자신을 속이는 걸 깨닫지 못하는 것이다.

연구에 따르면 의사들은 동료 의사들 중 84%가 제약회사에서 제공하는 사은품의 영향을 받는다고 생각하면서 정작 자신도 영향을 받는다고 인정한 이는 16%에 불과한 것으로 나타났다.[20] 오로지 우울증 환자만이 다른 이들처럼 과대망상에 빠지지 않고 현실적으로 자아를 평가할 수 있는 게 분명하다.[21] 이처럼 '우울한 현실주의'는 다양한 기준에 따라 자신에게 등급을 매긴 뒤 같은 기준을 두고 타인이 평가한 점수와 비교한 연구에서 잘 드러난다. 이에 따르면 사람들은 대부분이 장밋빛으로 칠해진 '낙관적 편견'에 빠져 있어서 운전부터 육아에 이르는 수많은 항목에서 스스로가 평균보다 낫다고 생각하는 것으로 밝혀졌다.

어떤 경우든 기만하는 게 항상 나쁜 것만은 아니다. 이익도 추구해야 하고 평판도 보호해야 하는데 이 동기들이 무조건 나쁘다고 할 수는 없다. 게다가 이기적인 것부터 우아한 것까지 많은 동기들이 은폐된다. 물론, 거짓으로 누군가를 기소하거나 동료의 성과를 가로채는 것처럼 부정한 기만 행위가 벌어지기도 한다. 하지만 평생 열심히 일만 하다 폭삭 늙었다는 농담이나 상사의 변변찮은 농담에 진심으로 박장대소하는 등 가벼운 형태의 기만도 존재한다. 물론 여기에는 진실성이 부족하지만 그렇다고 해로울 건 없다. 그리고 훌륭한 매너를 선보이거나 정중함을 갖추는 것과 같은 일상적이고 평범한 기만은 전혀 해가 될 게 없다. 동료의 취미생활에 관심 있는 척하거나("그래서 프리스비 최종 결선은 언제 시작이야?") 선물이 마음에 들지 않아도 기쁜 척 가장한다("우와, 정말 고마워. 이러지 않아도 되는데"). 충성심이나 겸손함에서 비롯되는 '하얀' 거짓말도 있고 누군가 부당한 처벌을 받게 될까 봐 책임을 뒤집어쓰는 영웅적 거짓말도 있다.

그런 면에서 너무 명백하고 직설적으로 말하는 게 어리석은 행위로 전락할 때도 있고 의도치 않은 결과를 초래할 때도 있다. 중저가 쥬얼리 기업 소유주인 제럴드 래트너Gerald Ratner는 자사의 4.99파운드짜리 디캔터를 '완전 쓰레기'로 묘사한 걸로 모자라 귀걸이에 대해서도 "새우 샌드위치보다 저렴하지만 그 정도로 오래가지도 못한다."고 말하는 등의 말 실수를 저질러 기업을 파산 직전까지 몰고 갔다. 그리고 누군가에 대해 못생겼거나 어리석다고 여긴다고 해서 실제로도 그렇게 말하고 다니는 사람이 있다면 누가 좋아하겠는가? 테네시 윌리엄스가 말했듯 "잔인하기 짝이 없는 이들은 솔직함에서 자신을 따라올 자가 없다는 사실에 자부심을 갖는다." 당신이 믿을 만한 사람인지 아닌지에 대한 평가 기준은 당신이 진실만을 말하는지 여부가 아니다. 그보다는 말하기로 선택한 것들의 동기가 바람직한지 여부가 더 중요하다. 본연의 사실에만 충실하기보다 최소한 상대방, 상대방의 욕구, 그리고 나의 염원과 이미지를 충분히 고려하길 바란다.

지금껏 알아본 것처럼 올바른 방식으로, 그러니까 이따금 간접적으로 소통할 수 있는 기술이 필요하다. 누군가를 평가할 때 장점에 대해서는 단도직입적으로 말해도 좋지만 단점의 경우에는 받아들이기 힘들 것을 고려해 '발전을 위해 필요한 사항'으로 신중하게 표현해야 한다. 좋은 평가는 일관성 없이 무작위로 남발해도 무비판적으로 수용되기 마련이다. "당신은 정말 좋은 사람이에요." "대단했어요." 등의 달콤한 평가는 무조건 받아들여진다. 하지만 비판을 할 때는 수용은 둘째치고 사람들이 듣게라도 만들려면 (죄와 죄인을 구분해) 구체적으로 제시해야 한다. 칭찬보다 비판의 영향력이 더 크고 자칫 지나치면 자기방어를 위한 반박을 유발할 수 있기 때문이다.

참고할 수 있는 간접화법의 기술은 제랄드 래트너처럼 경솔한 사람부터 기자나 정치인처럼 이미 숙련된 노동자들에 이르기까지 다양하다. 조지 오스본 전 재무부 장관이 발표한 이후 '정치적으로 영악하다'고 보도된 2015년도 예산에 대해 《가디언Guardian》 칼럼니스트 조나단 프리드랜드가 작성한 사설은 간접화법의 훌륭한 변주를 보여준다. 프리드랜드는 장관의 속임수를 포착했다. 장관은 정작 노동 빈곤층의 복지를 악화시키고 있으면서 최저임금기준을 발표해 데이비드 캐머런 전 총리가 '형편없는 정당' 이미지를 해소하기 위해 시작한 '인정 많은 보수주의' 이미지 구축 프로젝트를 이어가려 했다.

프리드랜드는 다음과 같이 기술했다.

오스본 장관이 원하는 건 빈곤층의 민심이 아니다. 빈곤층에 관심을 갖는 사람들, 더 정확히는 자신은 무관심한 사람이라고 생각하기 싫어하는 사람들의 표를 원하는 것뿐이다.

이처럼 교묘한 평가를 통해 프리드랜드는 오스본 장관이 유권자들의 성향에 대해 내린 평가를 평가하고 있다. 그리고 이 평가는 둘로 나뉜다. 오스본은 정치적 기술을 선보이고 있지만 다른 한편으로는 냉소적 동기를 드러내고 있는 것이다. 프리드랜드가 보기에 도움이 필요한 계층에 대한 오스본의 평가는 현실보다 정치적 가치에 기반해 있다.

프리드랜드는 "여기서 냉소적인 사람은 오스본 자신이다. 유권자 대다수가 도움이 필요한 사람들에 대해 가질 수 있는 동정심의 한계를 평가하고 있기 때문이다."라고 주장하면서도 오스본의 계산이 기본적으로 정확하며 "노동당은 잘 보고 배워야 한다."고 결론 내린다.

이는 논란의 소지가 다분한 말에 합리성을 갖춰서 설득력 있게 이야기한 뛰어난 표현이다. 프리드랜드는 '투표는 자선이 아닌 이익 추구 활동'이라는 명백한 진실을 제시하고 오스본의 보수당과 경쟁하려면 이 사실에 유념해야 한다고 노동당 의원들에게 제시한다. 하지만 이 주장에 모두가 수긍한 것은 아니며 얼마든지 반박이 나올 수 있다.

정치 과학자들은 투표를 수단으로 보는 유권자와 표현으로 보는 유권자를 구분한다.[22] 전자는 투표를 이익 추구 활동으로 보는 프리드랜드의 전제와 일맥상통하는 데 반해 후자에게는 투표한 게 누구인지, 이들이 가치 있게 여기는 건 무엇인지 표현하는 게 중요하다. 제러미 코빈 대표의 노동당이 이익 추구가 아닌 연민을 앞세운 뒤 인기가 치솟았다는 사실은 프리드랜드의 전제가 진리는 아님을 보여준다. 하지만 그는 신중했다. 예를 들어, 예상되는 반대 의견과 가디언 독자들이 칼럼니스트에게 기대하는 바를 함께 제시해 자신의 주장(그리고 자기자신)에 정당성을 부여했다. 유권자가 자신의 이익을 위해 움직인다고 주장할 때에는 "여기에는 자신이 살고 싶은 사회를 만드는 것 또한 포함되어 있다."고 말함으로써 설득력을 확보한 것이다. 그러면 자신의 이익이라는 개념이 (글래스고에서 텍사스까지, 아테네에서 베를린까지) 정치색과 무관하게 모든 유권자를 아우를 만큼 확장되어 반박이 불가능해진다.

이처럼 프리드랜드가 예상되는 반박을 차단해가며 오스본을 얼마나 능수능란하게 평가했는지 알아보았다. 물론 이는 노련한 논평가라면 누구나 해야 하는 일이다. 하지만 타인을 평가할 때 발휘하는 날카로운 통찰력을 자신에게도 같은 수준으로 발휘하는 경우는 극히 드물다. 그것은 내가 프리드랜드를 평가할 때에도 마찬가지다.

타인의 동기와 기술에 대한 평가는 별다른 노력이나 의식 없이 이루어지는 경우가 많다. 하지만 이런 식으로 자신을 평가하는 것은 서툴다. 타인의 오점을 거론하기 전에 당신의 눈에

평가받으며 사는 것의 의미

서 번뜩이는 광선부터 인지하라는 경고는 우리가 정작 자신을 평가할 때는 동일한 기준을 적용하지 않는다는 사실을 떠올리게 한다. 나 역시 프리드랜드의 사설을 읽을 때 오스본에 대한 그의 평가를 마음껏 평가하면서도 한편으로 밀려드는 만족감에 대해서는 그리 깊이 생각해보지 않았다. 자신의 이익을 추구하기보다 양심부터 달래야 하는 유권자들에 대한 그의 주장이 내게 적용되는지에 대해서도 그리 명확히 생각해보지 않았다. 오스본이 치부를 들추면서 냉소적으로 조롱한 유권자들은 누구인가? 여기에 해당되는 이들을 떠올리는 건 식은 죽 먹기지만 나 역시 기꺼이 포함될 수 있을까?

이미지를 관리하는 건 교묘하고도 복잡한 일이지만 대개는 무의식적으로 이루어진다. 특히 주어진 문화의 관례나 표준에 잘 단련된 운 좋은 이들은 더 본능적으로 움직인다. 하지만 이같은 능숙함과 이미지 관리에 필요한 요소들은 공평하게 분배되지 않는다.

'쿨해 보이는' 사람의 속마음

요르단에서 나고 자란 내 아버지는 이라크 바그다드 대학에 진학했다. 이후 영국으로 가 최고의 교육을 받고 학위를 받으라는 할아버지의 권고로 1957년 여름, 비행기를 타고 암만에서 런던으로 날아갔다. 히드로 공항에 착륙했을 때 아버지가 느낀 첫인상은 축축하게 젖은 활주로와 건물들을 바라보며 좀 전에 일제히 물을 뿌렸나 보다 생각했다고 한다. 암만에서는 사람들이 먼지를 씻어내려고 야외에 물을 뿌릴 때가 많기 때문이다. 당시 아버지로서는 8월 말에 비가 내린다는 건 상상도 할 수 없었다.

공항에서 버스를 타고 워털루역에 도착한 아버지는 숙소로 가기 위해 피카딜리가 어느 방향인지 물었고 '강 북부'라는 답을 들었다. 방금 강을 건너온 것 같아 다시 캐리어 두 개를 끌고 걷기 시작했다. 땀이 날 만큼 한참을 걸었는데도 숙소가 나오지 않자 아버지는 낯선 땅에 와 있다는 사실을 새삼 실감했다. 다음날 아침, 대학 등록을 위해 노우드로 어떻게 가는지 물었는데 기차를 타야 한다는 답변에 놀라지 않을 수 없었다. 암만에서는 기차를 탄다는 게 다른 도시에 간다는 걸 의미했기 때문이다.

아버지의 경험은 낯선 영토에서 적응해야 하는 수많은 이들에게 분명 시사하는 바가 있을 것이다. 샘 셀본Sam Selvon의 단편 소설 「외로운 런던인들The Lonely Londoners」에는 1950년대에 런던으로 이주한 카리브해 남성들의 이야기가 나온다.

평가받으며 사는 것의 의미

"여기서 버스를 타자." 모세가 이렇게 말하며 갈라하드를 대기 줄로 이끈다. 버스가 도착하자 모세의 만류에도 갈라하드는 사람들을 밀쳐 가며 앞으로 나아가고 이를 본 안내원이 "이봐요, 새치기하면 안 되죠."라며 타박을 준다. 결국 갈라하드가 뒤로 물러나 버스에 오르는 이들을 지켜보고 서 있는데 한 나이든 여성이 매섭게 노려보는가 하면 한 여자아이는 일행에게 이렇게 수근댄다. "하여간 구제불능이라니까."[23]

내 아버지 역시 줄 서는 법을 몰라 수많은 사람들로부터 매서운 눈초리를 받아야 했다. 아버지는 영국인들이 극장에서 티켓을 구입할 때 얼마나 질서정연한지 말씀해주시곤 했다. 줄이 너무 길어 미처 티켓을 구하지 못한 사람들은 실망한 채 그냥 집으로 돌아간다는 것이다. 이에 비하면 암만의 극장은 금요일 밤마다 아수라장이었고 아버지 역시 티켓을 구하려고 몸싸움하다 셔츠 단추 한두 개는 떨어지기 일쑤였다.

사람들은 여전히 다양한 곳에서 줄을 서지만 버스 정류장에서는 더 이상 서지 않는다. 정류장에 누가 먼저 도착했든 다른 이들이 먼저 버스에 오를 수 있도록 양보하고 '매서운 눈초리' 같은 건 보내지 않는다. 결국 문화의 표준은 업데이트되는 것이다. 이처럼 굳이 말하지 않아도 친숙하게 지켜지는 전제들을 인류학적 관점에서 바라보면 좀 더 명확하게 파악할 수 있다.

케이트 폭스Kate Fox는 저서 『영국인 발견Watching the English』에서 바로 그런 관점을 제시한다. 술집에서 사람들이 몸을 바 테이블에 바짝 붙인 채 어떻게든 먼저 주문하려고 드는 혼란스러운 와중에도 보이지 않는 관례가 존재하며 저자는 이를 '판토마임 규칙'이라고 명명했다. 이 규칙에 엄격하게 따라야 종업원을 부르지 않고도 눈을 마주치고 술을 손에 넣을 수가 있다.

> 내가 기다린다는 사실을 종업원이 알아볼 수 있도록 한손에 돈이나 빈 술잔을 쥐고 있는 건 허용된다. 판토마임 규칙에 따르면 빈 술잔을 기울이거나 천천히 둥글게 돌리는 정도의 행동도 할 수 있다… 이 부분에서 지켜야 하는 에티켓이 놀라울 정도로 세세하게 규정되어 있다. 팔꿈치를 바 테이블에 올려두는 건 괜찮지만 팔을 위로 쭉 뻗어 흔드는 등 조금이라도 조급한 내색을 하면서 선택 받기를 기대하는 건 금물이다.

그렇다고 지나치게 여유로워 보여서도 안 된다.

> 주문하기 위해 기다리는 이들은 경계를 늦추지 않고 눈으로 종업원을 좇아야 한다. 마침내 눈이 마주치면 재빨리 눈썹을 치켜세우면서 턱을 들어 올리고 희망에 찬 미소를 지어 당신이 기다리고 있다는 사실을 최대한 표현해야 한다.

평가받으며 사는 것의 의미

영국인들은 이 같은 판토마임 규칙을 별로 의식하지 않고 (말하지 않고 손 흔들지 않고 소리도 내지 않은 채 지속적으로 신호를 보내야 하는데도) 특별히 어려워하지 않으면서 직관적으로 실천한다.[24]

아무래도 이래서 내가 술집에 잘 못 가는 것 같다.

이렇게 복잡하니 지레 포기하는 신출내기들도 많다. 폭스는 테이블에서 한참을 기다렸는데도 아무도 오지 않자 결국 나가버린 한 이탈리아 가족의 사례도 소개한다.

판토마임 규칙을 면밀히 검토하는 과정에서 케이트 폭스는 인류학자들이 말하는 '두꺼운 기술thick description'에 대해 예를 들어 설명한다. 철학자 길버트 라일은 눈꺼풀의 단순한 신체적 떨림인 경련과 훨씬 풍부한 의미를 담고 있는 윙크의 차이점을 설명하기 위해 이 용어를 만들었다. 얇은 기술은 단순히 물리적 현상을 설명하는 데 그치지만 두꺼운 기술은 윙크에 많은 의미가 담겨 있음을 인지하고 (조롱하거나 빈정대거나 웃기려는 등) 그 안에 담긴 메시지를 추론한다.

사회생활에서 매일같이 맞닥뜨리는 여러 의미를 놓치지 않고 '두꺼운 기술'을 해낼 수 있으려면 문화를 세심하게 읽을 수 있어야 한다. 이 기술은 시간이 흐르면서 상호작용의 횟수가 거듭되고 그 결과 소속된 문화에 대한 감각이 발달하면서 단련된다. 자신의 입장을 제대로 파악하고 체면을 지키려면 타인과 그들이 속한 문화 역시 효율적으로 읽을 수 있어야 한다. 그렇지 않으면 오해하고 실수하는 일이 생기고, 규칙을 따르지 않거나 모르는 걸로 평가받을 수 있기 때문이다.[25] 결국 우리가 받는 평가는 사회적 현실이 반영된 수많은 비밀 관례 및 명문화되지 않은 규범에 크게 좌우될 수밖에 없다. 마치 레이저 경보 시스템이 설치된 방에서도 경보를 울리지 않고 빠져나가는 절도범처럼 능수능란해져서 괜한 오해를 사는 일이 없도록 해야 한다.

그런데 이 경보가 소리 없이 울리거나, 구경꾼들은 다 알아도 당사자는 결코 알 수 없는 방식으로 울릴 때도 많다. 사람들의 시선에서 항상 '매서운 눈초리'를 파악해낼 수 있는 건 아니다. MIT 공대에서 좀 더 거만한 분위기의 프린스턴 대학원으로 옮긴 뒤 그곳에서는 가혹한 평가를 어떻게 표현하는지 배우게 된 물리학자 리처드 파인만의 이야기를 들어보자.

출입구에 들어서자 성인 여성과 여학생들이 있었다. 상당히 격식을 갖춘 분위기여서 어디에 앉는 게 좋을지, 이 여학생 옆에 앉아도 될지, 어떻게 행동해야 할지 생각하고 있는데 뒤에서 목소리가 들려왔다.

"파인만 씨, 차에 크림을 넣을까요 레몬을 넣을까요?" 아이젠하르트 양이 차를 따르며 물었다. "둘 다 주세요, 고맙습니다." 어디 앉는 게 좋을지 계속 살피며 말했는데 그녀가 이렇게 답했다. "하하하 농담이시겠죠, 파인만 씨."

농담? 농담이라고? 방금 내가 뭐라고 했기에? 그리고 나는 무엇을 잘못한 건지 깨달았다. 이게 이 카페에서의 내 첫 경험이었다.

이후 프린스턴에서 얼마간 지내고 난 후에야 나는 그 '하하하'의 의미를 이해하게 되었다. 사실 첫 번째 차를 마시고 자리에서 일어나던 순간 그 소리의 의미를 깨달았다. 그건 "실수하시는 거예요."라는 뜻이었다. 아이젠하르트 양의 이 '하하하'가 두 번째로 들려왔을 때 누군가 자리를 뜨면서 그녀의 손에 입맞춤을 하고 있었기 때문이다.[26]

파인만은 이 시대에 태어났다면 아마 살아가기가 한결 수월했을 것이다. 서구 문화가 예전보다 격식을 덜 따지고 더 큰 다양성을 수용하게 되었기 때문이다. 게다가 거대 기술 기업들이 엄청난 성공을 거두면서 기술에 능통하고 독학으로 전문가가 된 '괴짜들'이 세상을 점령했다. 결과적으로 과학자가 문학가들보다 못한 취급을 받던 찰스 퍼시 스노Charles Percy Snow의 『두 문화Two Cultures』시대와 달리 물리학자가 극진한 대접을 받게 되었다.[27]

공학이 더 큰 지적 가치를 갖는 시대가 되면서 지나치게 격식을 따지거나 진부하게 구는 게 사회적 오류로 분류되고 비웃음을 사는 경우가 많아졌다. 파인만도 수긍하겠지만 그렇다고 오늘날 역시 평가에서 자유로운 시대라고 할 수는 없다. 세상에는 여전히 협상해야 할 의미와 평가가 복잡하게 얽혀 있다. 『파인만 씨, 농담도 잘하시네! Surely You're Joking, Mr Feynman』의 후속작은 제목은 『남이야 뭐라 하건 What Do You Care What Other People Think?』으로 파인만이 부인인 알렌과 대화하던 중 그녀가 타인의 시각에 너무 휘둘리지 않았으면 하는 바람에서 붙인 것이다. 하지만 부인이 평가에 휘둘리지 않게 되기는커녕 또 다른 관객을 신경 쓰게 만드는 결과만 낳았는데 그 관객은 바로 파인만 자신이었다. 이제 파인만의 부인은 다른 사람의 생각에 신경 쓰는 자신을 남편이 어떻게 생각할지 신경 쓰게 된 것이다. 이런 종류의 불안에 탈출구는 없다. 관례와 규정에 얽매이지 않아도 되고 잘 적응해야 한다는 걱정도 안 해도 되는 문화는 존재하지 않는다.

왜 〈폴티 타워스〉의 주인공 베이즐 폴티를 보면 손발이 오그라드는가? 많은 사람들이 이 시트콤을 '고통스럽도록' 재미있다고 하는 이유는 무엇인가? 베이즐의 무능을 통해 이미지 관리에 서툰 사람의 삶이 어떤 모습일지 알게 된다. 창피함을 안겨 주는 건 내 안의 이중 잣대와 자기 기만이 아니다. 어차피 사람이라면 이 두 가지를 모두 갖고 있기 마련이다. 진짜 창피한

평가받으며 사는 것의 의미

것은 이 같은 모순을 다른 이들에게 들키는 것이다. 세련되고 확고해 보이는 이미지를 구축할 기술이 없는 베이즐은 서툰 속내를 가감 없이 드러내는 실수를 저지른다. 바지 지퍼가 내려간 줄도 모르고 돌아다니는 게 창피한 이유는 그 일을 제대로 감추지 못했기 때문이다. 마찬가지로 우리도 구린내 나거나 갈팡질팡하는 면면을 남들 앞에서 잘 감춰야 한다(그것도 상당히 노련하게 감춰서 아무것도 감추는 게 없는 것처럼 보이면 더 바랄 게 없다).

어째서 '쿨해 보이는' 사람이 있는가 하면 '눈치 없어' 보이는 사람도 있고, '카리스마 있는' 사람이 있는가 하면 뭘 해도 '어설퍼' 보이는 사람도 있는 것일까? 당신은 어떤 부류인가? 이렇게 소소한 평가들은 단 한 순간도 끊이지 않고 이루어진다. 무엇보다 '쿨해 보이는' 사람들은 노력하지 않고도 성공하는 듯하고 혹시 실패하더라도 연연하지 않는 것 같다. 위험이나 결과에도 무심하고 무엇보다 파인만의 바람대로 타인의 생각에 연연하지 않는다. 물론 실제로 그럴 리는 없지만 사람들의 호감을 사기에는 충분하다. 남들의 평가에 너무 신경 쓰는 게 빤히 보여도 좋은 평가를 받을 수 없기 때문이다.[28]

자존감이 낮은 사람과 높은 사람이 이미지를 관리하는 방식에는 흥미로운 차이가 존재한다. 두 부류 모두 자신을 포장한다는 점에서는 같지만 후자가 더 빛나고자 노력한다면 전자는 나쁜 인상을 남기지 않는 데 급급하다고 할 수 있다. 심리학자 로이 바움에이스터Roy F. Baumeister에 따르면 "자존감이 낮은 이들은 실패하거나 거절당하지 않고 창피함이나 수치심을 피하려는 욕구가 가장 크다면 자존감이 높은 이들은… 더 큰 명예와 명성을 누리려는 욕구가 강하다".[29] 자신이 가진 멋진 깃털에 집중하는 대신 지저분한 발을 숨기기 위해 노력한다면 장기적으로 자신에 대해 더 큰 확신을 갖게 될 확률이 높다.[30] 반대로 다른 이들과 공통적으로 지니는 속성들을 인정하면 자존감이 지나치게 높아지는 걸 방지할 수 있다. 자기계발서나 비즈니스 서적에서 제시하는 조언과는 반대다.

어느 누구보다 쿨해 보이는 사람, 즉, 노력이라고는 전혀 하지 않는 것처럼 보이는 사람이 있다고 해도 속아 넘어가선 안 된다. 그도 호수 위를 유유히 떠다니는 백조처럼 보이지 않는 곳에서 사력을 다해 발을 구르고 있기 때문이다. 모든 백조가 한때는 (그리고 몇몇은 여전히) 못생긴 오리 새끼였지만 자기기만과 건강한 사회관계지표를 이용해 이렇게 명백한 사실을 은폐할 수도 있다. 오스카 와일드가 진실이란 결코 단순하지도, 순수하지도 않다고 빈정거린 것처럼 사람들은 진실을 허황되게 부풀리는 걸 좋아해서 하나같이 자신의 선한 의도와 뛰어난 능력에 대해 홍보하는 반면 신통치 않은 본모습은 외면한다.[31]

나는 "진실함은 기술이다."라는 W. H. 오든W. H. Auden의 말을 좋아한다. 이 문구는 통찰이 있으면서도 심란하다. 진실함에 있어서도 기술이 작용한다고 생각하면 회의가 들기 때문이다. 그리고 외모 관리에 많은 노력을 기울이는 사람은 자칫 진실하지 않고 남들의 평가에 지나치게 신경 쓰는 깊이 없는 사람으로 비춰질 수도 있다.[32]

좋은 이미지를 구축해야 하는 필요성을 느낄 때면 때때로 과연 진실한 게 가능할까 싶은 회의감이 든다. 특히 우리가 자신에 대해 전혀 엉뚱한 평가를 내릴 수 있다. 타인이 우리를 진실하다고 느낄 수 있도록 기술을 발휘해야 한다면 우리는 의도와 상관없이 그런 스스로를 진실하지 않다고 느낄 수밖에 없다. 아담 스미스가 명명한 '자기 홍보라는 엉터리 예술'에 규정되고 싶지도 않고 '나쁜 신념'에 빠지고 싶지도 않다. 이를 테면 시중을 들지 못해 안달난 것처럼 보이는 사르트르의 종업원이 그 예다("그의 움직임은 재빠르고 당당했으며 지나치게 정확하고 지나치게 신속한 면이 있었다").

나쁜 신념은 사회적 압력에 굴복함과 동시에 자유의 박탈을 선택하는 행위를 설명하기 위해 사르트르와 시몬 드 보부아르가 사용한 개념이다. 그 종업원은 자신의 역할을 수행하는 데 집중하기로 선택함으로써 자유를 저버렸다. 드 보부아르는 결과적으로 자유를 포기하게 만드는 나쁜 신념에는 어떤 것들이 있는지 설명한다. 예컨대 자신을 욕망의 대상으로 간주하는 나르시시즘과 절대 가치에 굴복하는 신비주의, 자신의 정체성을 연인에게 투영하는 여성의 믿음과 특정 명분을 향한 헌신 등 다양하다. 사르트르와 드 보부아르는 인간이 자유로운 운명이라고 믿었다. 그리고 아무리 잘못된 역할에 눈이 멀어 이 사실을 보지 못하더라도 자의적 선택이라는 인간의 기본 역량을 무용지물로 만들 순 없다고 주장했다.

실존 철학자들은 인간에게 언제나 자유롭게 행동할 권리가 있다고 단호하게 주장하면서 주어진 역할에만 충실하다 보면 진실하지 못한 삶을 사는 데서 오는 공허함에 빠질 수 있다고 진단한다. 이것이 바로 내가 말했던 회의감이 드는 지점이다. 하지만 나는 타인의 평가에 얼마나 취약한지 생각할 때 밀려드는 공허함에 몇 가지 바로잡을 사실이 있다고 본다.

첫 번째, 이미지를 의식적으로 관리하는 데에는 한계가 있다. 사람들을 속인다는 건 상당히 어려운 일이며 지속적으로 거짓인 상태를 유지하는 건 더더욱 불가능하다. 경제학자 로버트 프랭크Robert Frank는 감정의 전략적 역할에 대해 탐구한 명저 『이성 안의 열정Passions within Reason』에서 좋은 사람처럼 보이는 가장 안전한 방법은 실제로 좋은 사람이 되는 것이라고 결론 내렸다. 사람들은 스스로 이미지를 관리하도록 진화하기도 했지만 거짓 이미지를 알아볼 수 있도록 진화하기도 했기 때문에 거짓이라면 지속적으로 설득력을 갖추기가 어렵다는 것이다.

평가받으며 사는 것의 의미

사람들은 결국 당신을 알아보게 되어 있다. 이 관점에서 볼 때 감정은 진실성을 보증하는 방향으로 진화해왔다. 진실함은 꾸며낼 수 없기 때문이다. 따라서 다른 이들에게 확신을 주고 싶다면 진실한 감정에 수반되는 특징과 품성을 개발해야 한다는 게 그의 견해다.

그는 음식점을 나설 때 다시 오지 않을 곳이라는 사실을 알면서도 팁을 지불하는 이유에 대해 고민했다. 그런다고 자신의 평판이 좋아질 리도 없는데 팁을 주는 이유, 바로 언제 닥칠지 모를 도덕성 테스트에서 낙방하는 일이 없도록 자신이 되고 싶은 사람의 모습을 무의식적으로 연습하고 있는 것이다. 프랭크는 훌륭한 연기자가 되는 게 사회적으로 성공하는 데 여전히 중요하지만, 시간이 흐르면서 최고의 효과를 발휘하는 전략은 자신이 타인의 눈에 이렇게 비춰졌으면 하는 속성을 실제로 갖추는 것이라고 주장한다.

두 번째, 우리가 모두 한 배를 타고 있다는 사실을 깨달아야 한다. 즉, 좋은 이미지를 추구하는 인간의 본성을 사악하다고 간주하는 대신 보편적 취약함의 표본으로 여기는 것이다. 인간은 하나같이 타인의 진정한 자아에 접근할 수 없다고 생각한다. 마치 그런 것을 구축할 의미 있는 방법이 있는 것처럼 말이다. 하지만 인간은 결국 불완전한 존재이고 타인이 갖고 있는 잘못된 인식과 인상이 모여 한 사람을 구성하기도 한다.

이미지 관리에 있어 우리가 모두 한 배에 타고 있다는 사실을 깨달으면 절로 겸손해진다. 이에 비해 자신은 부류가 다르다는 거만한 신념을 경계하라는 조언도 있지만 지나치게 겸손해져서도 안 된다. 높은 자존감은 대개 유익하다. 겸손한 태도 역시 필요하지만 오늘날에는 겸손한 자랑으로 알려진 나쁜 형태의 믿음에 빠져드는 걸 조심해야 한다. 소설가 C. S. 루이스는 위에서 소개한 프랭크의 충고에 대해 겸손은 '자신을 낮추는 데서 오는 게 아니라 자신에 대한 생각을 적게 하는 데서 오는 것'이라며 완벽하게 요약했다.

사회적 동물은 상충되는 욕구와 걱정으로 마음이 가득 차 있다. 하지만 그리 나쁠 건 없다. 이따금 '사기꾼 증후군'을 느낄 때가 있는지 묻는 나의 질문에 한 친구는 대답했다. "당연하지, 누구나 그래. 그러니까 그런 용어도 있는 것 아니겠어?" 한 발 더 나아가 인간은 누구나 취약한 존재여서 좋은 이미지와 적절한 자존감을 좇고, 생각하는 것보다 더 많이 타인에게 의존한다는 사실을 인정하면 결과적으로 진실함의 깊이를 더할 수 있다. 그래서 인류의 공통된 취약점을 깨닫고 이를 계기로 좋은 평가를 받으려는 타인과 자기 자신에게 더 친절해질 수 있다.

사회적 동물인 인간은 이미지 관리를 하지 않을 수 없으며 이미지 관리는 서로에 대한 영향력을 확인하는 방법이기도 하다. 하지만 그럼에도 불구하고 진실하게 살아가는 방법도 있다. 자신의 특정한 모습을 드러내야 할 때 우리는 나쁜 평판을 피하고자 스스로 진실하다고 믿는 모습을 내보인다. 이때 자신의 진실한 모습을 발산하기 위해서는 기술이 꼭 필요하다. 지뢰밭 사회에서 진실은 결코 그 자체로 힘을 발휘할 수 없기 때문이다. 그보다 진실하다고 보여지는 모습이 오랜 기간에 걸쳐 관객들에게 피력된다면 좋든 나쁘든 그것이 당신의 평판으로 자리 잡을 것이다.

2. 평가의 기술

명성, 명성, 명성! 오, 나는 내 명성을 잃었네! 불멸의 명성은 잃고 짐승만 남았네. 내 명성, 이아고, 내 명성이여!

- 셰익스피어, 『오셀로』 2막 3장

당신은 명성의 중요성을 얼마나 솔직하게 인정할 수 있는가? 위에서 인용한 『오셀로』 속 제정신을 잃은 카시오처럼 솔직할 수 있는 이는 많지 않다. 하지만 많은 사람들이 좋은 이미지를 심기 위해 온갖 기술과 노력을 쏟아 붓는다는 사실을 우리는 익히 알고 있다.

　반면 명성은 오랜 시간 다양한 방면에서 관리된 이미지가 쌓여서 생기는 것이기 때문에 좋은 명성을 구축하는 게 좋은 이미지를 남기는 것보다 어렵다. 명성은 실제 지인들보다는 (단 한 번도 만난 적 없는 이들을 포함해) 수많은 제3자들의 동의에 의해 구축되며, 돌발 상황이 발생하지 않는 한 끝까지 지속된다. 고유한 가치보다 타인의 평가가 더 중요하다고 인정할 수 없다면 『오셀로』에서 카시오 말에 대한 이아고의 답변에 동의할 것이다. "명성이란 가장 허술하고 거짓된 사기에 지나지 않아. 자격 없는 이들에게 주어지기도 하고 부당하게 상실되기도 하니까."

20여 년 전, 사회심리학자 닉 엘머Nick Emler는 소통의 최고 목표 중 하나로 평판 관리를 꼽았다. 요즘엔 소셜 미디어에서 방대한 소통이 공개적으로 이루어지고 있어서 모두가 '인기 있고 재밌고 좋은 의도를 가졌으며 개성 있어서 '좋아요'를 받을 만한 사람'으로 보이려고 애쓰는 모습을 보고 평가할 수 있다. 정보의 홍수 시대를 살아가는 우리에게 관심은 희귀한 자원이다.[33] 너도나도 아우성치는 가운데 사람들이 자신의 목소리에 귀 기울이게 하려면 반드시 명성을 쌓아야 한다. 서툰 게 많은 일반인들로서는 권력이나 인기 등을 좇게 되어 있기 때문이다. 자신을 타인과 비교하는 본성을 지닌 인간은 소셜 미디어의 등장으로 이제 끊임없이 비교 대상을 공급받게 되었다. 심지어 소셜 미디어의 각 피드는 타인이 비교 기준으로 삼을 거라는 전제하에 게시된다. 이 같은 비교가 이따금 자존감을 떨어뜨리는 원인이 되면서 일정한 비용을 받고 도움을 제공하는 전문가들도 생겨났다.

『디지털 평판이 부를 결정한다The Reputation Economy』의 저자이자 레퓨테이션닷컴Reputation.com이라는 기업의 설립자인 마이클 퍼틱Michael Fertik은 최소 천 달러의 비용으로 의뢰인의 디지털 행적을 깨끗이 삭제해주는 건 물론, 사람들이 좋아할 만한 디지털 정체성도 구축해준다. 그동안 그의 손을 거쳐 간 소비자 수만 해도 160만 명이 넘는다. 감시가 인터넷의 새로운 비즈니스로 떠오르고 무자비한 트위터 메시지 하나로 그간의 명성을 단숨에 잃을 수 있는 이 시대에 별로 놀랄 일도 아니다.

이처럼 '디지털 평판이 부를 결정하는' 일종의 문화적 추세는 개인은 물론 기업에도 강력하게 적용된다. 이것을 공유 경제로 인해 나타난 현상으로도 볼 수 있다. 에어비앤비Airbnb와 스킬셰어Skillshare, 차량 공유업체인 겟어라운드Getaround 같은 기업들은 공유를 통해 미개척 영역의 자원들을 선보일 방법을 찾고 있다. 하지만 이를 위해서는 평판을 깐깐하게 관리해야 한다. 사람들은 에어비앤비에 가입하고 싶어도 믿지 못할 이를 집안에 들이는 게 싫어서 망설인다. 나 역시 우버를 이용할 때면 다른 승객들이 매겨 놓은 운전자 평점을 참고한다. 따라서 오늘날에는 평판이 그 어느 때보다 중요하고 강력한 평가 수단이라고 할 수 있다.

이렇게 시대적으로 그 중요성이 훨씬 커지기는 했지만 사실 사람들은 아주 예전부터 항상 좋은 평판을 누리길 원했다. 사람이라면 누구나 타인의 평가에 민감하다. 이아고의 편을 들어주고 싶은 마음이 굴뚝같아도 현실에서는 카시오처럼 느낄 수밖에 없다. 다른 이들이 나를 높이 평가하고 우러러봤으면 하는 게 사람의 속마음이다. 그래서 불편한 게 한두 가지가 아니지만 좋은 평판을 얻겠다는 목표 없이는 제대로 살아가기 힘들다. 여러모로 믿을 만하거나 인상적이라고 평가받지 못한다면 풍요로운 삶을 살 확률도 현저히 줄어든다. 모든 사람들이 타인의 인식에 좌우되는 사회적 상호작용이라는 그물망에 깊이 얽혀 있기 때문이다. 서로에 대해 알 수 있는 수단은 '겉모습'뿐이며, 당신이 활용할 수 있는 평가 수단은 '내가 상대방에게 어떻게 보이는가'가 전부다. 진실이 무엇이든 그것을 실제로 사용할 수 없다.

그렇다고 이아고의 주장을 부인하는 건 아니다. 특정한 평판이 형성되는 과정은 위태롭고 모순적이며 심지어 부당하기까지 하다. 다음 장에서 살펴보겠지만 사람들은 서로에 대해 가혹하게 평가하는 경향이 있어서 평판으로 인해 상처를 입기도 하고 오해를 사기도 한다. 평판이라는 게 중요하다 보니 심지어 속임수까지 동원한다.

이번 장에서 알아볼 것처럼 실제 모습과 꾸며낸 모습을 구분하기란 결코 쉽지 않다. 역설적이게도 정직한 사람이라는 이아고의 이미지 역시 '아무런 근거 없이' 구축되었고 결국엔 오셀

평가받으며 사는 것의 의미

로가 부인이 부정을 의심하고 비극적 결과를 맞이하게 만드는데 결정적 역할을 했다. 여기에 올곧고 명예로운 군인이라는 오셀로의 평판 역시 그를 자살로 이끄는 데 한몫했다. "나는 내가 아니야."라는 이아고의 말은 겉모습과 실제의 격차를 가감 없이 보여준다. 하지만 『오셀로』가 희곡이 아니었다면 이와 같은 실제 모습도 밝혀지지 않고 그대로 묻히고 말았을 것이다. 실제 모습과 겉모습을 구분해야 하지만 그게 항상 가능한 일이라고 할 수는 없다.

우리는 거짓된 모습에 의해 구축된 평판이 아니라 실제 말과 행동에 근거해 형성되고 또 일관성 있게 유지되는 평판을 바란다. 가장 혐오스러운 사람은 좋은 평판을 원하는 사람이 아니라 좋은 평판을 쌓으려고 의식적으로 거짓된 모습만 내보이는 사람일 것이다. 좋은 평판을 얻으려고 부단히 노력하는 사람을 보면 그나마 내가 느끼던 회의감이 사라진다.

명성을 관리하는 기술

매년 나는 '표현의 자유 시상식Index on Censorship Freedom of Expression Awards'에 참석한다. 여느 시상식처럼 행사가 본격적으로 시작되기 전에는 다 같이 음료를 한 잔씩 들고 담소를 나누면서 과연 어떤 사람들이 참석했는지 서로 살피고 경계한다. 그런데 실제 시상식이 시작되어 수상자가 호명되면 분위기가 반전된다. 수상자들은 하나같이 다양한 형태의 부당함에 맞서기 위해 지난 수개월 혹은 수년간 음지에서 온갖 위험을 무릅쓰고 일할 때에는 이렇게 온 세상의 주목을 받는 순간이 올 줄 상상도 못했다고 이야기한다. 그 말을 들은 사람들은 그야말로 숭배감에 휩싸인다. 상으로 주어지는 엄청난 영광이 수상자들에게는 안중에도 없었다는 사실로 인해 회의감 따위는 찾아볼 수 없다. 오히려 식장을 빠져나오는 관객들을 보면 하나같이 놀라고 겸허해졌으며 신선한 자극까지 받은 모습이다.

한편, 이와 완전히 상반되는 게 바로 오스카 시상식이다. 평판 관리가 필요한 자리라는 사실이 이미 잘 알려져 있는 만큼 대중의 반응도 사뭇 다르다. 엄청난 성공과 명예를 거머쥔 영화배우가 수상 소감으로 세계 평화, 공정 사회와 환경 보호를 이야기하면 '좋은 평가를 받으려고 일부러 저런다'는 비난을 살 수 있다. 그리고 시청자들은 이 스타의 발언에 진심이 얼마나 담겨 있는지 확인하고자 눈을 부릅뜬다. W.H. 오든은 시집 『연설가들 The Orators』 중 친구인 시인 스티븐 스펜더에게 바친 헌정사에서 이 같은 양면성을 잘 포착했다.

공적인 자리에서 취하는 사적인 모습은

사적인 자리에서 취하는 공적인 모습보다
더 현명하고 훌륭하다.

평판은 지나치게 큰 비중을 두지는 않는다는 전제하에 소중히
여겨야 마땅하다. 게다가 모르는 사람이 없을 만큼 거짓 이미
지가 판을 치는 곳이 있다고 해도 (가령 정치인처럼) 평판의 중
요성이 줄어들지는 않는다. 그곳에 속한 사람들은 출세욕 혹은
과시욕이 강하다거나 위선적이라는 평가를 듣는다. 이렇게 부
정적인 평가는 평판을 한층 더 중요하게 만들 뿐이다. 만약 좋
은 평판을 얻고 싶다면 평판 같은 것에 별로 신경 쓰지 않는 것
처럼 보이는 게 현명한 방법이다.

하지만 표현의 자유 시상식 수상자들처럼 확실한 명성을 쌓
는 사람은 극히 드물다. 대부분은 항상 사회관계지표에 촉각을
곤두세운 채 기존보다 좋은 평가를 받기 위해 열심히 노력한
다. 인간은 사회적 평가를 받아야 할 때 스스로를 포장하는 경
향이 있는 만큼 완벽한 거짓을 잡아내기 위한 직감 역시 발달
시켜 왔다. 그리고 바로 이 직감을 발휘해 한 번도 만난 적 없는
사람들의 진실성을 평가한다.

만델라, 처칠, 마돈나, 안젤리나 졸리, 마가렛 대처, 교황 프
란치스코, 도널드 트럼프, 앙겔라 메르켈, 데이비드 베컴, 미
셸 오바마, 테일러 스위프트 등 여러 공인들의 평판에 대해 한

번 생각해보자. 이들을 생각하면 위엄 있다, 달변이다, 재능 있다, 자신만만하다, 융통성 있다, 무식하다, 의욕적이다, 독실하다, 지적이다, 믿을 만하지 않다, 온화하다, 재치 있다, 친근하다, 냉소적이다, 잔인하다, 용감하다, 카리스마 있다, 정직하다, 강하다, 친절하다, 거만하다 등등 엄청나게 다양한 수식어가 함께 떠오를 것이다. 그리고 이 사람들에게 따라붙는 수식어가 얼마나 쉽게 달라질 수 있는지도 생각해보자. 수식어라는 건 어떤 사람들이 어떤 맥락에서 붙이느냐에 따라 달라진다.

가령 내가 도널드 트럼프에게 선사할 수식어는 나이절 패라지Nigel Farage*가 선택할 수식어와 같을 수 없다. 결국 수식어는 다양한 게 당연하고 타인이 인식하는 개개인의 속성도 마찬가지다. 위에 나열한 수식어들은 딱히 앞서 언급한 인물들을 표현하고자 동원한 것은 아니다. 하지만 이렇게 다양한 속성들이 대부분의 사람들에게 어느 정도씩은 적용된다고 생각하면 놀랍다. 전시에 불굴의 면모를 자랑하던 처칠과 전후 선거에서 패배한 처칠을 생각해보자. 개개인의 평가는 대화를 통해 바꿀 수 있지만 현실에서 평판이 구축되는 과정은 훨씬 복잡하고 특정한 사회적 맥락 속에서 이루어진다.

'트럼프 현상'을 설명하려는 분석가들은 트럼프가 끊임없이

---

* 영국의 극우 세력인 브렉시트당 대표로 트럼프와 돈독한 친분을 과시한다.

평가받으며 사는 것의 의미

거짓말하고 공격적 언행을 일삼았는데도 정작 그에게 표를 던진 유권자들은 그의 진실성을 의심하지 않았다는 사실에 좌절한다. 어떻게 이런 일이 일어날 수 있는지에 대한 가장 명쾌한 해답은 사회심리학자 스티븐 레이처Stephen Reicher와 알렉산더 S. 해슬람Alexander S. Haslam의 주장에서 찾을 수 있다. 두 심리학자에 따르면 트럼프는 유권자들에게 '같은 편'이라는 메시지를 전달함으로써 추종자들이 맹목적으로 헌신하도록 만든다. 그는 아주 단순한 연극적 기술을 사용한다. 예를 들어 유세 현장에 다소 늦게 모습을 드러내는 것이다. 시민들은 그를 보기 위해 시간을 투자하면서 이렇게 오래 기다리게 만드는 건 중요한 것임에 틀림없다는 무의식에 휩싸인다. 그리고 그 생각은 그 자리에서 함께 기다리고 있는 다른 이들을 보면서 더 강해진다. 지금 우리는 함께 중요한 것을 기다리고 있다는 집단 무의식이 형성되는 것이다.

기다림 끝에 모습을 드러낸 트럼프는 즉각 시민들의 걱정거리를 하나씩 들추면서 이게 과연 누구 때문에 생긴 고통인지 줄줄이 적들을 읊어댄다. 이렇게 창조되는 강력한 '저들'은 강력한 '우리'를 만들게 되어 있다. 게다가 '우리'는 지금 이 안에 숨어 있는 적들을 찾아내는 과정에서 더 강력해진다. 만약 청중 안에 기자나 시위대 등 반대편인 게 분명한 누군가 있다면 사람들은 일제히 그를 향해 돌아서서 트럼프를 연호하는 방법으로 경호원을 호출한다. 그리고 그 과정에서 자신들에게는 적들을 물리칠 힘이 있다는 의식을 갖게 된다.

결국 트럼프가 대통령에 당선될 수 있었던 건 트럼프, 청중 및 경호대가 집단적으로 위협에 노출된 상황을 연출함으로써 '정체성 축제'를 벌인 덕분이었음을 알 수 있다. 그 자리의 각종 매체들 역시 적들의 첩자라는 조롱과 비난을 받아야 했다. 현장에 있었던 한 기자는 당시 상황을 다음과 같이 묘사했다.

> 트럼프는 유세장 뒤편에 자리한 기자석을 향해 그가 본 중 '가장 역겹고 거짓말을 잘하는' 사람들이라고 몰아세웠다. 심지어 그들에 대한 경멸과 조롱을 온몸으로 표현하면서 지지자들에게 다 함께 돌아서서 쏘아보도록 주문했다. 트럼프의 신호에 따라 청중들은 일제히 돌아서서 야유를 보냈다.
>
> 그 순간 분위기는 완전히 역전됐다. 기자들 및 기득권층은 더 이상 강력한 세력이 아니었다. 트럼프의 영토에서 이들은 위협에 시달리는 보잘것없는 존재에 불과했다.[34]

유세장은 적들을 물리치는 트럼프 지지자들의 능력을 과시하는 현장이 되었고 트럼프가 제시하는 희망이 실현될 것처럼 보이게 만드는 데 크게 기여했다. 레이처와 해슬람은 트럼프에 대해 자신을 지지자들을 대표하는 인물이 아니라 하나밖에 없는 존재로 내세운다고 분석한다. 엄청난 부와 지저분한 사생활을 감추려 들지 않을 뿐더러 굳이 소박한 척해서 '우리'에 편입되려고 하지도 않는다. 오히려 재력과 무례함을 더 드러냄으로써 지지자들의 선망의 대상으로 자리 잡고 '개인적으로 뭔가 얻을 게 있어서 대선에 출마한 게 아님'을 보여준다. 결국 '평범한 미국 시민'이라는 내집단의 '원조'임을 자처해 '사기꾼' 집단에 지나지 않는 전형적 정치인들과는 다르다는 인식을 심어주는 것이다.

트럼프 현상에 대해 설명한 이유는 명성을 획득하는 방법이 정해져 있는 것이 아니며 상황에 따라 달라진다는 사실을 말하기 위해서다. 트럼프에게 표를 던진 유권자가 무려 610만 명이 넘지만 그보다 더 많은 사람들이 그를 찍지 않았고 심지어 트럼프라면 치를 떤다는 사실은 명성이라는 게 관객에 따라 얼마나 극과 극으로 달라질 수 있는지 잘 보여준다.

사실 대부분의 사람들이 명성이나 악명과는 동떨어진 삶을 살지만 누구든 자신이 없는 자리에서 (친구, 가족, 동료들에 의해) 이야기되고 또 몇가지 평판을 갖고 있다. 대부분의 사람들은 만날 일 없는 대중들에게 공개적으로 노출되거나 인기를 구해야 하는 경우가 없겠지만 그럼에도 소규모 고정 관객들에게 좋은 평판을 얻을 수 있도록 기술을 발휘하고 노력을 쏟아야 한다.

상대방의 진심이 무엇인지 가려내기 위해 노력할 때 우리는 그가 진심처럼 보였으면 하는 부분을 꾸며낼 수도 있다는 사실에 직면한다. 그들에게도 욕구, 동기와 소망이 있고 서로에게 원하는 게 다 같을 수는 없기 때문이다. 상대방이 하는 말을 믿는다는 건 다리를 건널 때 무너지지 않을 정도로 튼튼하다는 믿음을 갖는 것과 유사하다. 차이점이라면 상대방을 믿을 때는 몇 가지 고려할 사항들이 존재한다는 것이다(다리의 경우 실제로는 부실한데 마치 튼튼한 것처럼 속일 이유는 없지 않은가). 우리는 신중하게 살피면서 나아가야 한다. 결국 인류도 '아는 자knower'라는 의미의 호모 사피엔스Homo Sapiens가 아니라 '믿는 자believer'라는 뜻의 호모 크레덴스Homo Credens로 다시 분류해야 할 것이다. 믿기는 믿어야 하는데 누구를 어떻게 믿어야 할지, 또 어떻게 하면 믿을 만하게 보일 수 있을지 고민하는 게 인간이기 때문이다.

신뢰는 사회적 상호작용을 통해 주고받는 것이다. 자신이 하는 말에 신뢰를 갖기 위해서는 스스로를 믿어야 한다. 그래야 다른 사람들 역시 나를 믿고 신뢰를 가질 수 있다. 만일 스스로를 신뢰하지 못하면 다른 사람들도 나를 믿지 못하기는 마찬가지다. 말과 행동을 통해 신뢰를 얻기도 하고 잃기도 한다. 믿을 수 있는 사람인지 상대방을 평가할 때 역시 경솔하게 속아 넘어가지 않도록 주의해야 한다.

철학자이자 사회심리학자인 롬 하레Rom Harre가 평판이야말로 인생에서 최고의 가치를 갖는 단 한 가지라고 말한 이유가 여기에 있다. 저서 『사회적 존재Social Being』에서 그는 '성격'의 개념을 이용해 이에 대해 설명한다.

> 인간의 사회 활동을 이해하는 데 반드시 필요한 요소가 개개인의 도덕성을 구축하는 속성들이다. 나는 이 속성을 '성격'이라고 불러왔다. 성격은 특정 집단이 한 사람의 외부 활동을 지켜보면서 갖게 된 인상을 바탕으로 그 사람이 지니고 있다고 결론 내린 속성들로 구성된다. 이 같은 속성, 혹은 속성이 있다는 믿음은 특정 집단이 한 사람에게 갖는 기대감을 결정한다. 이 속성들을 바탕으로 집단은 그 사람을 존중하고 따를지, 아니면 폄하하거나 단순히 무시할지 결정하게 되는 것이다. 이 속성이야말로 인간의 도덕적 커리어를 궁극적으로 결정짓는 기반이다. [35]

하레가 제시한 '도덕적 커리어'라는 개념은 어빙 고프만에게서 시작되었다. 고프만이 처음 이 개념을 도입한 건 타인의 평가에 좌우되는 인간의 삶, 특히, 평가받는 삶이 존중과 멸시 사이를 어떻게 오가는지 말하기 위해서였다.

평가는 개인이 숱한 위기 상황에 대처하는 순간 일어난다. 위기 상황은 타인이 그 사람의 성공과 실패를 가늠할 수 있는 척도를 생성하는 순간으로, 삶의 다양한 시점과 다른 환경에서 발생한다. 시험을 치르는 아이가 있다고 가정해보자. 시험은 자존감과 연관되어 그 결과에 따라 아이가 자신감을 갖게 될 수도, 또 잃게 될 수도 있다. 하지만 이 같은 위기 상황에 대처할 때에는 어떤 결과가 나오더라도 사람들 사이에 좋은 평가를 받을 수 있도록 행동하는 기술이 필요하다.

다양한 장소에서 줄곧 믿을 만한 사람으로 보이려면 도덕적 커리어가 확립되어 있어야 한다. 좋은 평판의 가치를 잘 아는 우리는 평판을 조작하고 이미지를 관리할 기술을 습득해왔다. 때문에 회피나 과장, 혹은 자신의 바람을 담은 거짓말을 해도 들통나지 않고 지나갈 수 있는 것이다. 그리고 좋은 평가를 받고자 노력하는 과정에서 사실을 왜곡하기도 한다.

물론 모두들 진실하고 선하며 아름다운 것을 추구하지만 좋은 평판을 좇다 보면 이상에 미치지 못할 때가 많다. 그래서 신뢰성을 시험할 방법들이 존재하는 것이다. 특히, 언어가 있는 이상 소문이 생기기 마련이고, 소문은 당사자의 이름을 드높이기도 하고 나락에 빠뜨리기도 한다. 많은 사람들이 이용하는 소셜 미디어를 보면 사람들이 소문을 얼마나 많이 생산하고 또 소비 하는지 알 수 있다. 소문은 소문을 낳기 마련이다. 수많은 사회 심리학자들은 초사회적 종들이 상호작용을 위한 강한 본능을 발전시켰다고 분석했다.[36] 이는 기존의 물물 교환에 머물지 않고 소문을 주고받는 데까지 나아간다. 폭로는 우리가 알고 있는 또 다른 사실의 폭로를 낳고 이 같은 과정이 반복된다.

소문에는 무수한 부작용들이 존재하지만 사람들이 좋은 평가를 받기 위해 거짓으로 행동한다는 냉소적 결론에 이르는 걸 방지하기도 한다. 그런 식으로 구축한 평판은 꾸준히 지속될 수 없기 때문이다. 에이브러햄 링컨이 말한 것처럼 "항상 모든 사람을 속이는 건 불가능하다." 실제로 사람들이 서로 이야기를 나누다 보면 의견 차이를 발견하고 조정해 하나의 결론에 도달하게 되어 있다. 벌거벗은 임금님을 본 소년이 "임금님이 벌거벗었어!"라고 소리침으로써 상식을 만든 것처럼 말이다.

소문은 그 자체로는 좋을 게 없지만 특정 기능을 수행한다는 점에서 매우 중요하다고 도덕심리학자 조너선 하이트Jonathan Haidt와 그의 동료들은 결론 내렸다. 연구에서 이들은 찬송가 한 곡당 열 개의 죄가 등장한다는 사실을 발견하고 "소문이 경찰 겸 교사의 역할을 한다."고 주장했다. 그들에 따르면 "고품격의 '흥미진진한' 소문을 전달할 때 사람들은 자신이 더 강한 권력을 갖고 있고, 옳고 그름에 대한 개념 역시 명확하며, 소문을 전달한 대상과도 더 친밀하다고 느낀다." 그리고 같은 연구에서 조너선 하이트는 소문이 이렇게 만연함에도 사람들이 소문 자체를 싫어한다는 이중 잣대를 발견했다. 결국 그는 소문이 상호작용과 이론적으로는 조화를 이루는 듯 보이지만 각 개인이 소문을 퍼뜨리는 동기에 평판 관리도 포함되는 만큼 자신에게 유리한 선입견과 위선으로 포장해 사실을 왜곡할 수 있다고 모호한 결론을 내렸다.

여기서 좋은 평판의 필요성을 인정한다면 대체 '좋은' 평판이란 무엇인지도 알아봐야 할 것이다.[37]

최고의 평판, 선량함과 경쟁력

누군가를 평가한다는 것은 그 사람이 특정 환경에서 어떻게 행동할지 예측하는 것이다. 하지만 모순으로 가득 차 있는 인간에게 이는 그리 간단한 일이 아니다. 행동은 상황에 따라 달라지기도 하는데, 내적으로 생각과 행동이 일치하지 않을 때 발생하는 긴장과 거북함 또한 해결해야 한다. 가령 음주가 무려 일곱 가지 암을[38] 일으킬 수 있다는 사실을 알면서도 계속하는 사람이 있다면 그는 생각과 행동이 다르다는 말을 들을 수 있다. 따라서 그와 같은 모순이 확연히 드러날 만한 상황들을 적극적으로 피하는 한편 생각과 행동을 분류하고 합리화시켜 나가야 한다.

심리학자 레온 페스팅거Leon Festinger는 사람들이 그와 같은 모순에 직면했을 때 이야기를 지어내는 경향이 있다는 사실을 발견했다. 그는 1954년 12월 21일 대홍수가 일어나 지구가 멸망할 것이라고 예언한 한 집단을 연구했다. 이 예언에 완전히 심취한 이들은 직장과 학교를 그만두고 모든 인간관계를 정리한 것도 모자라 집까지 처분한 뒤 재앙이 닥치기 전날 밤 우주선이 날아와 자신들을 구출해 줄 것이라고 믿고 있었다. 물론, 그들이 말하던 구원의 날 당일 외계에서는 우주선이 날아들지 않았고 당연히 홍수도 일어나지 않았다. 허탈함에 빠진 그들은 다음날 동이 틀 때까지 잠을 이루지 못했다. 그중에서도 가장 열렬한 신자들은 그간의 믿음과 눈앞에 벌어진 현실 간의 모순을 받아들이지 못하고 괴로워하다 결국 자신들의 굳건한 신념 때문에 홍수가 일어나지 않았다고 믿기에 이르렀다.

하지만 이 같은 부조화는 좋은 평판이 검열대에 올랐을 때 가장 극심하게 느끼기 마련이다. 사회심리학자 엘리엇 애런슨Elliot Aronson이 분석한 결과에 따르면 한 사람의 동기와 능력의 일관성이 의심받을 때 가장 크게 고통 받는다고 한다. 그의 표현에 따르면 '나는 선량하고 유능해'라는 주장을 뒷받침할 수 없을 때 사람들은 가장 큰 부조화를 느끼는 경향이 있다.[39]

스티븐 핑커는 관련 연구 결과를 요약하면서 '인지 부조화는 당신이 사람들에게 꽤나 친절하고 효율적이라고 인식되길 바라지만 사실은 그렇지 않다는 명백한 증거에 의해 발생한다. 이 부조화를 줄이고 싶은 욕구는 다름 아닌 자신이 원하는 이미지에 부합하는 증거를 손에 넣고 싶은 욕구'[40]라고 말한다. 그리고 자신을 설명할 수 있는 일관된 서사를 갖추려면 양면을 모두 뒷받침하는 확실한 근거를 제시할 수 있어야 한다. 사회심리학자인 수잔 피스케Susan Fiske와 동료들은 동기와 능력을 평가할 수 있는 보편적 기준을 '따뜻함'과 '경쟁력'으로 구분했다.

> 사회적 인지에 관한 최근의 이론과 연구에 따르면 따뜻함의 영역에는 친근함, 유익함, 성실함, 진실함과 도덕성 등 인지된 의도와 연관된 특징들이 포함되는 반면 경쟁력의 차원에는 지능, 기술, 창의력과 효율성 등 인지된 능력이 포함된다.[41]

피스케에 따르면 사람들은 보통 경쟁력보다는 따뜻함을 좀 더 선호하는 경향이 있지만(경쟁력이 부족할 때 불편한 건 주로 자신뿐이지만 따뜻함이 부족하면 다른 사람들이 불편해진다) 실제로는 따뜻함과 경쟁력을 모두 갖추고 있을 때 가장 높은 평판을 누리게 된다.

평판이 부를 결정 짓는 이 시대에 우리는 따뜻함과 경쟁력, 인기와 권위를 모두 갖춤으로써 사람들이 좋아하면서도 존경하는 인물이 되어야 한다. 이 중 어떤 평판이 가장 크게 작용할지는 상황에 따라 달라진다. 영화 〈세이빙 미스터 뱅크스Saving Mr Banks〉의 주인공 파멜라 P.L 트래버스(훗날 소설 『메리 포핀스『Mary Poppins』를 쓰게 된다)는 불우한 어린 시절을 보내고 부모님에게 복합적인 감정을 갖고 있는 인물이다. 아버지를 존경하기는 했지만 부족한 생활력을 눈감아줄 순 없었다. 아버지는 항상 술에 취해 자신만의 세계에 빠져 있었고 툭하면 직장을 그만두었다. 그런데 생활고에 시달리다 못한 어머니가 자살을 시도하면서 아버지와 반대인 성향을 드러낸다. 어머니가 파멜라에게 "네가 나보다 아빠를 더 좋아한다는 걸 알고 있어."라고 말하며 동생들을 돌봐주도록 부탁하는 순간 파멜라는 이렇게 험난한 세상에 보호자도 없이 버려진다는 두려움에 휩싸인다. 파멜라가 보기에 아버지는 따뜻하지만 능력이 없었다면 어머니는 정반대였다.

인기 TV 시리즈 〈브레이킹 배드Breaking Bad〉에는 흥미진진한 이야기들이 많이 나오지만 시리즈 전편을 관통하는 핵심 메시지 중 하나가 바로 평판이다. 월터 화이트는 본래 강직하고 신사적인 인물이지만 (노벨 물리학상 수상자의 이름을 따) 하이젠버그로 불리며 지역 최고의 메스 암페타민을 제조하는 악명 높은 마약상으로 변해 가는 게 주요 내용이다. 월터는 위법이라고는 저지른 적 없는 인물이지만, 하이젠버그는 위협적이라고 판단되는 사람은 누구든 가차 없이 살해한다. 사람이 변하는 데는 시간이 걸리고 그만큼 복잡한 속사정이 있기 마련이다. 이 시리즈 역시 월터가 딴사람으로 돌변하게 된 계기가 초반에 등장하는데 다름 아닌 폐암 말기 판정이다. 치료비를 감당하는 건 물론 혹시 자신이 죽더라도 재정적으로 자신의 가족을 지원할 수 있으려면 이렇게 '나쁜 사람으로 돌변'하는 것 이외엔 방법이 없었던 것이다. 하지만 이 결정적인 계기 이외에 또 다른 동기도 작용하는데 이것은 이 장에서 다룰 내용과 깊이 연관되어 있다.

월터는 평범한 화학 교사이면서 친구인 엘리엇 슈워츠와 함께 그레이 매터라는 회사를 공동 설립한 특출난 과학자이기도 했다.[42] 한때 월터의 연인이었던 그레첸이 슈워츠와 결혼하자 회사의 자기 지분을 불과 5천 달러에 팔고 슈워츠와의 관계를 끊는데 이후 이 회사가 수십억 달러 규모로 성장하게 된다. 월터는 그때부터 잔인하기 짝이 없는 사회적 비교에 직면한다. 행복한 결혼 생활을 하고 있는 슈워츠 부부가 자신들의 호화 저택에서 열리는 파티에 그를 초대해 친절을 베푼 것이다. 그들은 심지어 월터가 큰 병에 걸렸다는 사실을 알고는 병원비를 지원해주겠다고 제안한다.

월터는 그 제안을 거절하고 지난 수년간 억눌러 온 분노와 굴욕감을 가감 없이 드러내기 시작한다. 이 같은 일련의 동기들은 월터가 그렇게 변하는 이유를 잘 보여준다. 살인이 거듭될수록 잔인함은 더해가고 감수할 위험도 더 많아지는 등 그가 처한 상황은 위태롭기 짝이 없지만 그는 단 한 번도 실패하지 않는다. 이 시리즈는 그가 감내해야 하는 갈등, 그의 선량함이 죄책감과 두려움으로 인해 파괴되면서 사악함만 남게 되고, 무자비하게 적들을 물리치는 데만 몰두하게 되는 과정을 잘 그려낸다.

평판을 높이고 싶을 때 우리는 이 선량함과 경쟁력을 잘 관리해야 한다. 좋은 평판의 두 가지 축을 이루는 이 두 가지 성향은 비슷해 보이기도 하지만 사실 상당히 동떨어져 있다. 월터는 선량하지만 하이젠버그는 경제력이 있다.

우리는 왜 이 두 가지 속성을 모두 갖춰야 하는가? 그리고 이들은 어떻게 충돌하는가? 먼저 누군가를 신뢰한다는 것의 의미부터 생각해보자. 당신이 누군가를 믿는다고 말하는 건 대개 그 사람의 동기, 가치나 윤리를 평가한 것이다. 누군가 당신을 실망시키지 않을 것이라고 믿는다면, 그것은 그가 진실한 의도를 가졌고, 옳은 일을 하는 것보다 자기 잇속을 채우는 걸 중시하지 않을 것이라고 확신하기 때문이다. 신뢰가 갖는 이 같은 특성은 초사회적 동물인 인간에게 핵심적이라 할 만큼 중요하다. 하지만 경쟁력 역시 신뢰 못지않게 중요하다는 사실은 종종 간과된다. 결국에는 이 두 가지를 이어주는 다리가 튼튼해야 한다. 누군가를 믿을 수 있는지 평가할 때에도 그가 약속을 지킬 만큼 선량한지, 또 그만한 능력이 있는지 이 두 가지에 대한 인식이 기준이 되는 것이다.

그렇다고 해서 이 두 개념이 단순하거나 쉽게 판단할 수 있다는 얘기는 아니다. 하지만 만약 내가 당신에게 내 돈을 대신 은행에 입금해 달라는 부탁을 하지 못한다면 그 이유는 당신이 (선량하지 않아서) 돈을 가로채거나 (능력이 부족해서) 잃어버릴 수 있다고 생각하기 때문이다. 이는 우리가 앞 장에서 살펴본 수치심 및 죄책감과 어느 정도 연관되는 부분이다. 만약 도덕적 실수를 저지른 사람이 있다면 물리적 실수를 저지른 사람과는 다른 방식으로 질책하게 될 것이다. 도덕적 사안은 물리적 사안보다 의지가 더 많이 반영되는 만큼 책임을 물을 여지도 더 크기 때문이다. 그리고 실제로 이 두 영역에서 각각 좋은 평가를 받는 데 실패하더라도 전혀 다른 방식으로 대가를 치르게 될 것이다. 선량하게 행동하지 못했다면 도덕적으로 지켜야 할 선을 넘은 만큼 죄책감에 휩싸일 것이다. 반면 능력이나 기술을 발휘하지 못했다면 수치심에 휩싸이는 것과 함께 이토록 어설프고 취약한 자신에게 혐오감마저 느낄 수 있다.

그래서 월터는 결국 선량하기만 한 자신에게 큰 수치심을 느끼는 반면 하이젠버그는 사악한 범죄를 저지르는 데 따른 죄책감에 끊임없이 시달리게 된다. 이때 안타까운 사실은 우리가 이 둘 중 한 가지를 선택해야 하는 경우를 생각보다 많이 맞닥뜨린다는 사실이다. 의도는 좋지만 경쟁력이 없거나 혹은 그 반대인 경우는 의외로 많이 벌어진다. 선량하면서 경쟁력까지 갖추기는 즉, 따뜻한 마음을 지녔으면서 냉정하기는 결코 쉬운 일이 아니다. 지위, 권력, 돈, 섹스, 자존감 등을 향한 욕구는 선량함을 파괴하기 일쑤이며 우리 안의 월터 화이트가 언제든지 하이젠버그로 돌변하게 만들 수 있다. 그리고 누군가를 평가할 때에는 상반된 이 두 가지 동기가 함께 작용할 확률이 높다.

만약 당신이 나의 선량한 의도에 의문을 품는다면 그 원인은 무엇일까? 의지가 부족하거나 탐욕, 심지어 당신에게 해를 끼치려는 사악한 의도에 이르기까지 다양하게 존재할 수 있다. 하다못해 나에게 주말 동안 고양이를 부탁하려고 할 때도 비슷한 평가 과정을 거쳐야 한다. 만약 확신을 갖지 못한다면 다음 중 하나로 생각했기 때문일 것이다.

1. 게을러서 먹이를 제때 챙겨주지 못할 것이다.
2. 탐욕스러워서 고양이를 다른 데 팔아넘길 수 있다.
3. 잔인해서 고양이를 학대할 수 있다.

당신과 나의 동기는 얼마든지 일치하지 않을 수 있다. 사실, 가까이서 들여다볼수록 일치하는 부분이 거의 없다는 사실은 더 분명해진다. 만약 내가 당신의 고양이를 돌봐주는 데 동의하더라도 그 이유는 내가 남의 일에 참견하기를 좋아하거나, 집 열쇠를 받아서 도둑질도 하고 친구들과 파티를 여는 목적일 수 있다. 혹은 당신이 과연 남들 눈에 비춰지는 만큼 지적인 사람인지 확인하고 싶은 마음에 그 집에 들어가려는 것일 수도 있다. 결국 당신의 연애소설 컬렉션을 발견하고 아니라는 확신을 얻으면 다음번에 마주쳤을 때는 위압감을 덜 느낄 것이기 때문이다.

게다가 이러한 불순한 나의 동기를 스스로 인식하지 못할 수 있다. 사람들은 누구나 자신을 속이는 능력이 있어서 자신의 의도가 선량하다는 사실을 믿어 의심치 않곤 한다. 하지만 일단 당신 집에 들어가면 처음에 당신을 돕겠다고 했던 의도와 전혀 다른 행동을 하게 될 수 있다. 혹은 상황에 따라 다양한 충동에 휩싸여 애초의 의도를 왜곡하게 될 수 있는데 결국엔 이 모든 게 당신이 날 믿을 수 없는 이유로 귀결된다.

당신이 나를 믿기 위해서는 우리의 동기가 충분히 일치한다는 믿음이 있어야 한다. 하지만 이 같은 믿음을 어떻게 가질 수 있을까? 어떻게 당신이 나를 믿도록 만들 수 있을까?

나는 당신이 듣고 싶어 하는 말을 얼마든지 할 수 있기 때문에 나에 대한 판단을 내릴 때에는 내 의지로는 통제할 수 없는 사안을 근거로 삼아야 한다. 앞에서도 살펴봤지만 소문은 내 의지대로 통제할 수 없는 훌륭한 정보다. 신체적으로 나타나는 반응 역시 내 마음대로 조절할 수 없다. 안정적인 눈빛과 손짓, 편안한 미소와 적당한 흥분 상태가 가장 이상적인데 너무 흥분해 있으면 불안해 보이기 십상이고 지나치게 차분하면 또 냉정해 보일 수 있다. 감정적 흥분 상태는 결코 의지만으로 조절할 수 없기 때문에 진실성을 확인하는 좋은 척도다.

만일 내 동기에 대한 신뢰를 높이기 위해 일부러 나의 경쟁력을 낮춰 말한다면 더 훌륭한 인상을 구축할 수도 있다. 예를 들어 아침에 일찍 일어나지 못하는 편이라고 털어놓으면 오히려 솔직한 모습으로 호감을 줄 확률이 높아질 수도 있다. 상대에게 필요한 건 내가 진실을 말한다는 확신이기 때문이다. 이따금 내가 어떤 사람인지와 크게 연관되지 않는 요소들을 기꺼이 낮춰 말함으로써 신뢰를 얻을 수 있다. 따라서 선량함을 입증하려다 보면 자연히 경쟁력이 떨어뜨리기도 한다. 사람들이 '난 이건 형편없어'라거나 '저건 젬병이야'라고 말하는 걸 수도 없이 들어왔다. 이렇게 자신을 깎아내리는 건 경쟁력에 그렇게 연연하지 않는다는 걸 보여줌으로써 '나는 선량하다'는 사실을 입증하기 위해서다.

이렇게 아무것도 숨길 게 없고 나의 동기는 순수하다는 걸 보여주기 위해 자신을 지나치게 깎아내리다 보면 결국 업무 처리 능력, 경쟁력 같은 핵심 역량에 먹칠을 하게 될 수도 있다. 데이비드 로지David Lodge의 소설 『자리 바꿈Changing Places』에서는 학자들이 이때껏 읽지 않을 유명한 문학 작품을 하나씩 털어놓을 때마다 점수를 따는 '수치심 게임'을 벌인다. 그리고 한 젊은 강사가 『햄릿Hamlet』을 한 번도 읽지 않았다고 털어놔 우승을 차지한다. 하지만 그의 솔직함은 의도와 상관없이 실력 차이를 드러내는 계기가 되고 만다. 이 같은 대화의 흔한 부작용이 그렇듯 그는 실추된 이미지를 회복하지 못하고 결국 강사직을 박탈당한다.

여기서 우리는 신뢰성의 또 다른 면을 보게 된다. 의도가 선하다는 걸 증명하는 것으로는 충분하지 않다. 경쟁력을 입증하는 것 역시 필요하며, 때로는 따뜻함이나 선량함보다 훨씬 중요할 때도 있다. 내 딸 엘리는 과학 선생님을 좋아하지만 아이들을 잘 통제하지 못하는 건 사실이라고 이야기한다. 다른 아이들도 이를 모두 알고 있다고 덧붙이면서 착한 것도 좋지만 선생님으로서 존경받으려면 아이들을 통제할 수 있어야 한다고 말한다. 만약 당신이 중요한 수술을 앞두고 있다면 실력은 완벽하다고 할 수 없지만 더할 나위 없이 친절한 의사가 좋겠는가, 아니면 경이로운 실력으로 정평이 나 있지만 살짝 거만한 의사가 좋겠는가. 몽테뉴 역시 비슷한 의견을 내놓았다.

내 의사나 변호사가 어떤 종교를 갖고 있는지는 전혀 중요하지 않다… 내가 알고 싶은 건 그가 독실한지 여부가 아니라 성실한지 여부다. 나는 도박하는 마부보다 쇠약한 마부가, 또 불경한 이발사보다 무심한 이발사가 더 무섭다… 테이블에서 친근해지기 위해 나는 신중함이 아닌 재치를 발휘하고 침대에서는 선함보다 아름다움을 중시한다. 대화에서는 경쟁력만 있으면 강직함은 필요없다.[43]

당신의 고양이와 나의 이야기로 돌아가보자. 만일 내가 아침에 잘 못 일어난다고 떠벌리면 정직하다는 인상을 주는 데 성공할 수는 있지만 당신은 내게 고양이를 맡기지 않을 확률이 높다. 당신이 나를 믿기 위해선 내가 고양이를 돌보고싶어 할 뿐 아니라 얼마든지 잘 돌볼 수 있다는 확신도 필요하기 때문이다. 그런 면에서 나는 자격 심사를 통과하지 못할 확률이 높다. 아마 당신은 나에 대해 이렇게 생각할 것이다.

1. 어리석다 – 당신의 지시를 따르기엔 멍청하다.
2. 서툴다 – 고양이의 통조림을 따기엔 어설프다.
3. 산만하다 – 고양이의 밥 때를 놓칠 확률이 높다.

당신은 유능하다는 인상을 타인에게 어떻게 심어주는가? 예로부터 한 사람의 지위나 평판은 그 사람을 평가하는 믿을 만한 기준으로 작용했다. 자질이 가장 유용한 평가 기준인 만큼 이력서가 중요하고 특정 기관의 추천이 그 역할을 대신할 때도 있다. 만일 와튼 경영대학의 강의를 인터넷으로 무료로 시청할 수 있음에도 굳이 12만 달러나 내고 학교에 등록한다면 강의 이상의 뭔가를 얻으려는 게 분명하며, 명예로운 기관에 속하면 얻게 되는 명성도 그중 하나일 것이다.

다소 고립된 분위기의 학계에서 사람들은 명예를 원한다. 진실은 드러나게 되어 있고 사람들은 결국 실력으로 평가받게 될 것이라는 이상주의적 주장은 현실에 밀리고 만다. 설득력을 얻고 싶으면 그럴 만한 자격부터 쌓아야 하는 게 현실인 것이다. 이들은 명성의 거름망과 위임장에 의존하지 않을 수 없다. 비슷비슷한 의견이 난무하는 가운데서 주장이 묻히지 않으려면 이름 뒤에 따라붙는 타이틀, 명예로운 기관, 출판사와 저널 등의 배경이 반드시 필요하다. 그리고 햄릿을 읽지 않은 불운한 교수의 사례에서 알 수 있듯 학자들이 걸맞은 평가를 받으려면 경쟁력과 전문성을 갖추고 있다는 이미지를 일상적으로 유지해야 한다.

일상적인 삶 역시 별로 다를 바가 없다. 경쟁력 있고 유능한 사람을 끊임없이 물색하지만 확신할 수 있는 방법은 없다. 그래서 사회관계지표를 항상 작동시키지만 그렇다고 늘 냉소적인 것은 아니다. 일부 환경에서 경쟁력 있다는 평판을 듣는다면 당신의 이야기가 설득력을 갖는다는 의미이기도 하다.

선량하면서도 유능하다는 역설적 관계의 원점으로 돌아가보면, 우리는 후자를 키우기 위해 전자를 희생할 때가 많다. 나 역시 경쟁력 있다는 평판을 위해 사용하는 방법 중 하나가 생각만큼 선량하게 행동하지 않는 것이다. 결국 '냉정한' 결정을 내릴 수 있는지 여부가 연약한 마음을 다스릴 수 있는지 여부의 지표가 되는 것이다. 이 같은 선택에 대해 시인 셸리Percy Bysshe Shelley는 「오지만디아스Ozymandias」에서 '냉정한 지시의 비웃음'으로 묘사했다. 더 쉽게 설명하자면, 누군가에 대해 '무례하지만 착하다'거나 '끔찍하지만 그래도 좋다'고 말하는 걸 보면 한쪽에서 무너진 신뢰가 다른부분에서 생겨난다는 사실을 알 수 있다. 도덕성은 애매해도 다른 매력이나 재치가 뛰어난 사람은 얼마든지 받아들여질 수 있는 것이다. 그리고 월터 화이트의 경우처럼 선량한 사람은 꼴찌를 면하기 위해 열심히 일해야 하는 경우가 많다.

다소 부당할지 몰라도 지위, 돈, 권력, 지능, 외모나 재치 등 여러 가지 성공 지표들을 통해 유능하다는 평판을 얻기도 한다. 특히 좋은 이미지를 심어 주는 데 그리 연연하지 않는 것처럼 보일 때에는 이런 지표가 기준이 되는 경우가 더 많다. 비도덕적 측면의 훌륭하다는 평가는 별다른 노력 없이 자연스레 그렇게 된 것처럼 보일 때 감탄을 자아낼 수 있다.[44] 그렇다 보니 자연히 사람들은 자신이 들인 노력을 굳이 드러내지 않을 때가 많다.

선량함이든 경쟁력이든 특정 평판을 높이기 위해 애쓰는 게 빤히 보이는 건 사실 자멸적 행위다. 언제나 감시의 눈초리를 거두지 않는 관객은 가짜를 귀신같이 알아차린다(성형수술은 여전히 금기시 되는 영역의 경계선에 있다). 사람이라면 누구나 이런 방식으로 타인에게 영향력을 미치고 싶어 한다는 사실을 모두가 알고 있기 때문이다. 그렇다고 해서 좋은 평판을 얻으려는 시도가 그렇게 쉽게 사라지지는 않는다.

긍정적 강화에 관한 심리학을 가르치는 한 강사의 이야기를 예로 들어보자. 강사는 벨이 울리면 먹을 게 나올 거라고 기대하는 파블로프의 개부터 스키너 상자 속 비둘기들이 먹이를 쪼아 먹도록 학습하면 어떻게 되는지에 이르기까지 다양한 강의를 펼치면서도 학생들의 분위기는 알아차리지 못한다. 그는 강의실 앞을 왔다갔다하면서 강의하는 습관이 있었는데 학생들은 여기서 한 가지 아이디어를 생각해냈다. 그가 오른쪽으로 걸어갈 때마다 의자에 기댄다든가 서로 귓속말을 나누고, 들고 있던 펜을 내려놓는 등 대놓고 지루하다는 시늉을 하는 것이다. 반면 왼쪽으로 걸어갈 때는 앉은 자세를 바로 잡고 열심히 필기하면서 강의에 긍정적인 반응을 보였다. 차츰 그는 강의 도중 더 이상 오른쪽으로 걸어가지 않고 아예 왼쪽 모퉁이에 서서 강의를 진행하게 되었다. 이 이야기는 우스운 한편 안타깝기도 하다. 강사가 의도하지 않게 강의 주제의 희생양이 되었을 뿐 아니라 학생들에게 얼마나 좋은 이미지를 심어주고 싶어 하는지를 드러내고 말았기 때문이다.

평가받으며 사는 것의 의미

동기와 도덕성을 중요시하는 상황이 있는가 하면 경쟁력과 기술을 중시하는 상황도 존재한다. 하지만 가장 높은 평판은 이 두 가지 속성 사이에 내재된 모순을 극복하고 모두 달성했을 때 구축된다.

선량하면서 유능한 사람이 되는 것

내가 근무하는 출판사에서는 조직이 가진 평판에 대해 이야기 나눌 때 그림 2.1과 같이 돈과 사랑의 관계를 말해주는 벤 다이어그램을 사용한다.[45]

실제를 간략하게 나타낸 이 그림을 보면 각 집단의 특징을 알 수 있다. 오른편 '사랑'에 해당하는 곳은 저자들의 가치관과 일치하는 집단이다. 소규모여서 저자들을 개인적으로 챙길 수

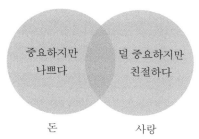

그림 2.1 '돈과 사랑' 벤 다이어그램

있고 독립적이며 동기가 일관되어서 저자들이 지속적으로 의존할 수 있는 집단이다. 하지만 불행히도 이들이 항상 가장 유능한 것은 아니다. 반면, 왼쪽 원에는 실로 효율을 추구하는 집단이 있다. 대규모 영업팀과 최신 기술로 무장했지만, 기업의 핵심과 같은 저자들과 항상 잘 맞는 것은 아니다.

물론, 저자들은 둘 다 원한다. 가치, 좋은 파트너십과 장기적 관계를 원하는 한편 자신들의 아이디어를 가능한 한 많은 독자층으로 연결시켜 줄 수 있는 유능한 기업을 원하는 것이다. 간단히 말해 저자들은 출판사가 선량하면서도 경쟁력 있기를 바란다. 이렇게 더할 나위 없이 행복한 매체는 모든 기업의 현실이라기보다 추구하는 이상이다. 현실에서 기업들은 때때로 이쪽 원에서 저쪽 원으로 이동할 뿐 중심의 교집합 부분에는 잘 머물지 못한다. 갈등은 어디서든 생기고 우선순위 역시 충돌하기 때문이다.

이는 조직의 평판뿐 아니라 개인의 평판에 있어서도 마찬가지다. 사람에게는 월터 화이트처럼 오른쪽 원과 같은 속성도 있고 하이젠버그처럼 왼쪽 원과 같은 속성도 있다. 그리고 어느 속성이 더 강한지는 사람마다 제각각이다. 하지만 중요한 건 조직이든 사람이든 두 가지 속성을 모두 갖추고 있을 때 최고의 평판을 얻을 수 있다는 사실이다.

이 같은 구분은 다양한 측면에서 유용하다. 특히 관리자와

어울리기	개인지도
의견 듣기, 격려하기,	설명하기, 설득하기,
	상담하기
대상	대상
: 상당히 유능하고 때에	: 약간 유능하고
따라 성실한 사람	성실한 사람

위임하기	소통하기
결정할 자유 주기	체계화하기, 방법을 가르쳐
	주기, 면밀히 관찰하기
대상	대상
: 상당히 유능하고 매우	: 능력은 부족하지만
성실한 사람	성실한 사람

그림 2.2 상황별 관리자의 지도법

고용인이 존재하는 일터에서 또다시 이 같은 주제에 직면한다. '상황별 지도법'에 관한 서적들을 보면 사람들의 성실성(충분한 동기 부여를 받았는지 등)과 경쟁력(충분히 유능한지 등)에 관한 인식이 구분된다. 그림 2.2는 초점이 어디에 맞춰져 있느냐에 따라 중요한 게 얼마나 달라지는지 보여준다. 그리고 이와 같은 기준에서 두 가지 모두 가능한 누군가 있다면, 즉, 유능하고 성실한 사람이 있다면 관리자들은 전적으로 믿고 위임할 수 있

연민	자부심
노인, 장애인	학생
태도: 적극적	태도: 촉진적
혐오감	부러움
노숙자, 약물 중독자	부유층, 전문직
태도: 수동적	태도: 적대적

그림 2.3   따뜻함과 경쟁력

다. 둘 중 하나라도 부족하면 다른 방식으로 접근해야 한다.

수잔 피스케는 그림 2.3에서 따뜻함과 경쟁력의 관계를 유용하게 배치했다. 다양한 집단들이 그 두가지 측면에서 높거나 낮게 평가받을 때에는 어떤 감정들이 평가의 기준이 되는지 알아보았다.

간단히 말해 당신이 따뜻하지만 유능하지는 않은 사람으로 보인다면 낮게 평가받겠지만 다른 사람에게 측은한 마음을 일으킬 수 있다. 반면 유능하지만 따뜻하지는 않은 사람으로 여겨질 경우 시기와 분노를 사서 적대적 태도를 유발하게 된다. 한편, 당신이 따뜻하지도 유능하지도 않다고 인식되면 혐오감이나 경멸 등 최악의 반응을 일으킬 수 있을 뿐더러 거부당하는 경험까지 하게 될 수 있다. 그에 비해 (우측 상단과 같은) 따뜻한 데다 유능한 것까지 인정받으면 가장 높은 명망을 쌓을 수 있을 뿐 아니라 모두의 존경을 한몸에 받아 자부심을 갖게 된다.

TV와 영화 등의 대중매체를 통해 이렇게 좋은 평판을 구성하는 두 가지 속성이 서로 끊임없이 충돌하는 모습을 볼 수 있다. 월터 화이트의 경우에도 경쟁력을 갖추기 위해 선량함을 포기해야 했다. 영화 〈인크레더블 헐크Incredible Hulk〉에서 데이비드 배너 역시 녹색 괴물로 변할 때 "예스맨은 더 이상 존재하지 않아." "화난 내 모습은 좋아할 수 없을 거요."라고 말해 같은 선택을 했음을 보여준다. 또한 화면 속에는 반대 경우의 사례도 수없이 존재한다. 미녀가 야수를 길들이는 것처럼 결국엔 내면의 선량함이 승리하는 경우 말이다. 영화 〈귀여운 여인Pretty Woman〉에서 리처드 기어는 사랑 덕분에 전형적인 기업 합병가에서 벗어나게 된다. 공식석상에서 신발과 양말을 벗고 잔디의 감촉을 느껴보는 등 그동안 선량함 대신 선택했던 냉정한 기업가로서의 평판을 버리고 친절해지기로 결심하는 것이다.

물론, 영화 및 문학 작품 속에서는 이렇게 선량함에서 유능함으로, 혹은 그 반대로 변화하는 과정을 지나치게 단순하게 그리는 경향이 있다. 선함에서 악함으로, 혹은 그 반대로의 변화를 이상적으로 그리는 이야기가 있다면 그보다 훨씬 복잡한 현실 세계에서 잠시나마 탈출하는 기분을 주기도 한다. 하지만 다양한 동기, 협상, 고통과 부당함이 적절히 묘사된 작품이야 말로 실제 삶과 더 닮아 있다.

〈브레이킹 배드〉는 〈귀여운 여인〉이나 〈인크레더블 헐크〉처럼 만화 같은 이야기에 비하면 훨씬 복잡하고 현실적인 변화를 보여준다. 하이젠버그로 돌변하기 전의 월터는 두말할 필요 없이 선량한 사람이지만 무능하다는 평가 또한 받았다. 실패자라는 평가는 그의 마음속에서 수치심과 분노를 일으켰고 결과적으로 암 진단과 함께 범죄자로 돌변하는 계기가 되었다. 하이젠버그로 불리는 또 다른 월터는 자신의 행위의 명분을 가족으로 포장하지만 (그리고 처음에는 스스로도 그렇게 느끼기 위해 의식적으로 노력한다) 권력의 정점에서는 삶을 즐기기 시작한다. 위험한 상황을 잔인한 방법으로 모면할 때 느끼는 본능적 흥분, 어디서든 최고의 '요리사'로서 갖게 되는 자부심(그의 트레이드 마크라 할 수 있는 파란색 크리스탈 메스암페타민은 완벽에 가까운 순수 결정체다)은 그가 새로이 깊은 만족감을 발견했음을 보여준다. 그리고 그는 사람들이 자신을 두려워하기도 하지만 한편으로는 존경심을 갖게 됐다는 사실도 받아들인다. 이전에 느꼈던 모멸감의 고통이 사라진 것이다.

월터가 악당으로 돌변함으로써 평가라는 기존의 제약에서 자유로워진 것처럼 보일 수도 있지만 사실은 평가받는 기준을 바꾼 것에 지나지 않는다. 자신을 평가하는 사람들로부터 벗어나려고 하는 시도에 대해서는 4장에서 더 알아볼 것이다. 항상 경찰들을 따돌리고 최고의 메스암페타민을 만들어내는 그의 활약은 애정이나 존경보다는 공포와 두려움을 얻지만 암묵적 평가를 내리는 강력한 관객이 있는 한 그는 우월감을 느낀다. 월터는 적어도 가족들에게는 본래의 모습으로 비춰지고 싶어 하지만 결국엔 그런 희망마저 버리게 된다. 아내인 스카일러와 마지막으로 나누는 대화에서 그는 자신이 왜 이 모든 짓을 저질렀는지 설명을 시작하지만 그녀는 듣기를 거부하고 결국 끝까지 그를 오해하게 된다.

월터 스카일러, 내가 이런 짓을 저지른 건…

스카일러 가족을 위해 그랬다고 얘기하지 마…

월터 나 자신을 위해서였어. 내가 좋아서. 내가 잘하는 거라서. 그래서 정말이지… 살아있다는 걸 느꼈어.

마침내 월터는 시청자인 우리가 오랫동안 목격했던 사실을 인정한다. 비록 처음엔 가족 때문에 하이젠버그로 살기 시작했지만 결국 그는 자기 자신을 위해 그 모든 범죄를 저질렀던 것이다. 가족을 부양하고도 남을 만한 돈을 벌어 이제 범죄를 그만 둬도 되는 시기가 수차례나 있었지만 그는 끝내 그만두지 않는다. 이 대목에서 월터는 선량한 시민에서 범죄자로 돌변하는 여정을 완성하는 듯 보인다. 한때 누구나 인정했던 선량한 월터는 이제 아주 희미하게 흔적만 남은 것이다.

월터는 자신의 힘에 지나치게 중독된 나머지 '좋은 사람'으로 되돌아가기 힘든 지경에까지 이른다. 하지만 그런 면모가 다 사라져 단순한 사이코패스로 여겨진다면 드라마가 유지될 수 없다. 작가들은 이야기를 그렇게까지 단순화하지는 않는다. 적어도 월터의 선량함은 아직 남아서 좌절을 일으키고 그것은 결과적으로 (직접적이든 간접적이든) 그에 대한 평가를 유보시킨다. 즉, 명백한 비난을 억제하는 것이다. 하지만 만약 그의 아들이나 매형이라면 다르게 느꼈을 테고 다른 시청자들 역시 마찬가지일 것이다. 그에게 연민을 갖는 시청자들에게조차 그는 벤 다이어그램에서 이루기 힘든 중심부를 획득한 영웅적 인물로는 비춰지지 않는다.

현실 세계에서 영웅이 평가받는 법

물론 공존이 불가능할 것 같은 이 두 가지 속성을 모두 갖춘 인물을 알고 있다. 인기 영화의 영웅 캐릭터가 그 대표적인 인물로 이야기의 고전적 전개 방식은 이렇다. (대개는 남성인) 영웅들에게는 (현재의 기술과 경쟁력을 갖게 해주었지만) 후회하거나 외면하고 싶은 과거가 존재한다. 지금은 다른 사람들 일에 관여하거나 문제에 휘말리는 걸 원치 않은 채 조용히 자신의 삶을 살고 있지만 어느 순간 악당들이 그를 도발한다. 그를 세상 밖으로 끌어내거나 혹은 무고한 사람을 해치려 하는 것이다.

이 같은 서사에 따르면 사건이 벌어지기 전 주인공은 항상 선량한 인물로 비춰진다. 하지만 악의적 도발로 인해 내키지 않는 마음을 뒤로하고 묵혀 뒀던 재능을 끄집어내 악당들을 가뿐하게 물리친다. 그러면서 악당들에게 입었던 손해를 고스란히 돌려준다. 영화를 보는 관객들은 처음엔 마냥 선량했던 주인공이 엄청난 능력을 갖춘 인물로 거듭나는 한편 처음의 선량함 역시 끝까지 잃지 않는 모습을 목격한다. 블록버스터 영화에서는 이렇게 전형적인 영웅 신화를 통해 선량함과 경쟁력이라는 두 가지 속성을 모두 달성하는 인물을 보여준다. 둘 중 하나는 포기해야 했던 월터 화이트와 달리 이들 영웅은 주어진 두 가지 속성을 자유롭게 넘나들 수 있는 것이다.

물론 작가와 감독은 두 가지 속성이 모두 구현되는 상황들을 설정함으로써 냉정한 관객들을 설득해야 한다. 블록버스터 영화들은 고유한 쾌감을 주기도 하지만 갈등을 너무 깔끔하게 해결하면 진부해지기 십상이기 때문이다. 한편, 보다 복잡한 영화들은 이 같은 패턴에 약간의 변화를 줘 양쪽 특성을 넘나든다. 선량하기도 하고 악하기도 한 실제 관객의 모습을 좀 더 충실하게 반영한 것이다. 블록버스터 영화에서 가장 짜릿한 지점은 자신의 능력을 숨기면서 따뜻하고 선량한 시민으로 남고자 했던 영웅이 갈수록 치밀어 오르는 분노를 참고 참다 결국 폭발시킴으로써 관객들에게 만족감을 안겨주는 순간이다.

각본이 복잡할수록 캐릭터와 스토리에는 더 큰 현실성이 부여되어 선량함과 경쟁력을 동시에 달성한 경우를 설득력 있게 보여주기가 더 어렵다. 가장 가까운 사례로 TV 시리즈 〈웨스트 윙 West Wing〉 속 바틀렛 대통령을 들 수 있다. 그는 여러 에피소드에 걸쳐 고위 고문 중 한 사람인 토비 지글러와 갈등을 겪는다. 바틀렛이 인기를 높이고 싶은 마음에 자신의 실제 능력을 감추고 있다고 토비가 지적한 것이다. 실제로 바틀렛은 자존감을 떨어뜨리면서까지 온화하게 행동하는데 이는 좀 더 서민적 이미지를 가진 인물이자 조지 W. 부시 전 대통령을 모델로 한 리치 주지사와 맞붙는 데 오히려 불리한 전략이었다. 이에 토비는 바틀렛이 선량함과 따뜻함을 가장하기 위해 정작 자신의 경쟁력을 숨겨선 안 되며 오히려 '이 대선을 능력이 있느냐 없느냐의 싸움으로 만들어야 한다'고 조언한다.

이 서사에서 흥미로운 부분은 바틀렛이 자신의 지적인 면모를 부각시켜야 한다고 생각하는 와중에도 따뜻한 이미지를 구축하기 위한 활동들을 게을리하지 않는다는 사실이다. 대선 전 한 번뿐인 토론이 다가올수록 고문들은 바틀렛이 긴장해서, 혹

평가받으며 사는 것의 의미

은 표심을 사려는 마음에 유능하게 비춰지는 데 실패할까 봐 우려한다. 대선 토론은 이렇게 진행된다.

리치 주지사 제 생각은 단순합니다. 연방 교육부에서 우리 아이들에게 에스페란토어나 에스키모인들의 시를 배워야 한다고 지시할 필요 없다는 겁니다. 그런 결정은 주 정부가 내리면 됩니다. 건강 보험, 교육, 세금 인하는 지역사회가 결정하도록 내버려둡시다. 그러면 연방 정부에서 한 마디 하겠죠. "재정 지원 없이 위임하겠다!" 모든 걸 주 정부에게 맡긴다면 재정 지원은 할 수 없다고요. 권력을 잃고 싶지 않은 거예요. 저는 이걸 미국인의 천재성이라고 부르겠습니다.

사회자 바틀렛 대통령에게 60초의 질의응답 시간이 주어집니다.

바틀렛 먼저 몇 가지 확실하게 짚고 넘어갑시다. '재정 지원 없이 위임하겠다'는 한마디가 아닙니다. 네 마디죠. 그리고 살다 보면 우리 나라가 50개 주로 나뉘어야 할 때도 있고 하나의 나라로 기능해야 할 때도 있습니다. 2차 세계대전에서 독일과 싸우고 민권을 확립한 게 플로리다 주는 아니지 않습니까? 시민 여러분께서는 각 주가 자치권을 갖는다고 생각하실 겁니다. 얼마든지 타당한 의견이고요. 하지만 주지사 님의 플로리다는 지난해만 해도 126억 달러의 연방 자금을 지원받았습니다. 에스키모인들의 시를 배우는 네브래스카, 버지니아, 뉴욕, 알래스카 주도 마찬가지죠. 500억 달러 연방 정부

예산 중 무려 126억 달러예요. 이쯤에서 이런 질문을 드리고 싶네

요. 혹시 그 돈 돌려받을 수 있을까요?

조쉬 라이먼　게임이 시작됐군!

C.J. 크레그　세상에! 마음씨 좋은 아저씨가 아닌데요?

토비 지글러　아니지.

바틀렛은 자신의 명석한 두뇌를 재치 있게 과시함으로써 주지

사를 단박에 무너뜨린다. 이 순간 시청자들은 주저하던 영웅이

마침내 엄청난 능력을 드러낼 때와 같은 짜릿함을 맛본다. 하

지만 상당히 당파적인 〈웨스트 윙〉 작가진이 주지사의 몰락을

설정하지 않았다면 이 같은 효과는 일어나지 않았을 것이다.

드라마 속 주지사는 대통령으로 선출되기에는 너무 단순하고

위험한 인물이다. 이는 앞선 에피소드에서 계속 오르는 범죄율

에 대한 대책을 묻는 바틀렛에게 주지사가 "세상에, 범죄 따위

나도 몰라요."라고 답했을 때 잘 드러난다. 이 순간이야말로 주

저하는 영웅을 도발했을 뿐 아니라 주지사가 마땅한 처벌을 받

아야 한다고 여겨지도록 만드는 대목인 것이다. 하지만 바틀렛

이 일찍부터 온화한 모습을 보이지 않았다면 주지사가 치르는

대가가 너무 가혹해 보였을 수 있다. 반대로 바틀렛의 온화함

이 너무 지나쳤어도 역효과가 났을 것이다.

　그런데 만약 대통령이 바틀렛이 아닌 그의 부인이었다면 이

　　　　평가받으며 사는 것의 의미

장면이 어떻게 받아들여졌을까? 이 상황에서 등장인물의 성별이 여성으로 바뀌는 게 상상하기 힘들기는 하지만 실험을 통해 정리해볼 수는 있다. 벤 다이어그램 속 교집합처럼 선량함과 경쟁력을 동시에 갖추는 건 누구에게나 어려운 일이지만 여성의 경우에는 더더욱 힘든 경향이 있다. 이는 프랭크 플린Frank Flynn과 카메론 앤더슨Cameron Anderson이 하버드 비즈니스 스쿨의 연구를 이용해 실리콘 밸리의 성공한 벤처 자본가 하이디 로즌Heidi Roizen에 관해 실시한 조사에서 잘 드러난다.

그들은 학생들을 두 집단으로 나누어 절반에게는 연구 결과 원본을 주고 나머지 절반에게는 하이디 대신 하워드라는 이름이 적힌 연구 결과를 나눠주었다. 연구 대상의 이름 이외에 다른 모든 세부사항은 동일했다. 그리고 연구 대상에 대해 학생들이 받은 인상을 조사한 결과, 학생들은 하이디와 하워드가 똑같이 유능하지만 하워드가 더 호감 가고 똑똑하며 친절한 반면 하이디는 공격적이고 이기적인 데다 권력에 굶주려 있어서 나의 고용주로 원하는 유형은 아니라고 결론지었다. 하이디 로즌은 성공적 기업가나 여성들이 맞닥뜨리기 쉬운 편견, 전형적인 남성 영웅의 이미지로 인해 생겨난 고정관념에 직면해 있는 것이다. 이 책에서는 성차별을 구체적으로 다루지는 않겠지만 이것만은 말해두고 싶다. 현재 십대인 내 딸 안나에게 왜 페미니스트가 되었는지 물으면 아이는 이렇게 대답한다. "제 주위를 한번 보세요!"

가상세계에서는 선량함과 유능함을 어떻게 동시에 갖출 수 있는지 보여주지만 우리에게는 노련한 작가들과 충직한 시청자라는 혜택이 없다. 겉으로는 무심한 척하면서 실제로는 두 가지 다 갖춘 것처럼 보이도록 직접 각본을 짜야 하고 심지어 관객들의 변덕도 훨씬 심하다. 평판이라는 건 객관적 평가보다 운에 의해 좌우되는 것이고 특정한 평판을 얻기 위해 노력하는 게 빤히 보이면 오히려 역효과를 낳을 수 있다. 게다가 자신의 평판을 관리할 수 있는 기회는 불공평하게 주어지고 온갖 편견에 좌우되기도 한다. 좋은 평가를 받고 싶다면 생각보다 직감이 더 뛰어난 정치인이 되어야 한다. 조너선 하이트의 말대로 "소문이 복잡하게 얽혀 있는 삶에서는 처신을 잘하는 게 첫 번째 규칙이요, 당신의 실제 처신보다 사람들이 어떻게 알고 있느냐가 더 중요한 만큼 항상 긍정적인 평가를 받을 수 있도록 행동해야 한다는 게 두 번째 규칙이다."[46]

이렇게 특정 평판을 위해 자신을 가장하는 건 건강하기도 하지만 동시에 수치스러운 일이다. 보통 사람들과 달리 유명 인사들은 화면 속 모습이 실제 생활에서도 이어진다. 밀란 쿤데라는 소설 『느림 Slowness』에서 이 같은 유명 인사들을 '당선자'로 지칭한다. "마침내 사진의 발명이 진가를 발휘하는 시대가 도래했다. 거대한 스크린에 모습이 투영되는 스타, 댄서와 유명 인사들은 모두가 멀리서 감탄하며 바라보지만 닿을 수 없는 존재가 되었다."⁴⁷ 황홀한 매력으로 무장한 이 '당선자'들은 사람들에게 이미 어떤 방식으로든 알려져 있어서 처음 만나는 사람들에게도 자신을 소개할 필요가 없다. 사람마다 그 유명인에 대해 갖고 있는 지식이나 인상은 다르지만 자신이 누구이고 어떤 일을 하는지는 대개 설명하지 않아도 된다.

자선단체에서 일하는 한 친구가 홍보대사인 유명 인사의 저택에서 열리는 회의에 참석했다. 궁전 같은 집에 들어서는 순간부터 현기증이 느껴졌는데 심지어 거실에 들어서자 모델 나오미 캠벨, 뮤지션 퍼프 대디와 배우인 조지 클루니가 소파에 앉아 이야기를 나누고 있었다. 친구의 등장에 이들은 잠시 대화를 중단하고 정중하게, 하지만 불필요하게 자신들을 소개했고 이에 내 친구도 자기소개를 했다. 잠시 후 조지 클루니가 커피 한 잔을 가져다주었을 때 친구는 차마 말을 이을 수 없었다고 했다.

물론 지금의 디지털 사회에서 '당선자'들은 그 어느 때보다 가까운 존재가 되었다. 이들은 소셜 미디어를 통해 자신의 삶을 전례 없는 수준으로 공개하고 팬들과의 소통에도 적극적으로 나선다. 매일 수백만 명의 사람들이 킴 카다시안의 아침식사 메뉴를 공유하는 것이다. 하지만 신비주의가 많이 허물어졌음에도 이들에 대한 허기는 결코 채워지지 않는다. 공개석상에 이들이 모습이라도 드러낼 때면 사인을 받으려는 사람들의 행렬은 여전히 길기만 하다.

'당선자'들은 행운을 거머쥔 소수지만 이 행운은 이들이 명성을 쌓아올린 바로 그 매체를 통해 무너지기도 한다. 대중의 시선이 집중되는 데 따르는 보상도 있는 반면, 그 시선 속에는 관객의 모순적인 마음이 담겨 있어 명성을 위태롭게 만든다. 사람들은 명성의 힘과 매력에 눈이 멀어 스타들에게 흠뻑 빠지기도 하지만 다른 한편으로는 행운의 본질적 불공평함으로 인해 분노를 느끼기도 한다.

심리학자들은 이미 지니고 있는 강점으로 인해 다른 부분들까지 함께 빛나 보이는 '후광 효과'에 대해 이야기한다. 실제로 사람들은 별다른 근거도 없이 타인의 특징들에 대해 규정짓는 모습을 볼 수 있다. 워렌 하딩Warren G. Harding 미국 전 대통령은 실제 자질만 놓고 보면 자격 미달이 분명하지만 '대통령처럼 보인다'는 이유로 당선된 대표적 사례에 해당된다. 명성, 부, 훌륭한 외모, 큰 키 등의 요소는 다른 평가 지표들을 하찮아 보이게 만드는 효과를 갖는다. 별 볼일 없는 사람에게 괴짜 같은 면모가 있으면 비호감이 되지만 높은 지위의 사람이 괴짜라면 특별하고 심지어 매력적으로 비춰지기까지 한다. 그래서 이렇게 장점이 많은 사람들은 의도적으로 이미지 관리를 한다고 비난받을 확률이 낮다. 신뢰성은 갖추려고 굳이 노력할 이유가 없

평가받으며 사는 것의 의미

는 사람들에게 더 쉽게 주어진다.

여기서 대부분 사람들의 평판을 결정짓는 대다수의 요소가 개인의 의지로는 어떻게 할 수 없는 것들이며, 평판을 높이려고 노력하는 게 빤히 보이면 오히려 역효과가 난다는 잔인한 결론에 도달할 수 있다. 심지어 타인을 좀 더 가까이에서 세심하게 들여다볼 생각조차 하지 않으면서 성급한 추측을 떠벌리는 사람들을 보면 씁쓸함은 더 커진다. 불공평하게 분배되는 부에 못지않게 명성 또한 불평등하고 부당하게 주어진다. 물론 개개인의 실력, 자질과 동기에 따라 결정되는 면도 있지만 이들의 영향은 생각보다 훨씬 적다. 운과 타이밍이 오히려 더 크게 작용하는 데다 이아고의 말대로 아무 근거 없이 주어지기도 하고 날아가기도 한다. 결국 평판이라는 것은 당신을 평가하는 관객들이 부여하는 것이고 이들 관객에게는 각각의 편견과 오류가 존재한다.

3. 신뢰할 수 없는 평가단

인류학자 클리포드 기어츠Clifford Geertz에 따르면 "우리는 천 가지 종류의 삶을 살아갈 장비를 가지고 태어나지만 결국 단 한 가지 삶밖에 살지 못한다."[48] 50번째 생일파티 소감을 준비하다 이 말이 문득 떠올랐다. 잊지 않고 있었던 건 내가 살아볼 수도 있었던 천 가지 다른 삶은 상상이 안 가지만 또 다른 자아에 대해서는 언제나 생각해왔기 때문이다. 그의 이름은 폴이다. 서문에서 말했듯 그가 내 삶에 처음 등장한 건 영국에서 보낸 10살 시절이다. 베이루트에서 런던 남부의 펄리로 이사한 뒤 입학한 학교에서는 선생님들이 한동안 나를 기독교식 중간 이름인 폴로 불렀다. 하지만 더 이상 그렇게 부르지 않자 그는 이내 사라졌다.

이후 1989년 대학을 졸업한 뒤 출판사 취업을 준비하는데 폴이 반갑지 않게 다시 모습을 드러냈다. 100군데도 넘는 출판사에 이력서를 보냈지만 연락이 없거나 불합격 통보를 받았고 단 한 곳에서만 면접을 봤지만 그나마도 떨어졌다. 아버지께서는 이게 다 이름 탓이라며 중간 이름인 폴을 대신 써보자고 제안하셨다. 나는 그 말에 충격을 받았지만 8개월 동안이나 구직 활동을 하면서 육체노동까지 겸했던 터라 지칠 대로 지쳐 있었다. 그래서 자존심 따위 버리고 아버지 말씀대로 했다. 폴의 실적은 지야드보다 훨씬 훌륭했다. 이력서를 보낸 일곱 군데 출판사 중 네 곳에서 면접을 보게 된 것이다.

그때 면접장에서 순서를 기다리던 순간이 아직도 생생하게 기억난다. 어린이 백과사전에 관한 답변 연습을 마치고 앉아 있는데 면접관이 들어오더니 "이제 당신 차례예요, 폴"이라고 하는 것이다. 한동안 나를 부른 것인지도 모르고 있다 얼굴이 붉어져서는 허둥지둥 일어났다.

어쨌든 폴은 그 출판사에서 합격 통보를 받았고 동시에 지금까지 일하고 있는 세이지 출판사에서도 입사를 제안받았다. 사실 이 두 출판사는 지야드라는 이름으로 지원해 면접 기회까지 얻은 몇 안 되는 출판사들이었다. 그래서 나에 관한 기록이 이미 존재할 게 분명한 만큼 중간 이름으로 재응시한 것이다.

이제 와 돌아보면 이 두 출판사의 입사 제안이야말로 내 삶에 결정적인 기회가 아니었나 싶다. 물론 살다 보면 많은 우여곡절을 겪기 마련이지만 이때 내렸던 결정이 나를 현재의 인생행로에 올려놓았다. 결국 폴은 킹피셔 출판사를 선택했고 나지야드는 세이지 출판사로 출근했다.

돌아보면 아버지의 제안에 내가 왜 그렇게 충격을 받았는지 잘 이해되지 않는다. 출판업계가 다소 진보적이라고 하지만 나는 아버지를 통해, 그리고 심리학 전공으로 갖게 된 관찰자적 시점을 통해 무의식적 선입견이 인간의 평가에 얼마나 크게 작용하는지 잘 알고 있었다. 이와 같은 선입견을 무찌르기 위한 노력의 일환으로 최근에는 지원자 이름을 가리고 평가를 실시함으로써 동양식 이름 등의 조건 때문에 부당한 평가를 받는 일 따위는 미연에 방지하고 있다.

무의식적 선입견에 관한 자료들을 읽다 보면 인간이 내재된 고정관념에 얼마나 취약한지, 첫인상에 얼마나 크게 좌우되는지 깨닫고 우울해진다. 사람들은 자신이 공정하다고 자부하지만 증거에 따르면 무의식적 선입견이야말로 서로에 대한 인식을 판가름하는 중요 요소다. 이들은 무의식적으로 작용하는 만큼 통제할 수 있는 여지도 별로 없다.[49]

다음의 그림 3.1은 수백만 명을 대상으로 하버드 내재적 연관검사Havard Implicit Association Test를 실시하여 그 결과를 분류한 것이다. 이 같은 결과를 바탕으로 개인의 인종차별적 행동을 예측할 수 있는지에 대해서는 의견이 분분하지만 전반적으로 얻을 수 있는 결론은 다소 심란하다. 세상에는 피부색에 대한 차별은 물론 성별에 따른 차별도 존재한다. 많은 사람들이 간호

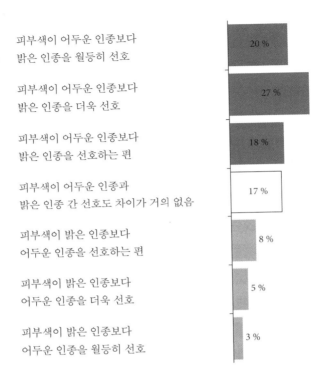

피부색이 어두운 인종보다
밝은 인종을 월등히 선호 — 20 %

피부색이 어두운 인종보다
밝은 인종을 더욱 선호 — 27 %

피부색이 어두운 인종보다
밝은 인종을 선호하는 편 — 18 %

피부색이 어두운 인종과
밝은 인종 간 선호도 차이가 거의 없음 — 17 %

피부색이 밝은 인종보다
어두운 인종을 선호하는 편 — 8 %

피부색이 밝은 인종보다
어두운 인종을 더욱 선호 — 5 %

피부색이 밝은 인종보다
어두운 인종을 월등히 선호 — 3 %

그림 3.1   하버드에서 실시한 내재적 연관 검사 결과

사는 여성, 엔지니어는 남성으로 인식하기 일쑤다. 게다가 이 같은 경향은 상당히 광범위하게 나타난다. 스스로 부정적 평가를 받은 경험이 있는 집단의 일원을 포함해 거의 모든 사람들이 편견에 사로잡혀 있는 것이다. 특히 편견의 희생양이 되었던 경험이 있을수록 오히려 부정적 고정관념을 갖고 있을 확률

평가받으며 사는 것의 의미

이 높다는 점에서 '고정관념의 위협'이라는 개념은 더 충격적으로 다가온다.

심리학자 스티븐 스펜서, 클로드 스틸과 다이앤 퀸은 남성과 여성을 대상으로 수학 시험을 실시하면서 여성 중 절반에게는 남성에게 유리한 시험이라고 설명해주었다.[50] 그 결과, 이 설명을 들은 여성들은 점수가 남성보다 크게 뒤처진 반면, 듣지 않은 여성들은 남성 못지않게 선전했다. 여성들은 성별에 따른 차이가 있는 시험이라고 알고 있는 것만으로도 시험 결과가 나빠질 수 있는 것이다. 또한 각자의 성별이나 인종을 기술하도록 하는 것만으로도 고정관념의 위협이 작용해 결과가 좋지 않게 나타났다. 이미 유효하다고 입증된 고정관념에 자신을 맞추려는 무의식적 경향이 작용하는 것으로 보인다.[51] 하버드 대학의 아이리스 보닛 교수에 따르면 다양성 확립을 위한 프로그램에 매년 80억 달러가 소요되지만 실제로 효과가 있다는 증거는 거의 없다.[52]

우리는 얼마나 객관적일까

남매인 줄리와 마크는 대학교 여름방학을 맞아 프랑스로 함께 여행을 떠났다. 어느 밤, 해변 인근의 오두막에서 고요한 시간을 보내던

두 사람은 섹스를 하면 재미있겠다고 생각했다. 적어도 서로에게 새로운 경험이 될 테니 말이다. 줄리는 피임약을 복용하는 중이었고 마크도 안전을 기하기 위해 콘돔을 사용했다. 두 사람은 즐거운 시간을 가졌지만 다시는 이러지 않기로 결심했다. 이날 밤의 일은 둘만의 비밀이 되었고 이후 둘은 서로에게 더 큰 친밀감을 느꼈다.

어떻게 생각하는가? 두 사람이 섹스를 한 게 괜찮은 걸까?

만일 당신이 문제없다고 생각한다면 그 이유에 대해 묻고 싶다. 하지만 대다수의 사람들처럼 문제가 있다고 본다면 왜 그렇게 느끼는지 자문해보자. 합리적 근거를 갖고 있는가 아니면 도덕적으로 불편할 뿐인가? 이 사례는 우리가 머릿속으로 평가의 기준이라고 여기는 것과 실제 평가 사이의 격차를 드러낸다. 조너선 하이트와 그의 동료들은 만에 하나 태어날 수 있는 아이의 건강 문제나 두 사람이 직면할 심리적 충격 등을 이유로 반대하는 이들의 의견을 교묘하게 반박했다.

사실, 줄리와 마크가 큰 잘못을 저질렀다고 평가하는 사람들에게 근거가 뭔지 물어보면 당황하면서도 잘못된 일이라는 처음의 직감에서 벗어나지 못한다. 이 같은 반응을 하이트는 '도덕적 마비'라고 부른다. 도덕적 평가의 경우 처음에는 항상 본능적 반응이 먼저 일어나고 (이 사례에선 역겨운 감정이다) 이후 이성과 논리에 따른 사고가 이루어진다고 설명한다.

심리학자 대니얼 카너먼Daniel Kahneman은 (지금은 세상을 떠난 동료 아모스 트버스키와의 공동 연구를 근거로) 인간이 평가하고 결정을 내릴 때 두 개의 사고 체계가 작용한다는 사실을 입증했다.[53] 첫 번째 체계는 (2와 2를 더하거나 대화를 나누며 운전할 때처럼) 신속하고 직관적이며 무의식적으로 작동하고, 두 번째 체계는 (247과 116을 곱하거나 좁은 공간에 주차할 때처럼) 느리고 의식적이며 어렵게 작동한다. 사고의 많은 부분이 첫 번째 체계에서 일어나는데 카너먼에 따르면 이 체계는 편견, 개인적 경험과 오류로 가득차 있어서 우리를 인지적 망상에 빠트리기 쉽다. 그럼에도 그 인지적 평가가 그대로 이루어지는 경우가 수두룩하다.[54] 예를 들어 '가용성 편향'이란 통계학적 평균이 근거로 제시될 때보다 (강도 사건에 대한 소식처럼) 쉽게 떠올릴 수 있는 사례가 있을 때 그 사건이 일어날 확률이 크다고 생각하는 것이다.

한편 '앵커링 효과'는 어떤 결정을 내리거나 예상을 할 때 특정 정보에 지나치게 의존하는 경향을 일컫는다. 내 딸 엘리는 학교 친구들에게 마하트마 간디의 사망 당시 나이를 추측해보도록 함으로써 이 같은 효과를 깨달을 수 있었다. 곧장 답을 들었을 때에는 80세 전후라는 대답들이 나왔지만 좀 더 많은 나이를 '기준으로 제시하고' 질문을 던지자 ("114세보다 적었을까?") 대답은 평균 101세로 집계되었다. 실제로는 72세에 사망했다. 음식점을 경영하는 사람들 중 약삭 빠른 이들은 이 같은 앵커링 효과를 직감적으로 알고 메뉴에 값비싼 와인을 넣어서 고객들이 무의식적으로 더 많은 돈을 쓰도록 만든다.

'린다'라는 사람이 정치에 관심 많은 철학과 학생이라고 설명한 뒤 향후 '은행 직원'이 될지 아니면 '페미니즘 운동에 적극 참여하는 은행 직원'이 될지 물으면 대부분 후자를 답으로 선택한다. 하지만 후자는 전자의 부분 집합으로서 결국 실제로 일어날 확률은 더 적다. 이런 식으로 각종 편견과 개인적 경험에서 나오는 추측은 계속해서 일어난다. 한편, 카너먼은 더 큰 노력을 요하고 논리적이며 의식적으로 작동하는 두 번째 사고 체계가 첫 번째 사고 체계에서 일어난 오류를 바로잡아 줄 수 있다고 주장한다.

카너먼과 트버스키는 합리적이고 인지적인 뇌 영역을 탐구했다. 하지만 여기에도 방금 설명한 의사 결정의 세계부터 도덕적, 사회적 평가의 영역에까지 광범위하게 영향을 미치는 첫 번째 사고 체계 같은 부분이 존재하는 것으로 나타났다. 예를 들어 우리는 과거의 비윤리적 행동은 잊어야 한다는 분명한 동기를 갖는 한편 과거의 행동 전반에 대해서는 비현실적으로 아름답게 포장하는 경향이 있다. 또한 도덕적 신용 점수를 활용하는 것처럼 과거의 윤리적 행동을 핑계로 이후의 비윤리적 행동을 눈감아 주기도 한다. 특정 행동이 도덕적인지 아닌지 평

평가받으며 사는 것의 의미

가할 때에는 그 행동이 일어난 맥락이 기준이 되고 이따금 나쁜 행동을 평가할 때에는 무관한 정보가 활용되기도 한다. 게다가 무의식적으로 이타적 동기보다는 이기적 동기에 근거해 결정을 내릴 때가 많다.[55] 이 같은 윤리적 편견들을 바로잡는 두 번째 사고 체계의 영역이 여기에도 존재하는지는 나중에 알아보도록 하겠다.

살아가면서 일상적 사건과 소식들에 별다른 합리적 근거도 없이 반응하고 평가하는 경우가 얼마나 많은가? 누구든 부당한 평가에 시달리면 안 된다고 주장하면서 정작 결정할 때에는 일반적이지 않은 기준을 적용하는 게 인간이다. 더욱이 인간의 직감에는 허점이 수두룩하다. 이번 장에서는 이렇게 이상한 평가 기준들에 대해 탐구하고 사회적 평가의 어려움에 주목해보자.

앞서 나온 줄리와 마크의 사례는 합리적 사고를 통해 정당한 근거를 찾기도 전에 감정이 도덕적 평가를 내려버리는 사례로 어김없이 등장한다. 이 이야기를 접한 사람들은 대개 혐오감을 드러내는데 약간의 혐오감조차 도덕적 평가를 결정짓는 요인으로 작용한다는 사실이 수많은 연구를 통해 밝혀진 바 있다. 심리학자들은 이 같은 심리를 단면적으로 보여줄 수 있는 실험을 실시했다. 비누로 손을 깨끗이 씻는 이들을 대상으로 포르노와 약물 남용 등 도덕적 순수성과 관련된 설문 조사를 실시하면 씻지 않은 이들을 대상으로 했을 때보다 부정적 반응이

훨씬 크게 나타난 것이다.[56]

하이트는 브라질 심리학자 실비아 콜러Silvia Koller와 함께 연구를 진행하던 중 다음과 같은 현상을 발견했다. 브라질과 미국, 두 나라의 다양한 집단들을 대상으로 자극적인 질문들을 연이어 던졌는데 그중 하나가 한 가족이 그날 아침 교통사고로 죽은 반려견의 시신을 먹는다면 어떻겠는가 하는 것이었다. 이를 과연 도덕적 관점에서 평가할 수 있는지 묻자 각 집단은 서로 다른 반응을 보였다. 필라델피아 사립학교 학생들의 경우 혐오스럽기는 하지만 인명피해가 발생하지 않은 만큼 비도덕적 행동은 아니라고 평가했다. 반면 미국과 브라질의 여러 사회 계층들은 충성심, 가족(반려견이 가족처럼 여겨졌다는 사실), 동물의 권리, 존중, 순수성과 같은 개념을 들어 비도덕적 행동이라고 입을 모았다.

인간의 평가는 보통 규범적 평가에 따라 이루어진다. 도덕적 직감이란 타인의 성격이나 행동에 대한 반응(좋다, 싫다, 맛없다, 맛있다, 착하다, 나쁘다)을 확실히 혹은 막연하게 깨닫는 것을 말한다. 무의식중에 이렇게 미세한 평가가 이루어지더라도 사고하는 두뇌는 감지하지 못할 때가 많다.[57]

감정이 사회적 평가를 내리는 데 기여하는 게 분명한데도 우리는 평가와 선택을 하는 데 감정은 방해될 뿐이라고 치부하는 경향이 있다. 심지어 충동적으로 발생한 범죄는 치밀한 계획

평가받으며 사는 것의 의미

아래 이루어진 범죄보다 허술할 수밖에 없다고 여긴다. 그리고 질투심을 '보고 있기 괴로운 포르노'에 비유한 필립 로스의 적나라한 묘사처럼[58] 질투심을 느끼면 거북함을 느끼고 마땅한 책임조차 외면하게 됨을 알 수 있다.

그러나 도덕 심리학에서는 꼭 그런 것만은 아니라고 주장한다. 감정이 객관적 평가를 방해하는 것도 사실이지만 더 정확한 관찰에 따르면 바로 그 평가를 구성한다는 것이다. 이는 실제로 다양한 사회적, 법적 상황을 통해 확인할 수 있다. 동성 결혼부터 인간 복제에 이르기까지 옳고 그름에 관한 사람들의 판단을 결정짓는 데 혐오감이 일조하는 건 자명하다.[59] 1980년대 말 배우 이안 맥켈런은 동성애에 대한 지역 당국의 '허가'를 금지하는 지방 정부법 28조[60] 제정 반대 시위에 동참했다. 그는 이 같은 법안 발의의 배경이 된 강력한 동성애 혐오는 보수 논객들이 섹스하는 동성애자들을 상상하며 느끼는 혐오감에서 비롯된다고 지적했다.

조지 W. 부시 전 대통령 재임 당시 대통령생명윤리위원회 의장이었던 레온 카스Leon Kass는 '혐오감의 지혜'라는 말을 만들어내 '혐오감'이 옳고 그름에 대한 우리의 직감을 이끄는 깊은 지혜의 원천이라고 주장했다.

혐오감은 어디서나 말할 수 없이 심오한 것들을 어기지 말라는 경고의 메시지를 던지면서 인간의 의도가 극단성을 띠는 것을 막아준다. 자유롭게 이루어지는 한 모든 게 허용되는 시대, 타고난 인간의 본능이 더 이상 존중받지 못하는 시대, 인간의 신체가 자율적이고 합리적인 의지의 도구에 지나지 않는 이 시대에 혐오감은 인간성의 핵심을 보호하기 위해 목소리 높일 수 있는 유일한 감정일 것이다. 몸서리치는 법을 잊은 영혼은 얄팍하기 그지없다.[61]

진화심리학자들은 혐오감으로 인해 해로운 음식을 먹거나 질병을 퍼뜨리는 등의 일을 막을 수 있었으며, 이는 지나친 '혐오감 요인'으로 확장되어 도덕적 영역에까지 영향을 미친다고 추정했다. 혐오감을 일으키는 심미적 기준이 도덕적 평가를 좌우한다고 생각하면 심란하지만 하이트가 말한 것처럼 "우리의 뇌와 올바른 마음 사이에는 양방향 도로가 나 있다."

사람들이 비합리적이고 무의식적인 심리 영역에 기반해 평가를 내린다는 주장은 아주 흥미롭다. 하이트는 (근친상간과 반려견 섭취 일화를 이용한) 초기 연구를 통해 평가의 과정을 보여주는 모형을[62] 구축했는데 이에 따르면 타인에 대한 평가는 이미 무의식적 절차를 통해 완료되고 그 후에야 결론을 뒷받침하기 위한 증거 수집이 이루어진다. 사람들은 스크린에서 쏟아지는 수많은 이야기들에 직면하면 사실은 거의 의식하지 않은 채이런 식으로 평가를 내리게 되는 것이다. 신문의 헤드라인이

'괴물' '불륜남녀' '국보' 혹은 '영웅'으로 장식되어 있는 걸 보면 자극적 기사를 위해 너무 단순하게 규정했다고 혀를 찰지 모르지만 실제로는 우리 역시 지극히 단순하게 도덕적 평가를 내리기는 마찬가지다.

레온 카스와 그의 '혐오감의 지혜' 담론은 이렇게 '원초적으로' 반응하는 데서 벗어나 좀 더 과학적으로 접근하고 싶어 하는 많은 이들의[63] 비난을 받았다. 그중 가장 강력한 반대 의견을 제시한 인물은 생물학자 리처드 도킨스로 그는 딸한테 보내는 편지에서 어떤 시각을 결정할 때 '내면의 느낌'을 근거로 해서는 안 된다고 경고했다. 그리고 누군가를 평가할 때 논리, 증거 및 주장을 활용하는 게 중요하다고 했다. 사람들은 합리성과 객관성의 이상을 추구하는 이론에 집착하지만 실제로 그렇게 하기가 쉽지 않다는 사실을 인정하는 셈이다. 더 합리적이고 의도적으로 접근하는 캐너먼의 두 번째 사고 체계가 오류를 바로잡아 줄 수는 있지만 사회적, 도덕적 중요성이 더 큰 사안에 있어서는 그러한 교정 기능이 발휘되지 않는 것으로 보인다.

이 장에서 나는 인간의 심리와 이성의 감시 사이를 탐구할 것이다. 사람들이 타인을 평가할 때 작용하는 기준을 알고 싶다면 이 둘의 차이점을 부인하기보다는 이해할 수 있어야 한다.

조너선 하이트는 한 발 더 나아가 인간의 도덕적 직감에 무의식의 영향이 얼마나 명백하고 깊이 있게 나타나는지에 대해서도 탐구했다. 타인을 평가할 때 작용하는 가치 체계는 사람에 따라 다르게 나타나는 다양한 도덕적 관점에 뿌리를 두고 있다. 하이트는 이 같은 도덕적 관점들을 혀의 미각 세포에 비유해 설명한다. 인간의 혀가 짠맛, 신맛, 쓴맛, 단맛, 매운맛의 다섯 가지 맛을 느낄 수 있는 것처럼 인간의 도덕성에도 미각 세포, 더 정확하게는 도덕적 토대가 존재하는데 그 종류는 다음과 같다.

1. **따뜻함 vs 냉정함**   이 토대는 고통을 피하기 위해 타인에게 친절하려는 충동에서 시작된다. 이로 인해 타인에게 상처 주는 건 잘못된 일이며 세심하게 돌봐주는 게 도덕적으로 바람직하다고 믿게 된다. 누군가에 대해 잔인하고 냉정하다, 혹은 친절하고 세심하며 따뜻하다고 평가하게 되는 건 이 토대가 있기 때문이다.

2. **공정함 vs 부정함**   이 토대는 정의, 공정성, 권리와 자율성을 옹호하고 거짓을 지양하는 충동에서 시작된다. 인간에게는 존중받아야 하는 권리가 있고 정의롭지 않은 것은 마땅한 대가를 치러야 한다. 누군가에 대해 부정하고 탐욕스럽다, 혹은 공정하고 합리적이라고 평가하게 되는 건 이 토대가 있기 때문이다.

3. **충성 vs 배신**   이 토대는 소속된 집단에 대한 희생을 미덕으로 여긴다. 충성을 높이 평가하고 집단 외부에서 오는 위협을 경계하며

배신은 처벌한다. 누군가에 대해 이기적이다, 혹은 자기희생적이고 공동체지향적이라고 평가하는 건 이 토대가 있기 때문이다.

4 권위 존중 vs 훼손 이 토대는 사회적 질서의 가치를 인정하고 전통, 체제 및 권위를 존중하는 태도를 미덕으로 여긴다. 사회적 위계질서를 해치는 이들을 처벌하는 한편, 예의를 갖춰 존중하는 이들을 독려한다.

5 신성 vs 퇴폐 이 토대는 앞에서 살펴본 혐오감이 도덕적 평가를 일으키는 과정과 연관되어 있다. 건강, 청결 및 위생(나아가 순결 및 경건함)을 숭배하고 공해나 오염, 탐욕 및 욕망 등의 죄스러운 특징들은 처벌한다.[64] 누군가에 대해 혐오스럽다, 혹은 건전하다고 평가하는 것은 이 토대가 있기 때문이다.

줄리와 마크는 위의 다섯 번째 토대를 위반함으로써 이를 중요하게 생각하는 사람들로부터 부정적 평가를 받는다. 자신 혹은 타인의 집이나 신성한 장소에 들어가기 전 신발을 벗는 이들은 다섯 번째 토대를 준수하는 것이다.[65]

도덕성의 다섯 가지 토대를 모두 중요시하는 이들은 인간관계가 처음의 두 가지 토대뿐 아니라 뒤의 세 가지에 의해서도 규제될 수 있어야 사회의 구조가 더 분명해지고, 무책임한 혼란 상태가 발생하는 걸 막을 수 있다고 주장한다. 시대와 장소를 막론하고 대부분의 사람들이 위의 다섯 가지 토대에 모두 유념하기는 하지만 '따뜻함/냉정함' 및 '공정함/부정함'이라는 처음의 두 가지 토대에만 초점을 맞추는 이들도 드물게 존재한다(나뿐 아니라 이 책을 읽고 있는 독자 분들 중 상당수도 해당될 거라 믿어 의심치 않는다). 바로 이들이 줄리와 마크를 부정적으로 평가할 이유가 없다고 주장하게 되는 것이다.

이 집단은 심리학 분야에서 끈질긴 분석의 대상이 되어온 WEIRD라는 하위 집단에 해당된다.[66] WEIRD는 서양의Western 교육 수준이 높고Educated 산업이 발달했으며Indsutrialized 부유하고Rich 민주주의가 지배하는 곳Democracies을 의미한다. 이 집단의 구성원들은 가족이 그들의 반려견을 먹거나 남매가 섹스를 하더라도 아무도 피해 입지 않는 한 문제될 게 없다고 주장한다. 대부분의 사람들이 다섯 가지 토대를 모두 추구하는 반면 이들은 처음의 두 가지 토대만을 특히 중시하기 때문이다. 사람이라면 누구나 따뜻함과 냉정함, 혹은 공정함과 부정함의 가치를 중시하지만 시대와 지역을 막론하고 WEIRD 집단에 속하지 않는 대다수의 사람들이 권위, 충성 및 순결함 역시 못지않게 중시한다. 그림 3.2에서 알 수 있듯 보수적인 성향이 강할수록 다섯 개의 도덕적 토대가 모두 강력하게 활성화되어 있다.[67]

성향 차이를 엿볼 수 있는 다양한 시나리오를 두고 50만여 명의 미국인을 대상으로 설문조사를 실시하자 진보와 보수가 벌이는 '문화 전쟁'을 설명할 수 있는 결과가 도출되었다. 그중

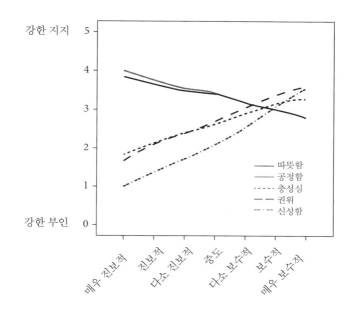

그림 3.2　스스로 평가하는 도덕적 가치 vs. 정치 성향 (하이트, 2012)

한 시나리오에서는 한 여성이 집안을 걸레질하는 데 사용할 만
한 천을 찾다 성조기를 발견하고는 적당한 크기로 찢어 변기를
닦는다. 이 같은 행위가 과연 비도덕적인지 가치 판단을 묻는
질문에 진보적인 사람일수록 '아니다'라는 답을 많이 했고 보
수적 성향의 사람들 사이에서는 '그렇다'는 응답이 많았다. 보
수층은 이 행동이 신성함과 충성심, 혹은 권위라는 도덕적 토
대에 위배된다고 보았고 이러한 가치는 진보층보다 보수층에

서 더 중요하게 여겨진다.

　도덕적 토대 중 두 가지만 중시하는 WEIRD 집단의 가치관은 다섯 가지 모두를 중시하는 대부분의 가치관과 상반된다는 하이트의 주장에 대해서는 다양한 반응들이 존재한다. 하나는 두 가지 토대에만 기반해 타인을 평가하는 게 가장 바람직하며 공동체 및 신성에 관련된 토대들은 사장시키는 게 세상을 발전시키는 방법이라는 것이다. 하지만 이런 식으로 사회가 발달하면 우리가 부정적 평가를 내리는 경우는 갈수록 줄어든다.

　한편, 하이트를 포함한 이들은 사회가 제 기능을 할 수 있으려면 자유로운 진보와 전통적 보수라는 '음과 양'을 모두 갖추고 있어야 한다고 믿는다. 이렇게 도덕적 평가에서 시작되는 다양한 문화 전쟁으로 인해 진보층과 보수층은 상대방에 대한 공격과 맞불 공격을 이어가고 각각 사회 구조의 무책임한 파괴자와 자유의 탄압자라는 비난에 직면하게 된다.

　하지만 두 가지 도덕적 토대만을 중시한다고 주장하는 WEIRD 집단은 스스로 생각하는 것보다 '깨어 있지' 않을 수 있다. 별다른 노력을 들이지 않고도 이들에게서 다른 세 가지 도덕적 토대를 활성화시킬 수 있는 것이다. 합리적 판단 능력을 발휘해 설문조사에 응하는 것 같지만 정작 각자 중시하는 것들을 가까이에서 들여다보면 권위, 충성심 및 신성함의 가치를 다른 사람들과 별 다를 바 없이 적용하고 있음을 알 수 있다.

환경 운동가이자 언론인인 조지 몬비오George Monbiot가 동료 환경 운동가들과 달리 원자력을 지지하기로 결정한 이후 엄청난 비난에 시달린 데에는 여타의 도덕적 토대는 물론이고 충성심과 신성함의 토대가 주효하게 작용한 것으로 보인다. 환경 운동가인 조나단 포리트Jonathan Porritt는 "지금쯤 몬비오는 '일체형 고속로 및 액체 불소 토륨 원자로의 가능성'에 얼마나 감탄했을까… 얼핏 듣기에도 대단하지 않은가! 당신 역시 이로 인해 전율을 느끼고 싶다면 이 단어를 목청껏 소리내 말해보라!"[68]고 말했다. 일부 언론에서도 "요리사 몬비오는 흥미로울 만큼 안쓰러운 인물이다. 원자력의 유독한 파괴력, 기득권층의 인정을 갈구하는 마음으로 인해 오래도록 참여해온 환경 운동의 공로가 산산조각 났기 때문이다. 역설적이지만 그가 그토록 갈구하던 명성은 이미 누리고 있는 듯하다."며 조롱했다.[69]

　충성심을 요구하고 배신을 처벌하는 집단은 어디에나 존재한다. WEIRD 집단은 막연하고 이기적인 사고에 휘둘리는 이들과 달리 자신들은 모든 현상을 객관적으로 바라볼 수 있다고 자부한다. 하지만 자기변명의 덫에 빠지지 않기 위해서는 이렇게 안일한 시각에 안주해선 안 된다. 스스로를 제대로 인지하지 못하는 경향은 심리학 전반에서 고질적으로 나타나며, 타인에 대한 평가와 마찬가지로 나 자신에 대한 평가 역시 왜곡될 때가 많다. 보수 논객인 제임스 델링폴은 몬비오의 싸움을 반기면서도 똑같이 합리성이라는 망상에 사로잡히는 실수를 범한다. 하지만 이번에는 보수층의 시각이다.

> 경험주의, 그게 문제다. 모든 건 진실인 것과 진실이 아닌 것으로 나뉜다. 그리고 진실이 아닌 것들을 순전히 사상적 올바름을 위해 믿는 건 명백히 잘못된 행위다. 이것이야말로 좌파들이 매 순간 하고 있는 행위로 (슬프게도 아직 '기후 변화' 문제까지는 건드리지 않았지만) 몬비오의 사례에서 볼 수 있듯 상당히 치명적이고 부패했으며 도덕적으로 이해할 수 없다.[70]

심리학 연구를 하다 보면 타인을 평가하는 데 중립적이거나 공정한 기준을 갖고 있다고 자부하는 이들일수록 자신의 자아상을 구축할 때 신중을 기할 필요가 있음을 알 수 있다. 무의식적으로 자신을 정당화하는 감정은 물론, 다른 절차들 역시 깊이 관여해 결국 인간적인 평가가 내려질 수밖에 없기 때문이다. 내면에서 일어나는 평가 절차만큼이나 중요한 것은 우리가 소속된 집단 및 사회의 관점에서 세상을 바라볼 수밖에 없으며, 그런 의미에서 우리의 정체성 역시 사회적으로 구성된다는 사실이다.

평가받으며 사는 것의 의미

합리적 개인이라는 환상

최근 정치판이 격동에 휘말리면서 사람들이 자신의 입장을 뒷받침하기 위해 진실보다는 적당한 증거를 찾는 '대안적 진실'의 세상이 도래했다. 하지만 이 같은 '동기에 따른 추론' 행위는 항상 존재했다. 사람들에게 건물 밖에서 시위하는 군중의 동영상을 보여준다고 가정할 때 이에 관한 어떤 정보를 제시하느냐에 따라 사람들의 시각은 달라질 것이다. 만약 병무청 앞에서 동성애자 권리 보호 시위가 펼쳐지는 중이라거나 낙태 클리닉 앞에서 낙태 반대 시위가 일어나는 중이라고 귀띔하면 사람들의 시각은 물론, 관련 보도 역시 정치적 성향에 따라 다르게 결정된다.

사람들은 이와 같은 사회적 영향력에 대해 별로 인지하지 못하고 자신이 외부 요인의 영향을 실제보다 덜 받는다고 생각하는 경향이 있다. 사회심리학에서 말하는 '기본적 귀인 오류Fundamental Attribution Error'란 평가를 할 때 전후 맥락을 무시하는 경향을 말한다. 형편이 어려운 사람들에게 기부하는 이가 있다면 친절한 사람이기 때문이고, 도둑질을 하는 사람이 있다면 정직하지 못하기 때문이라고 '단정짓는' 것이 이에 해당된다. 하지만 도둑질을 할지 기부를 할지는 당시 상황에 따라 결정된다는 사실이 조사 결과 드러났다.

예를 들어, 프린스턴 대학 신학 세미나에 참석한 학생들의 실험 결과 다쳐서 길에 쓰러져 있는 사람을 도와줄지 말지를 결정짓는 가장 큰 요인은 시간 여유가 있는지였다. 해당 학생들은 교내에서 열리는 선한 사마리아인에 관한 세미나를 준비하도록 요청받았는데 세미나 당일 교문 앞에서 쓰러져 있는 한 남성을 발견했다. 이 남성을 도와줄지 여부는 세미나까지 시간 여유가 충분한지 아닌지에 의해 결정되는 경우가 많았고, 늦은 학생들 중 일부는 쓰러진 남성을 말 그대로 뛰어넘고 세미나 장소로 향했다.[71] 사람들은 전후 상황을 살피지 않고 상대방의 성격을 단정지은 뒤 그가 '성격에 맞지 않게' 행동하면 충격에 빠진다.

또한 운보다는 각자의 선택이 삶의 결과를 좌우한다고 여기고, 노력한 만큼 얻는다고 생각하는 '공정한 세상' 현상이 나타난다. 사람들은 자신들이 살고 있는 사회가 실제보다 계층 간 이동이 자유롭고 불평등 문제도 일어나지 않는다고 믿는 경향이 있다.[72] 이 같은 '도덕적 우연Moral Luck'에 대해서는 이 장 뒷부분에서 좀 더 이야기 나누도록 하겠다.

설문지를 작성할 때를 제외하고 맥락도 없이 타인을 평가하는 경우는 드물다. 그보다 서로 간에 맺고 있는 관계 속에서, 혹은 함께 속해 있는 집단 내에서 평가를 내리는 경우가 대부분이다. 심리학자 솔로몬 애쉬Solomon Asch는 어떤 평가를 내릴 때

다른 사람들과 함께 있으면 그들의 의견에 좌지우지될 수밖에 없다는 사실을 자신의 연구 인생을 바쳐 입증했다. 심지어 선의 길이처럼 답이 명백하게 나와 있는 질문 앞에서도 다른 사람들이 엉뚱한 답변을 내놓으면 그에 동조하게 될 수 있다. 일례로 그림 3.3을 한번 보자.

오른쪽에 그려져 있는 세 개의 선 중 왼쪽 선과 길이가 똑같은 건 무엇인가? 누가 봐도 답은 C다. 그런데 만약 내 앞에 대답한 일곱 명이 B라고 대답한 뒤 당신이 답할 차례가 돌아오면 쉽사리 C라고 대답할 수 있겠는가? 이를 실제 조사에 부친 결과 학생 중 75%가 다른 사람들을 따라 적어도 한번 이상 틀린

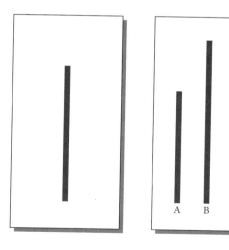

그림 3.3 인지 평가 – 선 길이 테스트

답변을 내놓았다.

사회심리학의 역사를 들여다보면 관계, 소속된 집단 및 사회적 맥락에 따라 평가가 얼마나 다르게 이뤄질 수 있는지 보여주는 사례들이 가득하다. 이들의 연구는 어떻게 현대 사회에서 홀로코스트 같은 사건이 일어날 수 있었는지 이해하기 위해 진행되었다. 심리학자 스탠리 밀그램Stanley Milgram은 피실험자들이 하얀 가운을 입은 남성의 지시에 따라 전기 고문을 거리낌 없이 실시한 복종 실험으로, 필립 짐바르도Philip Zimbarob는 학생들이 교도관 역할에 지나치게 몰입한 스탠퍼드 감옥 연구로 잘 알려져 있다. 방관자 효과* Bystander effect 및 사회적 증거** Social proof [73] 같은 심리학 개념들만 봐도 함께 있는 이들이 암묵적으로 동의한 표준에 따라 행동하는 경향이 있다는 사실을 알 수 있다.

심리학에서는 사회적 정체성이 개개인에게 얼마나 깊이 침투해 있는지 입증해왔다. 그래서 자신을 세분화된 개인으로 여기는 망상적 시각을 바로잡고, 일상적인 차원을 벗어나 사회적 본능을 제대로 들여다볼 수 있게 해주었다. 이는 우리가 자신을 온전히 이해할 수 없고 타인이 우리를 이해해주길 바라는 마음도 버릴 수 없는 이유이기도 하다. 특정 집단에 대한 소속

---

* 주위에 사람들이 많을수록 어려움에 처한 사람을 돕지 않게 되는 현상
** 주변 사람들의 행동이나 태도가 우리 자신의 행동에 끼치는 영향

평가받으며 사는 것의 의미

감이 아주 미약하게라도 존재하면 그것만으로도 판단이나 행동이 크게 달라질 수 있다.

1970년대에 헨리 타지펠Henri Tajfel이 실시한 최소 집단 실험에 따르면 아이들은 아무 의미 없는 기준에 따라 나뉜 집단이라 해도 소속된 집단의 편을 드는 것으로 나타났다. 아이들을 무작위로 두 개의 집단으로 나눈 뒤 각각 파울 클레와 바실리 칸딘스키라는 두 명의 생소한 화가 이름으로 명명하고 돈, 혹은 점수를 분배하자 다들 소속된 집단 내에서는 다른 아이들보다 덜 갖기를 선택한 반면 다른 집단보다는 더 갖기를 원했다. 의미 없는 기준에 따라 분류하더라도 집단 내에서 좋은 평판을 구축하고자 노력하게 된다는 사실이 입증된 것이다. 그렇다고 해서 대개 한 집단의 정체성을 갖게 되면 다른 집단에 무조건 차별적 대우를 하게 된다는 이야기는 아니다. 즉, 정체성 분리가 반드시 악행으로 이어지는 것은 아니다. 만약 당신이 어떤 집단에 소속되어 있고 그 집단을 돋보이게 만들고 싶다면 다른 집단에 더 친화적 태도를 취하는 것도 좋은 방법이다. 특정 집단의 사람들이 '자신보다 불운한' 이들을 돕기로 결심할 때처럼 말이다.

좋든 나쁘든 타인을 평가할 때에는 각자의 사회적 정체성과 소속 집단이 상당한 영향력을 발휘한다. 이처럼 정체성을 공유하는 이들과 연대하고 싶어 하는 경향은 다양한 설득 전략에 이용되기도 한다. 한 호텔에서는 환경 보호 차원에서 고객들이 수건 한 개를 여러 차례에 걸쳐 쓸 수 있도록 하려면 어떻게 할까 고민하다 다른 사람들(특히 앞서 이 방에 머물렀던 고객)이 그렇게 했다는 메시지를 전달하는 게 가장 효율적 전략이라는 사실을 발견했다. 또한 영국 정부와 공동으로 납세액을 늘릴 방법을 연구하던 행동 통찰팀 역시 단순한 '옆구리 찌르기'만으로 상당한 효과를 거둘 수 있음을 알게 되었다. "영국 시민 열 명 중 아홉 명은 세금을 기한 내에 납부합니다."라는 캠페인 문구 대신 "영국 시민 대부분이 세금을 기한 내에 납부합니다."를 사용하자 실제로 소득세를 기한 내에 납부하는 사람들이 늘어난 것이다.

여기까지 살펴보면 우리가 집단의 의견에 속도 없이 끌려 다닌다고 생각하기 쉽지만 그건 사실이 아니다. 오히려 특정 집단의 규범에 따르겠다고 결심하기까지 어떤 집단이 자신을 대변할 수 있는지 냉정하게 평가한다는 점에서 그와는 정반대라고 볼 수 있다. 집단에 소속되어 있다고 해서 이성을 잃거나 뭔가에 홀린 사람으로 돌변하는 것은 아니다.

초사회적 동물인 우리는 특정 집단의 규범에 따르기로 동의하면 원하는 대로 행동할 수 없게 된다. 사회심리학자 마크 레빈Marc Levine과 동료들은 영국의 축구 팬들이 상대 팀의 부상당한 팬을 돕는 현상에 대해 탐구했다.[74] 그 결과 만약 맨체스터

유나이티드의 팬들이 부상당한 리버풀 팬을 발견하면 도와주지 않지만, 일반적인 축구 팬이 부상당한 경우에는 가던 길을 멈추고 도와준다는 사실을 발견했다. 그런데 또 부상당한 사람이 축구 팬이 아닌 것으로 보이면 아무도 돕지 않았다. 축구계에서 빈번히 발생하는 폭력 행위를 보면 생각이라는 건 도무지 할 줄 모르는 로봇 군중 같지만 이 연구 결과를 보면 생각이 없기는커녕 오히려 머릿속으로 상당한 계산을 하고 있음을 알 수 있다.

이와 같은 사실을 이해하는 것은 중요하다. 사람의 두뇌가 잠들어 있는 상태에서 도덕적 평가를 내린다거나 카리스마 있는 지도자들에게 쉽게 세뇌당한다는 발상을 정면으로 반박하기 때문이다. 좀 더 일반적으로 말하면 사람은 자신의 사회적 정체성을 이룰 집단을 스스로 선택하고 그 집단의 규범을 의식해 평가를 내린다. 제도권 사회에서 신념을 좌우하는 집단 내 규범이야말로 우리의 행동 방식 및 윤리적 가치 판단을 결정짓는 것이다. 다른 모든 이들이 앞으로 몰려나갈 때 나 혼자만 인내하며 질서를 지킬 이유는 없다.

여기서 핵심은 사회적 정체성은 언제든지 변할 수 있고 누가 '같은 편'인지에 대한 논리 역시 변한다는 사실이다. 아버지, 출판업계 종사자, 런던 시민, 작가, 아랍계로서의 내 정체성은 합리적 사고와 행동의 범위를 결정짓는 데 크게 기여한다. 충성도, 자존감, 선입견, 공정성, 연대감, '나와 비슷한 사람들'에 대한 편향 역시 그 순간 내게 중요한 것들의 총합에 따라 결정된다. 그렇다고 해서 나의 개별성이 존재하지 않는 것이 아니라 사회적 렌즈를 통해 고스란히 표출되는 것이다. 나의 사회적 정체성은 내가 세상에 참여하는 방식을 바꿔 놓는다. 결과적으로 옳든 그르든 타인이 평가할 수 있는 단 하나의 핵심 자아는 존재하지 않는다는 혼란스러운 결론에 다다른다.

사람들이 사회 부문별로 소속되어 있는 집단들은 인간관계에 영향을 미치고 따라야 할 규범들을 확장하며, 행동의 도덕성을 평가하는 기준 역시 결정짓는다. 이는 또 허용의 범위를 결정하기도 한다. 예를 들어 대학생들을 대상으로 수학문제를 내준 뒤 주위 학생들과 함께 푸는 것은 물론 커닝 등의 속임수까지 허용해주는 실험을 실시했다. 심지어 문제를 먼저 푼 학생들에게는 상금까지 수여한다고 내걸었다. 그러자 한 학생이 대놓고 속임수를 써서 불가능한 속도로 문제를 다 풀고는 최고 상금을 타서 교실을 떠났다. 그때부터 학생들의 행동이 뚜렷이 갈렸다. 가장 먼저 나간 학생과 같은 학교인 학생들은 속임수를 쓰는 경우가 늘었고 다른 학교 학생들은 줄어든 것이다.[75]

우리는 세상을 선과 악으로 나누고 끔찍한 행동의 원인을 악에서 찾는 마니교적 구분에 익숙하다. 자신의 일부 혹은 자신을 대변한다고 여기는 집단에 의해 빛과 어둠을 구분하고 이 집단에 속하지 않은 이들은 바람직하지 않다고 치부하기도 한다. 심지어 무가치하고 비이성적이며 사악하다고까지 평가한다. 하지만 이렇게 모든 원인을 악惡으로 돌리는 것은 사악한 행동에도 다 이유가 있고, 그 이유 역시 (자기기만이라고 해도) 고결할 수 있다는 사실을 무시하는 행위다. 대체로 사람들은 자기 자신이 악하다고 여기지는 않는다.

심리학자 로이 바우마이스터Roy Baumeister는 폭력 행위가 벌어지는 원인들을 분석한 뒤 그 원인에서 탐욕과 가학증은 극히 일부에 지나지 않는다고 결론 내렸다. 오히려 높은 자존감이나 도덕적 이상주의로 인해 폭력이 발생한 경우가 훨씬 많았다. 영화에서 주로 악역으로 등장하는 조 페시Joe Pesci*처럼 위협적인 존재를 지켜보는 사람들은 이들 악당은 자존감이 낮을 거라는 잘못된 가정을 하곤 한다. 하지만 이들은 자신의 자아를 위협하는 요소들에 날을 세우고 있는 경우가 많다. 바우마이스터의 예상 밖 결론에 따르면 자존감을 높이기 위해 고안된 일부 프로그램들이 오히려 자멸적 결과를 낳을 수 있다. 나르시시즘적 자아상을 심어주면서 무시나 거부, 혹은 모욕당했다는 느낌이 들면 이들은 폭력적 반응을 보일 수 있기 때문이다. 결과적

---

* 마틴 스콜세지의 갱스터 영화와 〈나홀로 집에〉 등에서 다양한 악역을 맡아온 미국의 영화배우

으로 명예욕이나 사상적 헌신이 폭력 행위의 원인인 경우가 훨씬 많다.[76]

같은 맥락에서 순수 이념이나 이상주의 역시 목적이 수단을 정당화한다는 전제를 깔고 있는 만큼 위험할 수 있다. 특정 명분을 위해서라면 고문이나 불법 살인 등도 정당화되는 것이다. 특히, 이러한 이상주의가 국가 권력 뒤에 자리할 경우 그만큼 위험한 것도 없다.[77]

역사란 승자의 기록이다. 그것도 피해자들이 보면 조금도 수긍할 수 없는 어조와 편향된 방식으로 쓰인 기록이다. 스티븐 핑커는 이 같은 '도덕적 해석의 격차'를 피해자와 가해자의 세계관 사이에 존재하는 불균형으로 묘사했다. 가해자는 현재에 충실하며 살아가지만 피해자는 결코 과거를 잊지 않는다. 가해자는 근거 및 정상 참작할 환경을 중시하며 과학자처럼 굴지만 피해자는 자신의 투쟁을 선과 악의 싸움으로 규정하며 도덕주의자를 자처한다.

이런 게 중요한 이유는 자신을 순전히 합리적이고 개인적인 존재로 바라볼 경우 사회적 요소가 행동을 결정짓는 맥락 이상의 역할을 한다는 사실을 놓치기 때문이다. 사회적 요소는 우리의 정체성에 깊이 반영된다. 하지만 '정신 나간' 반역자나 '미친' 극단주의자, 혹은 '사악한' 사람들을 비이성적으로 구는 집단으로만 본다면 그들을 이해할 기회는 전혀 얻지 못한 채 평

평가받으며 사는 것의 의미

가 내릴 수밖에 없다. 사람들의 사회적 정체성을 더 깊이 알게 된다면 평소 비합리적이라고 치부한 사람들도 더 잘 이해할 수 있게 될 뿐 아니라 자신의 초사회적 자아 역시 더 깊이 있게 알게 된다.

심리학 분야의 연구를 통해 내릴 수 있는 결론은 스스로에 대해 중립적이거나 독립적이고 심지어 공정하다고 평가하는 데 좀 더 신중을 기해야 한다는 것이다. 우리는 무의식적이고 사회적 정체성을 통해 규정된 방식으로 서로를 평가할 뿐 아니라 특정 행동이 의도한 것인지 아니면 단순히 환경 때문인지조차 구분하지 못한다.

의도가 중요한가 결과가 중요한가

의도가 아닌 결과로 평가하는 세상은 모든 시대에 걸쳐 불만을 낳았으며 선행을 크게 저해한다.

— 아담 스미스Adam Smith

영국 역사상 최악의 산업 분쟁이 일어나고 있던 1984년 11월, 웨일스의 택시 운전사 데이비드 윌키는 파업에 불참한 광부 데이비드 윌리엄스를 태우고 머서 베일 탄광을 향해 가고 있었다. 림니 북부의 A465가에 들어섰을 때 파업 중인 두 명의 광부던 핸콕과 러셀 샹클랜드가 무게 20kg의 콘크리트 덩어리를 다리 밑으로 던졌는데 윌키의 택시가 이에 맞아 윌키는 즉사했고 윌리엄스는 경미한 부상을 입었다.

그렇다면 핸콕과 샹클랜드가 살인을 저지른 것일까? 법원은 그렇게 판결했다. 1986년 5월 재판장에서 두 사람은 윌리엄스를 놀래 주려고 그랬던 것뿐이라고 항변했지만 결국 유죄 판결을 받고 무기징역에 처해졌다. 이 판결로 인해 강력한 반발이 있어났고 당시는 광산 파업이 끝난 상태였음에도 7백여 명의 광부들이 머서 베일 탄광을 나와 시위를 벌였다. 그들은 윌키의 죽음이 결코 의도된 결과가 아니었는데도 그렇게 가혹한 판결이 내려진 데 분노했다.

이들이 살인을 했는지 아니면 그보다 가벼운 범죄를 저질렀는지는 의도에 따라 결정된다. 살인 판결은 법적으로나 상식적으로나 범죄 당시 피의자의 마음 상태에 따라 내려지는 것이다. 피의자들에게 과연 멘즈 리아mens rea('범의'라는 뜻의 라틴어)가 있었을까? 영국법에서 의도는 단순한 항목이 아니다. 피의자에게 살인할 직접적 의도가 있었고 사전에 계획됐음이 증명된다면 살인 판결이 내려지는 게 마땅하다. 하지만 애초 의도가 그게 아니었다고 해도 얼마든지 살인으로 이어질 수 있으며 그 두 사람도 넓은 범위에서 이에 해당되어 곤경에 빠진 것이다. 즉, 자신의 행동으로 인해 (원한 것은 아니지만) 누군가 사망할 수도 있다는 사실을 예상했음을 의미하는 '빗나간 의도'가 피의자들에게 있었다는 게 충분히 입증된다. 형벌이 가혹한 측면도 없지 않지만 최악의 경우를 예측했을 가능성이 높기 때문에 결국 유죄 판결이 내려진 것이다.

하지만 콘크리트 덩어리가 파업에 동참한 두 광부의 애초 계획대로 도로로 떨어져 교통체증을 일으키는 데 그쳤다고 상상해보자. 그렇다면 이들은 정확히 동일한 의도를 갖고도 훨씬 가벼운 처벌을 받았을 확률이 높다. 살인 의도를 갖고 있었다고 해도 실제로 누군가 사망하는 일만 발생하지 않는다면 시도 혐의로만 기소됐을 것이다.

이렇게 의도와 결과를 분리하면 '도덕적 우연Moral Luck'이라는 다소 당황스러운 사실에 직면하게 된다. 다소 모순적으로 들리기도 하지만 이 용어를 직접 만들어낸 철학자 버나드 윌리엄스Bernard Williams는 서로에 대해 도덕적 평가를 내리는 상황을 살펴보면 의지만으로 통제할 수 없을 때가 많다는 사실을 깨달았다. 예를 들어 총알을 발사한 순간 의도했던 피해자가 넘어지는 것처럼 순전히 우연으로 살인에 실패한 사람은 동일한 의도를 갖고 동일한 행위를 했음에도 살인에 성공한 사람보다 약한 비난을 받게 된다. 반대의 경우도 마찬가지다. 담장 너머로 벽돌을 던지는 위험한 행동을 하더라도 그 결과에 따라 사람들의 반응이 달라지는 게 당연하다. 벽돌이 아무 피해 없이 담장 너머 잔디밭에 떨어지면 나는 질책받겠지만 처벌받지는 않을 것이다. 하지만 한 아이가 그 벽돌에 맞아 사망한다면 재판에 넘겨져 훨씬 가혹한 상황을 감당해야 한다.

영화 감독 루이스 부뉴엘은 연출작 〈범죄에 대한 수필The Criminal Life of Archibaldo de la Cruz〉에서 이 같은 개념을 잘 묘사했다. 한 살인범이 계획했던 연쇄 살인에 줄줄이 실패하는데 애초에 죽이고자 했던 이들에게 하나같이 의문의 사고가 일어나 죽고 만다. 살인범은 법정에서 자신의 계획과 깊은 죄책감을 고백하지만 판사는 그에게 무죄 판결을 내린다. 결과적으로 그가 의도했던 살인이 성공하지 못했기 때문에 처벌할 게 아무것도 없다는 것이다.

의도가 아닌 결과로 평가하는 행위는 우리가 직감적으로 느끼는 책임성과는 맞아 떨어지지 않는다. 그래서 머서 베일 탄광의 광부들이 그 정의에 대해 분노를 표출한 것이다. 그리고 실제로 이 사건은 향후 항소 법원에 넘겨져 살인이 아닌 과실치사 혐의로 재판결을 받았다.[78]

분명 결과와 의도, 두 가지가 모두 중요하지만 그 방식에 차이가 있다. 법에서 벗어나 직감을 깊이 있게 들여다보면 뭔가를 평가할 때 작용하는 이상한 특징들을 볼 수 있다. 평가를 향한 두 가지 접근 체계가 모습을 드러내는 것이다. 첫 번째 체계

평가받으며 사는 것의 의미

는 더 본능적이고 무의식적으로 작용하며 의도보다는 결과에 집중하는 경향이 있다. 일례로 누군가 당신의 발 위에 올라선다면 그에게 아프게 할 의도가 있었든 없었든 당신은 반사적으로 부정적 반응을 보인다. 한편 두 번째 체계는 좀 더 사려 깊게 작용해 애초 의도를 파악하는 데 초점을 맞춘다. 그래서 첫 번째로 일어난 본능적 반응을 수정하기도 한다.

발달심리학자 장 피아제Jean Piaget는 어린 아이들의 경우 다섯 살 정도까지는 상대방의 의도를 알아차리지 못한다는 사실을 발견했다. 수많은 실험 결과 그렇게 어린 나이에는 이른바 '마음의 이론'이 부족하다는 것이다. 즉, 아이들은 같은 상황을 봐도 다른 사람들의 관점은 나와 다를 수 있다는 사실을 잘 이해하지 못한다. 그 나이쯤에는 모든 걸 결과로 판단하는 첫 번째 체계만 발달하기 때문이다. 그래서 아이들은 실수로 가해진 피해라고 해도 의도된 것만큼이나 가혹하게 평가한다. 좀 더 자란 뒤에야 두 번째 체계가 발달해 타인의 의도와 마음이라는 것을 해석할 수 있고 초래된 피해 역시 전후 상황 속에서 바라볼 수 있게 된다.

하지만 합리화 능력이 아무리 발달한다 해도 처벌하고 싶은 본능은 결코 완전히 사라지지 않는다. 뿌리가 상당히 깊기 때문이다. 때문에 진화론적으로도 훈육할 때 아이들의 잘못이 실수였든 고의였든 상관없이 무조건 처벌하는 게 필요했던 것으로 보인다. 일례로 아이가 우유를 쏟았다고 가정해보자. 고의 성과 상관없이 부모가 그 행위에 대해 혼내는 것으로 교훈을 줄 수 있을 것이다. 특히 이게 나쁜 행동이라는 설명을 부모가 제대로 할 수 없을 때에는 처벌이 훨씬 효과적이다. 사람들은 많은 경우 결과로 인해 처벌을 받을 때 가장 효율적으로 배워 나간다.[79]

다른 사람들의 생각은 나와 다르다는 사실을 깨달을 때 우리는 그들의 관점에서 생각해보게 된다. 어른이 되어 가면서 충동적으로 일어나는 반응과 의도를 고려해보는 태도 사이에 균형도 맞출 수 있게 된다. 하지만 도덕적 우연과 본능적 충동의 문제는 여전히 남아 있다. 누군가 실수로 끔찍한 일을 저질렀을 경우 우리는 그가 순전히 실수라는 이유로 아무 거리낌 없이 자신을 용서하기보다 죄책감에 괴로워할 것이라고 예상한다. 엄밀하게는 그들의 책임을 물을 수 없다고 해도 결국 그들이 원인을 제공한 사실 자체는 부인할 수 없는 만큼 그들은 윌리엄스가 말한 '대리적 후회Agentic Regret'를 경험하게 되는 것이다.

이런 감정을 느낄 수 없는 사람은 사이코패스로 분류된다. 흥미롭게도 사이코패스들이 의도치 않은 사고에는 오히려 더 관대한 경향이 있다. 충동적으로 나타나는 첫 번째 체계의 반응에 매몰되지 않고 더 냉정하고 계산적으로 이루어지는 두 번째 체계의 반응에 충실하게 행동하는 것이다. 이들은 결과적으

평가받으며 사는 것의 의미

로 눈앞에 발생한 고통 때문에 처벌하고 싶은 충동에 휩쓸리기보다 본래 의도를 더 분명하게 이해하고 이를 훨씬 비중 있게 고려한다.

철학적 관점에서 보면 사이코패스가 낫다고도 말할 수 있다. (결과가 얼마나 심각하든) 우발적 사고에 대해서는 훨씬 관대하기 때문에 일반인들보다 좀 더 합리적으로 평가한다고 할 수 있는 것이다. 사이코패스는 애초에 그럴 의도가 없었다는 것만 확실하면 실수로 인해 어떤 피해가 발생했는지는 신경 쓰지 않는다. 이에 비해 일반인들은 결과에서 비롯되는 고통에 시달리다 적절한 처벌에 대한 가치관을 아예 바꾸기도 한다.

첫 번째 체계는 결과에, 두 번째 체계는 의도에 초점을 맞춘다지만 가끔은 결과에 따라 의도 자체도 원하는 방향으로 인식하는 것처럼 보인다. 결과에 따라 고의성에 대한 평가도 달라지는 걸 보면 두 체계의 구분을 신뢰할 수 없다. 쉽게 말해 누군가의 행위가 마음에 안 들 때 사람들은 일부러 저런다고 느끼곤 한다. 실험철학자 조슈아 노브Joshua Knobe가 인용한 다음 사례를 한번 보자. 그는 공원의 행인들에게 다가가 다음의 두 가지 이야기를 들려주었다.

한 기업의 부사장이 이사회 의장에게 가서 이렇게 말했다. "새로운 프로그램을 도입하는 게 좋을지 고민하고 있습니다. 이 프로그램을 도입하면 수익은 증가하겠지만 환경은 더 파괴될 것입니다." 이 사회 의장은 이렇게 답했다. "환경을 파괴하는 건 상관없소. 나는 가능한 많은 수익을 올리고 싶을 뿐이오. 새 프로그램을 도입합시다." 그들은 새 프로그램을 도입했고 당연히 환경은 파괴되었다.

한 기업의 부사장이 이사회 의장에게 가서 이렇게 말했다. "새로운 프로그램을 도입하는 게 좋을지 고민하고 있습니다. 이 프로그램을 도입하면 수익이 증가하고 환경도 보호하게 될 것입니다." 이사회 의장은 이렇게 답했다. "환경을 보호하는 건 상관없소. 나는 가능한 많은 수익을 올리고 싶을 뿐이오. 새 프로그램을 도입합시다." 그들은 새 프로그램을 도입했고 당연히 환경은 보호되었다.

노브가 첫 번째 이야기 이후 행인들에게 던진 질문은 "부사장이 환경을 파괴한 건 의도적이었을까요?"였고 응답자의 82%가 그렇다고 대답했다. 하지만 행인들에게 두 번째 이야기를 들려주고 부사장이 환경을 보호한 게 의도적이었는지 묻자 23%만이 그렇다고 대답했다. 두 이야기는 첫 번째 시나리오의 '파괴하다'가 '보호하다'로 바뀐 것 이외에 모든 게 동일하지만 의도에 대한 평가는 전혀 다르게 나타난 것이다.[80]

현재 노브 효과로 잘 알려진 이 같은 반응 차이는 부사장의 의도처럼 엄연한 사실을 평가할 때 그로 인한 결과가 해로운지 아니면 이로운지 등의 가치에 큰 영향을 받는다는 사실을 보여준다. 철학자 데이비드 흄David Hume이 사실과 가치는 논리적으로 서로 연관될 수 없으며 '현상'에서 '의무'를 도출할 수는 없다고 경고한 것과 달리 이렇게 사실과 가치가 어쩔 수 없이 섞이는 것은 인간이 내리는 평가의 또 다른 특이점으로 보인다.[81]

게다가 평가를 내릴 때 초래된 피해의 종류까지 고려하면 상황은 더욱 복잡해진다. 의도와 결과를 구분하지 않게 되는 경우도 상당히 다양하다. 한 가지 중요한 기준은 평가의 대상이 도덕적 규범에 위배되는 피해를 초래했느냐, 아니면 금기의 대상인 순결 규범에 위배되느냐 하는 것이다. 그리고 비도덕적인 피해가 초래된 경우에는 해당 행위가 의도적이었는지 아닌지를 파악하는 게 중요하다.

만약 우발적 사고였다면 수월하게 용서받을 수 있다. 하지만 금기인 순결이 침해됐다면 의도적이든 아니든 별 차이가 없다. 일례로 저녁식사 자리에서 누군가 방귀를 뀐다면 실수였든 아니든 부정적으로 반응하게 되어 있다(이는 본능적 혐오 반응과 관련된 것으로 보인다). 고의적으로 피해를 초래했는지 여부는 그 사람을 회피할지 신뢰할지를 결정하는 데 영향을 미친다. 여기서 앞의 두 장에서 다뤘던 죄책감과 수치심이 다시 한 번 등장한다. 위해 규범을 어기면 죄책감이 일어남과 동시에 자연스레 의도부터 살피게 된다. 이에 비해 순결 규범을 어기는 건 본능적으로 저지르는 죄처럼 보인다.

이렇게 평가가 들쭉날쭉하게 내려진다는 사실을 잠시 살펴본 것만으로 혼란이 일어난다. 스스로 합리적이고 냉정하다고 여기는 자아상과 실제 평가 능력 사이에는 분명 격차가 존재하는 것이다.

감정에 휘둘리지 않는 것은 좋은 걸까

장수 TV 시리즈 〈매시M*A*S*H〉는 한국 전쟁에 참가한 미국인 의사들의 삶을 조명한 드라마로 배우 앨런 알다가 호케이 피어스 역할을 맡아 열연했다. 주인공 호케이는 영웅적 면모도 있지만 반체제적 재치도 갖춘 인물로, 절친한 친구인 BJ 헌니컷과 함께 전쟁 지역에서 꾸려가는 삶의 비정상성에 대해 풍자적으로 보여주는 인물이다.

그런데 시리즈 후반 들어 호케이가 완전히 다른 사람으로 돌변한다. 입만 열면 줄줄이 쏟아지던 역설과 빈정거림은 사라지고 정신 건강이 의심될 정도의 침울함에 빠지는 것이다. 여기서 도덕적 평가에 접근하는 두 가지 사고 체계가 고통스러울 만큼 적나라하게 묘사된 장면을 볼 수 있다. 호케이가 상담을 받는 장면으로, 상담 자리에서 그는 한 여성이 닭 한 마리를 데리고 버스에 탄 이야기를 한다. 상당히 위험한 상황이 벌어졌는데 닭이 계속 꼬꼬댁거리자 호케이가 닭을 좀 조용히 시키라고 소리쳤고 다급해진 여성이 결국 닭을 질식사시켰다는 것이다. 뒤이어 계속되는 상담 장면, 그리고 돌이킬 수 없는 상처를 입은 호케이를 보면서 우리는 실제로 그에게 무슨 일이 벌어졌는지 깨닫게 된다. 다른 사람들을 살리기 위해 여성이 질식사시킨 건 닭이 아니라 바로 자신의 아기였던 것이다.

끝내 심리적 방어 기제가 무너져 내린 호케이는 기억을 재구성하고 그 기억 속 자신의 역할 또한 재창조할 수밖에 없었다. 여기서 보는 사람도 함께 호케이의 견딜 수 없는 딜레마를 생생히 마주하게 된다. 어떻게 그런 상황에서 옳고 그름을 판단할 수 있을까? 호케이는 분명 그 덕분에 다른 사람들을 구할 수 있었다고 합리화하겠지만 그가 자신을 용서할 수 없다는 것 역시 자명하다.

호케이가 겪은 끔찍한 딜레마는 첫 번째와 두 번째 체계의 평가 사이에 본질적으로 존재하는 갈등에서 비롯된다. 첫 번째 체계가 감정적 반응을 일으켜 결과와 상관없이 옳다고 생각하는 행동(아기를 해쳐선 안 된다)에 초점을 맞춘다면 두 번째 체계는 당신의 행동이 다른 이들의 안녕에 미치는 영향 면에서 옳은 행동(모두가 살아야 한다)을 하는 데 초점을 맞춘다. 이 두 가지 견해 사이에서 더 나은 판단을 내릴 수 있을까? 철학자 조슈아 그린Joshua Greene은 이따금 그럴 수도 있다고 말한다.

그에 따르면 이 두 가지 체계는 우리 두뇌에서 서로 깊이 견제하며 공존하고 있다. 저서『옳고 그름Moral Tribes』에서 그는 이를 카메라에 비유해 설명하는데, 카메라에는 첫 번째 사고 체계처럼 다양한 환경에서 항상 좋은 사진을 찍을 수 있도록 자동 설정된 부분도 있지만 상반되는 특징의 두 번째 체계도 있다. 빛, 움직임 등 자동 모드에서는 통제가 불가능한 조건들을 수동으로 조절할 수 있는 것이다. 이처럼 도덕적 평가를 '이중처리'할 수 있는 역량 덕분에 우리에게는 더 잘할 수 있다는 희망이 생긴다.

도덕적 직관을 다양한 환경에서 일정 수준 이상의 결과물을 내게 해주는 '자동 설정'이라고 바라보면 이 같은 비유가 설득력을 얻는다. 조슈아 그린은 '나' 대 '우리'의 문제를 해결하기 위해 즉, 개인의 이기심을 극복하고 타인과의 협력으로 나아가기 위해 두 가지 체계가 발달해왔다고 한다. 그 결과 첫 번째 체계에서처럼 다소 본능적으로 일어나는 죄책감, 사랑, 수치심 등의 사회적 감정들이 발달해 자신의 이익만 추구하는 경향은 줄어들고 협력의 이점을 누릴 수 있게 되었다.

하지만 이에 따르면 우리는 소속된 도덕적 공동체 내에서만 협력할 수 있다. 가치관이 서로 다른 공동체가 만났을 때 이 같은 감정적 직관에만 의존했다가는 더 큰 그림을 볼 수 없게 되는 것이다. 이처럼 '우리' 대 '저들'의 문제는 본능적 느낌만으로는 해결할 수 없다. 그보다 두 번째의 '수동' 체계에서 공리주의 원칙에 따라 이 문제를 논리적으로 해결할 수 있다고 그린은 주장한다.

그린이 말하는 요점은 현대 사회에서 첫 번째 체계의 도덕적 직감만으로는 도덕적 평가를 내릴 수 없는 상황이 갈수록 늘고 있다는 것이다. 말하자면 전 세계 수많은 인구가 일상적 활동 범위 이내에 존재하는 이 시대에 우리의 본능적 직관은 갈 길을 잃고 말았다. 도덕적 미뢰에 의존하는 첫 번째 자동 체계는 공동체 의식, 죄책감 등의 도덕적 감정과 좋은 평판에 대한 욕구를 이용해 이기적 충동을 억누를 수 있다. 하지만 이런 기능은 인류학자 로빈 던바가 설정한 150명 내외의 제한적 집단에서만 발휘될 뿐이다.

이제는 '우리'에서 벗어나 '저들'을 인정하는 것과 같은 다른 도덕적 문제 역시 해결해야 한다. 게다가 '저들'이 우리가 직관적으로 상상하거나 연민을 느낄 수 있는 범위 밖에 있을 수도 있다. 이 때문에 그린은 우리에게 두 번째 체제와 같은 수동 모드가 더 필요하다고 주장한다. 제러미 벤담Jeremy Bentham과 공리주의 전통이 제시했듯 친척이나 친구들에게 느끼는 것과 동일한 감정적 친밀감을 타인에게 느끼지 않는다고 해도 모든 삶에 동등한 중요성을 부여할 수 있어야 하는 것이다.

그린은 인간이 평가부터 하고 차후 걸맞은 근거를 찾는다는 조너선 하이트의 직관 이론에도 동의하지만 좀 더 합리적으로 작용하는 체제가 평가를 재구성할 수 있다고도 제시한다. 그에 따르면 첫 번째보다 좀 더 신중을 기하는 두 번째 체계에서 사람들은 '마크'와 '줄리'에 대해 더 나은 평가를 내릴 수 있다. 그린은 학생들에게 이 남매의 이야기를 들려주고 두 사람이 섹스한 사실을 정당화하는 그럴 듯한 근거와 터무니없는 근거를 각각 제시했다.

전자는 우리가 한때 근친상간의 금기를 정했던 진화론적 위협에 갇혀 있기 때문에 부정적 반응을 보이는 것뿐이라는 얘기이고 후자는 덕분에 '세상이 사랑으로 더 충만해질 수 있다'는 다소 황당한 근거였다. 이렇게 상반되는 근거가 제시된 이후에도 이야기를 들은 직후 나타났던 역겨운 반응과 도덕적 반감은 사라지지 않았다. 하지만 2분 후, 그럴 듯한 근거를 제시받은 학생들은 남매에게 훨씬 관대한 태도를 갖게 되었다.[82]

그린의 이중 처리 체계에 따르면 사람들은 합리적 고민을 통해 본능적으로 반응하는 첫 번째 체계와의 사이에 균형을 맞출 수 있다. 이 같은 그의 희망은 매우 고무적이다. 기술의 발달로 지구 반대편 사람들에게도 온갖 악의나 친절을 행할 수 있는 시대에 소규모 집단에만 대응할 수 있는 도덕적 체계로는 현재 우리가 직면한 새로운 종류의 딜레마를 처리할 수 없다.

평가받으며 사는 것의 의미

심리학자 폴 블룸Paul Bloom은 저서 『공감에 반대하다Against Empathy』[83] 서문에서 비슷한 맥락의 화두를 꺼낸다.

> 나는 공감으로 인해 선의를 베풀게 될 때가 있다는 데 동의한다. 하지만… 여기에는 선입견이 개입해 자칫 편파적이고 인종차별적 판단을 내리게 만들 수 있다. 공감에서 비롯된 근시안적 행동은 당장에는 상황을 좋게 만들지 몰라도 먼 미래에는 비극적 결과를 초래할 수 있다. 지나친 공감은 어리석을 뿐더러 다수의 입장은 전혀 고려하지 못한다. 폭력을 촉발할 수도 있고 공감이 안 된 타인을 대상으로 전쟁 및 대학살을 일으키는 강력한 원동력이 되기도 한다. 개인적 관계 역시 좀먹어서 영혼을 지치게 할 뿐더러 친절함과 사랑의 힘까지 약화시킨다.

중요한 지적이다. 공감은 바람직하지만 그 한계를 인식할 필요도 있다. 블룸은 예를 들어 공감이 좋은 부모가 되는 데 걸림돌이 될 수 있다고 설명한다. 부모들이 아이들의 고통을 견딜 수 없게 만들기 때문인데 부모라면 당연히 이를 견뎌야 할 때도 있다.

공감하는 경향이 강하면 공정하게 평가하는 능력이나 심지어 도덕적으로 행동하는 능력까지 저해될 수 있다. 숫자에 둔감해지는 것도 그중 한 가지 증상으로 한두 사람을 도울 때에는 도덕적으로 충만해져서 기부도 많이 하지만 더 많은 수의 사람에 대해서는 돕고 싶은 마음이 줄어든다. 그들의 고통에 공감하게 만드는 개인적 이야기들을 얻지 못하기 때문이다.

그린과 블룸의 이론대로 인간이 '나'와 '우리' 사이에서 충돌하는 욕구를 해결하기 위해 두 가지 체계를 발달시켜 왔지만 '우리' 대 '저들'의 관계에는 그리 잘 대응하지 못하는 게 사실이라면 과연 어떤 평가가 바람직하다고 평가할 수 있는가? 두 번째 체계의 접근법만을 옹호해야 하는가? 자녀들의 고통에 침착하게 대응하는 엄한 부모만을 존경해야 하는가? 블룸이나 그린 둘 다 사람들이 그렇게 매정해야 한다고 주장하지는 않지만 신중한 두 번째 체계를 활용하는 게 좀 더 나은 도덕적 평가에 이르는 길이라고 믿는다. 그에 대해 나름의 분명한 논리 또한 갖추고 있다.

하지만 이 논리에는 치명적 한계가 있다. 논리대로라면 호케이와 같은 딜레마에 직면하고도 냉정할 수 있는 건 사이코패스뿐이며 그게 평가의 올바른 방법이라고 말하기 때문이다. 공리주의적 관점에서만 평가하는 것은 어떤 면에서 보면 인간적이지 못하다. 인간적 관점에서 볼 때 순전히 합리성만 추구하는 것은 막장이나 다름없다.

우리는 매정한 사람들을 좋아하지 않는다. 그 정도로 마음을 쓰는 게 과연 적절한 것인지에 대해 평가하더라도 사람들이 속

깊게 보살핀다는 사실을 알고 싶어 한다. 감정에 휘둘리지 않는 것도 좋지만 감정의 개입 전혀 없이 평가를 내리는 능력도 신뢰할 수 없기는 마찬가지다. 철학자 존 도리스와 스티븐 스티치는 버나드 윌리엄스의 이론과 같은 맥락에서 다음과 같이 적었다.

> 실제 인간의 삶에 뿌리내리고 생기를 부여할 것으로 기대되는 종류의 애착과 상충되는 관계, 헌신, 혹은 삶의 목표는 윤리적 개념 측면에서 – 아무리 잘해도 – 우리의 동의를 구하기 어렵다.[84]

블룸은 공감의 한계를 지적했지만 적절한 감정의 개입 없이는 말 그대로 아무런 의미가 없다. 매일 밤 자녀들에게 책을 읽어 주는 부모보다 (명성과 찬사를 좇는) 박애주의적 사이코패스에게 찬사를 보내는 일은 결코 벌어지지 않는다. 공리주의적 관점에서 계산하면 사이코패스가 부모들보다 더 많은 선을 행하지만 인간적 관점에는 맞지 않다.[85] 온전한 인간이 되기 위해선 루퍼트 브룩Rupert Brooke이 쓴 「부엉이The Owl」를 듣고 비합리적이라도 감동을 느낄 수 있는 여운이 필요하다.

부엉이
언덕을 내려온 나는 허기졌지만 굶주리진 않았다.

추운데도 느껴지는 내 안의 온기가 그 증거였다.

북쪽에서 불어오는 바람을 맞아 피곤했는지

지붕 아래 휴식이 세상 가장 달콤해 보였다.

여인숙에서 나는 먹고, 쉬고, 몸을 녹였다.

얼마나 배고프고, 춥고, 피곤했는지 알기에

이 밤의 모든 게 특별하게 느껴졌다.

부엉이의 울음만 빼고, 세상 가장 구슬픈 울음.

언덕을 따라 길게 흐트러지는 울음에는

즐거운 기색도, 즐거울 이유도 들어 있지 않았다.

하지만 그날 밤, 내가 피한 것과

다른 이들이 피하지 못한 것은 분명히 알려주었다.

그래서 나의 음식과 휴식에 소금기가 배어들었다.

부엉이의 울음에 정신이 들었다.

별 아래 모든 이들, 군인과 빈민을 위해

기뻐할 수 없는 부엉이의 울음.

어떤 행동을 할 때 사람들이 잃는 것과 얻는 것을 합리적으로 평가함과 동시에 감정적으로도 반응한다는 사실을 알아야 한다. 브룩은 부엉이에게 유용한 행동은 전혀 하지 않았지만 공

평가받으며 사는 것의 의미

감을 한 덕분에 언제든지 좋은 평가를 받을 수 있을 것이다. 이 같은 정서적, 감정적 반응은 자존감의 원천일 뿐 아니라 의미와 목표가 되기도 한다. 사람에겐 엄연한 취향이 존재하는 만큼 인간이 내린 평가라면 감정이 개입되는 게 마땅하다. 이따금 공정하지 않을 때도 있겠지만 한결같이 공정한 평가만 한다면 이 세상이 무색무취의 공간이 될 것이다. 따라서 감정에 취하면 안 된다는 걸 알고 있다 해도 마치 기계처럼 공리주의에만 연연하는 건 우리가 궁극적으로 이르고 싶은 지향점이 될 수 없다.

어떤 경우든, 심지어 그린과 블룸의 지적대로 두 번째 체계의 합리적 사고가 첫 번째 체계의 충동적 평가를 저지해야 하는 경우에라도 실행은 어려울 수밖에 없다. 우리는 그렇게 진화해왔기 때문이다. 결국 진실과 평판 중 우리 조상의 생존에 더 중요한 게 무엇이었겠는가?[86] 하이트에 따르면 후자임에 분명하다. 사회적 동물 초창기의 인간은 세상을 정확히 인식하기보다 협력해야 하는 사람들 사이에서 긍정적 평가를 받는 것으로 생존 확률을 높였다. 이는 사물의 정확한 인식과 관련된 '탐구적 사고'보다 선입견을 뒷받침할 증거를 찾는 '확증적 사고'를 중시함을 의미한다.

우리는 두 번째 체계의 사고방식을 활용해 첫 번째 체계의 선입견을 억누르려 하지만 여기엔 문제가 있다. 해당 과정이 무의식적으로 일어나기 때문에 이 체계를 변화시킬 정도로 자주 접근할 수가 없는 것이다. 또한 무의식상의 절차다 보니 학습하고 변화하는 데 필요한 일종의 피드백을 얻을 수도 없다. 따라서 자동적으로 일어나는 평가를 저지할 수 있다고 전제해선 안 된다. 심지어 전문 지식을 동원해 이 같은 반응을 견제할 수 있다고 여기는 전문가들이 오히려 일반인들보다도 못하다. 자신의 객관적 능력을 과대평가하는 경향이 있어서 더 큰 한계에 부딪히는 것이다. 대니엘 카너먼이 다소 도발적으로 말한 것처럼 "심리학을 가르치는 것은 대개 시간 낭비다."

두 번째 체계와 같은 도덕적 추론은 합리적이고 냉정한 평가를 내릴 때보다는 남을 설득해야 할 때 전략적으로 이용된다. 그리고 개인의 취향 따라 결정되는 도덕적 평가를 뒷받침해야 할 때 이용되기도 한다. 결국 이 체계의 주요 기능이란 직관적 평가를 정당화할 만한 증거를 찾아주는 (하이트가 말한 대로) 내적 변호사 같은 것이다. 특히, 우리의 평가를 비난하는 이들에게 당당히 내놓을 수 있는 근거를 찾는 게 중요하다. 결국 합리적으로 추론하는 두 번째 체계조차 먼저 내린 결론을 뒷받침함으로써 자신에게 유리한 상황을 만들려는 동기에 지극히 충실하게 작용한다고 할 수 있다.

그렇다면 우리의 두뇌 구조는 왜 이리 이상한가? 지난 5백만 년에 걸쳐 인류의 두뇌가 세 배로 커지는 사이 언어는 물론 추론 능력까지 발달했는데 왜 내적 판사나 과학자가 아니라 변호사가 생겨났다는 말인가? 우리 조상들이 가장 크게 애써왔던 게 진실 규명이 아니었나?[87] 이는 인간이 각자의 평판에 더 신경 쓰도록 진화했으며, 타인에 대한 평가를 논리나 증거에 입각해 변화시키는 건 항상 어렵다는 것을 의미한다.

심리학자 필립 테틀록Philip Tetlock은 전문가들과 일반인들이 평가하고 예측하는 과정을 면밀히 살펴본 뒤 확증적 사고가 탐구적 사고를 항상 이긴다고 결론 내렸다. 지금껏 봐온 것처럼 확증적 사고가 가정을 확인시켜 줄 증거를 찾는 경향이라면 탐구적 사고는 취향과 상관없이 무조건 진실을 추구하는 태도다. 테틀록에 따르면 탐구적 사고가 확증적 사고를 이기는 경우는 다음의 세 가지 상황뿐이다.

1. 결정을 앞두고 관객을 책임질 의무가 당신에게 있다는 사실을 깨달았을 때
2. 관객의 견해를 알 수 없을 때
3. 충분한 정보를 입수한 관객이 정확성을 중시한다고 믿을 때

과학 분야에서는 이를 이용한 구조를 구축함으로써 과학자 개개인의 한계를 극복하고자 한다(실제로 극복한 경우도 존재한다). 이런 조건이 충족되지 않을 경우에는 타인에게 정당화하

거나 변명할 만한 구실을 찾는 게 사고의 핵심 기능이 된다.[88] 타인과 자신을 설득하는 게 가장 중요한 의무가 되는 것이다.

도덕적 평가를 내리는 과정의 특징들에 대해 진화론적 관점에서 낱낱이 분석한 설명들을 모두 받아들일 필요는 없다. 다만 각자의 평가가 틀림없이 맞다는 확신이 들 때마다 인간에게는 자신의 입맛대로 내려진 평가에 확실한 근거를 생성하려는 내적 체계가 갖춰져 있다는 사실을 떠올려야 한다. 우리에게는 보호해야 할 선입견과 편견은 물론이요, 구축해야 할 동맹 관계도 존재하는 것이다.

이 같은 결론은 데이비드 흄이 제시한 인간 본성에 대한 견해를 잘 뒷받침한다. 철저한 자연주의자인 그의 시각은 최근까지만 해도 시대에 뒤떨어지는 것으로 평가받았다. 도덕적 평가가 합리적 절차에 따라 이루어지며 추상적 근거 자체가 도덕적 동기의 원천이라고 주장한 벤담, 칸트 및 플라톤과 달리 흄은 다음과 같이 말했다.

도덕성은 어떤 대상의 추상적 본질이 아니라 개별 존재의 정서나 정신적 취향에 따라 전혀 다르게 결정된다. 달고 쓰고, 뜨겁고 차고의 구분이 각 감각이나 조직의 느낌에 따라 결정되는 것과 같은 맥락이라고 볼 수 있다. 따라서 도덕적 인지는 이해의 차원이 아니라 취향이나 정서의 차원으로 분류되어야 한다.[89]

우리로서는 위의 내용을 이해하기도 힘들고 인정하기는 더 힘들지만, 도덕심리학에서 제기된 증거가 흄의 이론을 잘 뒷받침해준다. 하이트는 인간의 의식적 자아를 거대한 코끼리 등에 올라탄 사람과 같다고 설명했다. 그 장면을 떠올려봐도 알 수 있는 것처럼 코끼리를 원하는 대로 통제하기란 어렵다. 종래의 도덕 이론에 인간의 경험이 충실히 반영되어 있지 않은 이유는 감정을 좇아 움직이는 코끼리는 무시한 채 위에 올라탄 사람에게만 호소하기 때문이다.[90]

세상에 지루한 사람은 없다

삶에서 새로운 상황에 놓이거나 새로운 사람들과 만나면 으레 과거의 편견이나 경험을 떠올리게 된다. 처음 만나는 이들에게 온갖 선입견을 투영하는 것이다. 사실, 누군가를 알아간다는 것은 선입견을 하나씩 거둬들이는 일에 다름 아니다. 그 사람이 어떨 것 같다고 막연히 상상했던 연막을 거둬내고 그 자리에 실제 그 사람을 채워가는 일이다.

　— 안소니 스토르, 브라이언 매기의 『칼 포퍼』

이 인용문에서 우리는 주어진 과제, 그리고 헛된 희망으로 가득 찬 해결책을 엿볼 수 있다. 지금까지 설명한 것처럼 타인에 대한 편견과 예측은 자기 입맛에 맞는 평가, 뒤늦은 합리화만큼이나 끊임없이 발생하고 끼어든다. 안소니 스토르는 이 같은 망상만 없으면 사람을 제대로 보는 법을 배울 수 있다는 희망을 제시한다. 이는 고무적 조언이기는 하지만 결국엔 이상주의에 불과하다. 세상에 편견 없는 사람은 없고 따라서 당신을 온전하게 이해해줄 사람도 존재하지 않는다. 사람들은 항상 편견에 취약하기 때문에 편견의 존재 자체를 부인하거나 사라지길 바라기보다 자신의 평가에 의문을 제기할 줄 알아야 한다. 『위대한 개츠비The Great Gatsby』의 닉 캐러웨이처럼 '평가를 유보하는 건 끝없는 희망을 갖는 것'이라고 생각하는 것이다. 평가를 그만둠으로써 사람들을 고정관념에 가두는 대신 숨 쉬고 발전할 여지를 줄 수도 있다. 하지만 미처 인식하지 못할 때조차 평가에 사로잡혀 있는데 이는 어떻게 보면 인식하지 못하기 때문이기도 하다.

그리고 타인의 결점을 지적하기 전에 당신의 눈에서 뿜어져 나오는 광선부터 생각해보라는 조언조차 행동으로 실천하기 어렵다. 거짓말은 자신을 설득한 이후에 이루어지는 만큼 동기가 무엇이든 당혹감을 느낄 필요가 없다. 로버트 라이트Robert Wright가 저서 『도덕적 동물The Moral Animal』에서 말한 것처럼 "인간은 훌륭한 도덕적 장비들을 다양하게 갖추고 있지만 이를 대개 잘못 사용한다는 점에서 비극이 시작되고 그 사실을 전혀 인지하지 못한다는 점에서 애처로운 신세로 전락한다."[91]

내가 이 장에서 말하고자 하는 내용처럼 도덕주의, 비일관성, 독선, 선택적 충성과 위선은 마치 우리가 일용하는 양식과 같은 존재다. 일상적이고 매사에 평가를 내릴 때에도 고스란히 작용한다.

이 모든 결점에도 불구하고 인간의 평가 패턴과 방식에 대해서는 아직도 할 이야기가 많다. 그 자체로 평가가 되기도 하는 도덕적 직감의 엄청난 힘을 무시해선 안 된다. 여러 시각적 망상을 활용해 인간의 시각적 한계를 보여준 실험처럼 실험 과학자들은 인간 역량의 한계를 분명히 보여줄 것이다. 하지만 조슈아 그린이 날카롭게 지적했듯 이중 처리 카메라의 자동 설정이 얼마나 강력하고 유용한지도 인정해야 한다.

우리가 내리는 평가들에 대한 가혹한 평가를 시작하기 전에 이 같은 직감 덕분에 사회적으로 문제없이 행동하고 협력할 수 있다는 사실을 기억하자. 뉴스는 일상에서 벌어지는 예외적 현상들로 구성된다. '폭력 사건은 시청률 견인차'라거나 '개가 사람을 문 건 뉴스가 안 되지만 사람이 개를 문 건 특종'이라는 한 기자의 말처럼 자극적 사건에 관심이 쏠리고 선량한 소식은 흥미를 끌지 못하는 게 사실이다. 대개의 경우 사람은 개를 물지도 않고, 우리는 그저 어울려 살아간다. 그리고 사람들은 협력한다는 사실이야말로 사람들 입에 잘 오르내리지 않는 이야기다. 대대로 전해져 내려온 도덕적 직감은 이와 같은 협력을 가능하게 했다. 이 글을 쓰고 있는 지금 나는 비행기 연착으로 대기하는 중이고 다른 이들만큼이나 낙담했다. 하지만 모두가 각자 처한 관점에서 세상을 바라보는 와중에도 이 상황에 함께 대처할 수 있는 방법은 발견하기 마련이다. 우리는 이처럼 대부분의 경우 충분히 잘 협력하며 살아간다.

평가하는 인간의 속성에 대해 회의적이든 긍정적이든 평가를 내리거나 받지 않고 존재할 수 있는 방법은 없다. 평가의 상당 부분이 우리가 인식도 못하는 사이 일어나기 때문이다. 따라서 닉 캐러웨이의 철학처럼 평가를 유보한다는 것은 객관적 평가를 내리는 것만큼이나 망상에 불과한 일이다. 심지어 평가를 유보할 때 하는 말을 들어 보면 대개 자기 합리화를 위한 평계 같기도 하다. "나는 너를 평가하지 않아."라는 말은 평가 대상을 제대로 살피지도 않은 채 내심 결론을 내려놓고 정작 책임은 회피하는 것과 다를 바 없다. 쉽게 말해 만약 당신이 나에 대해 어떻게 평가 내릴지 모르겠다고 한다면 '중립성'이라는 연막 뒤에 특정한 오해를 숨기고 있을지도 모르는데, 나로서는 알지 못하므로 그에 대해 문제를 제기하거나 반박할 수도 없는 것이다.

그렇다면 우리는 무엇을 할 수 있을까? 실제 현실이 그렇듯

평가받으며 사는 것의 의미

인간은 끊임없이 평가한다는 사실을 인지하고, 나아가 그 평가라는 게 기껏해야 편협할 뿐이어서 해당 대상이나 상황에 대해 알아갈수록 끊임없이 평가를 수정하는 게 마땅하다는 사실을 기억하도록 하자. 말하자면 누군가에 대한 당신의 견해를 인지하되 그것을 불변의 진리로 결론지어서는 안 된다는 것이다. 언제든지 새로운 근거를 받아들일 수 있는 방법을 찾아보자. 하이트의 조언에 따르면 그중 한 가지는 다음과 같다.

> 최근 소중한 누군가와 겪은 불화를 떠올려보고 당신이 잘못한 건 없는지 생각해보자. (그럴 만한 권리가 있다고 해도) 당신이 무신경하게 굴었을 수 있고, (의도는 그게 아니었다고 해도) 상처를 줬거나, (다 이유가 있었다고 해도) 원칙에 위배되는 행동을 했을 수도 있다. 물론, 머릿속에 자신이 잘못한 장면이 떠오르더라도 이내 내면의 변호사가 끼어들어 다른 핑계를 대고 상대방을 비난할 것이다. 하지만 무시하자. 지금 해야 할 일은 당신의 잘못을 한 가지 이상 찾아내는 것이다.

하이트는 이 같은 절차가 가시를 빼는 것과 흡사하다고 지적한다. "처음엔 아프지만 금세 편안해진다. 특히, 그 과정에서 자부심이 생겨 상대방을 지나치게 비난하고 분노했던 마음이 가라앉기도 한다."[92]

평가를 재고하는 또 다른 방법은 어떤 견해를 갖든 항상 재고의 여지가 있다는 사실에 유념하면서 평가의 가치를 정확히 인식하는 것이다. 언젠가 상당히 어려운 결정을 내려야 하는 순간에 맞닥뜨렸다고 상상해보자. 예를 들어 자녀를 어느 학교에 보낼지, 직장에 입사하기 위해서 다른 도시로 이사를 할지, 혹은 누군가와 같이 살기로 결심할지 등을 결정해야 하는 것이다. 물론, 결정을 내리기 직전까지 다양한 증거와 주장을 접하면서 생각이 바뀔 가능성은 얼마든지 존재하지만 그렇다고 모르겠다는 식으로 대응하기보다는 그때그때 상황에 맞는 판단을 내리는 게 좋다.

이와 마찬가지로 타인을 평가하는 데 있어 최종 결론이란 존재하지 않는다. 새로운 사실들이 언제 등장할지 모르고 끝까지 알 수 없는 사실들도 너무 많기 때문이다. 조셉 콘라드Joseph Conrad도 "나는 지루한 사람을 만난 적이 없다."고 말하지 않았는가. 문제는 우리가 한 가지 이론에 익숙해져 끊임없이 상대방의 행동을 관찰하고 성격을 탐구하는 소설가의 상상력을 잃어버린다는 사실이다.

그런데 역설적으로 끊임없이 평가하고, 또 그 평가를 재고하다 보면 그 의미 자체를 잃어버리기도 한다. 게다가 계속 변하는 마음을 인식하게 되면서 한 가지 견해는 존재할 수 없고, 혹시 갖는다고 해도 왜곡될 수밖에 없다는 평가의 불확실성에 눈

평가받으며 사는 것의 의미

뜨게 된다. 이 과정에서 평가하는 마음이 사라지길 바라거나 지나치게 의존하는 대신 재고하는 태도를 가질 수 있다. 하지만 아무리 그래도 평가는 언제나 그대로 일어난다. 이것이 우리가 이따금 평가에서 도피를 꿈꾸는 이유다.

4. 평가에서 자유로워지기

나는 모든 이들의 평가를 귀담아 듣는다.
하지만 기억나는 한
지금껏 내가 따른 건 나 스스로 내린 평가뿐이다.

- 미셸 드 몽테뉴 Montaigne, Michel De

바그다드에서 보낸 어린 시절, 나는 가족과 함께 야외 수영장, 음식점과 테니스 코트가 어우러져 있고 언제나 햇빛이 밝게 내리쬐던 알위야 클럽에 자주 갔다. 이라크에서 가장 행복했던 기억을 꼽으라고 한다면 아마 그곳에서 보낸 시간일 것이다. 저녁 시간의 하이라이트는 야외 영화 감상으로 대형 화이트스크린에 상영되는 영화를 잔디밭에 줄지어 놓은 접이식 의자에 앉아 관람하고는 했다. 당시 다섯 살이었던 내게는 얼마나 짜릿한 경험이었는지 항상 눈을 크게 뜨고 집중했던 기억이 난다. 그중에서도 나는 자주 상영됐던 디즈니 애니메이션 〈정글 북The Jungle Book〉을 가장 좋아했다. 다양한 모험과 등장인물들, 내용과 노래는 물론 모글리가 정글에서 누리는 자유까지 모든 것이 좋았다.[93] 다섯 살인 나도 모글리처럼 어른 세상의 제약이나 규칙에서 벗어나 다른 사람들 눈치 따위 보지 않고 길들여지지 않은 채 살아갈 수 있다고 착각에 빠지기도 했다.

이 영화는 러디어드 키플링Rudyard Kipling의 원작 『정글북』과 『정글북2』를 각색한 수많은 작품들 중 하나로 야생에서 거리낄 것 없이 자란 한 아이가 점차 의무와 책임을 받아들이는 법을 배워 가는 이야기다. 키플링은 모글리의 자유분방함을 마음껏 표현하는 와중에 교훈을 주는 것도 잊지 않아서 이 이야기가 절제와 인내를 배움으로써 어린 시절의 상상력을 억누른 채 살아가야 하는 어른들을 위한 것임을 강조한다. 정글 세상을 자유롭게 누비던 모글리에게도 유년기의 모든 것과 작별해야 하는 순간이 닥친다. 키플링의 친구 로버트 베이든 파월이 보이 스카우트 운동에 영감을 준 이야기로 『정글북』을 지목한 것도 바로 이 때문이다. 그가 1917년에 쓴 보이 스카우트 핸드북을 보면 상급 학생들은 늑대 클럽으로 명명하고, 대장은 모글리의 늑대 아빠 이름을 따 알레카라고 불렀음을 알 수 있다.

알위야 클럽에서 정글북 영화를 보던 그 수많은 밤, 나는 상상력에 한껏 도취되었을 뿐 금욕주의적 절제를 발휘할 필요 따

그림 4.1 존 록우드 키플링(러디어드 키플링의 아버지)이 그린 모글리, 『정글북2』의 삽화 (1895).

위 느끼지 못했다. 그때는 그야말로 무모함에 휩싸여 있어서 몇 차례나 살이 찢어지고 뼈가 부러지고를 반복한 끝에야 겨우 조심성이라는 걸 배울 수 있었다. 당시 나는 자유로웠고 그 느낌은 여전히 내 안에 살아 있다. 그래서 지금도 관습, 규정과 기대에 연연하지 않을 수 있어야 한다고 느낀다. 아무런 도움도 없이 자유롭게 날아오르는 나, 남의 평가에 전혀 신경 쓰지 않는 나를 지금도 상상한다.

오늘날 지나치게 따뜻하고 안전한 환경에서 빡빡한 일정을 소화하며 살아가는 아이들을 보면 한때 '빈둥댄다'고 표현했던, 아무것도 정해지지 않고 아무도 지켜보지 않는 시간이 그들에게 더 많이 주어졌으면 하는 바람을 갖게 된다. 뿐만 아니라 아이들이 가진 본질적 다름을 축복해줘야 한다고도 느낀다. 아이들을 바라보며 부모나 서로 간에 닮은 점들을 찾기보다는 그들이 부모와는 전혀 다른 독특한 존재라는 사실을 기억하는 게 좋다. 특히 어릴 때에는 사회적 규범에 한창 저항하기 마련이다. 어른 세상의 관습이 그들의 눈에는 얼마나 이상해 보이겠는가. 윌리엄 제임스는 세상을 처음 마주한 아기는 '엄청나게 지독하고 시끄러운 혼돈'을 느낀다고 말하며, 아이의 관점이 당신이나 나의 관점과 얼마나 동떨어진 곳에서 시작되는지 묘사했다.

처음 수년간 아이들은 시간, 규범, 통제 및 의무에 대한 우리의 개념들로부터 완전히 벗어나 존재한다. 평가받는 일에 대해 걱정하는 건 둘째치고 타인의 마음부터 들여다볼 줄 알아야 하는데 몇 년에 걸친 발달이 이루어진 후에야 이런 능력이 생긴다. 혹독한 성장기를 거치면서 어린 아이들 특유의 야생동물 같은 자유분방함은 점차 사라진다. 특히 사춘기는 타인의 평가에 유난히 민감하게 반응하는 시기로, 내 딸 안나가 학교에서 이래저래 속해 있는 다양한 무리에 대해 이야기하는 것만 봐도 소속감을 느꼈을 때의 안도나 소외감을 느꼈을 때의 우려를 고스란히 느낄 수 있다.

키플링이 지은 '모글리'라는 이름은 숲의 언어로 '두꺼비'를 뜻하며 온몸이 털로 뒤덮인 친구들과 다르게 그는 벌거벗고 있다는 의미를 전해준다. 돌아보면 모글리는 초사회적 동물의 숨막히는 사회적 규범을 벗어던지고 자유로운 동물적 정체성을 즐겨야 한다는 인생 철학을 제시해주지 않았나 싶다. 그리고 이는 나만의 느낌이 아닐 것이다. 이렇게 도피하고 싶은 욕구로 인해 우리는 결코 길들여지지 않은 채 관습과 타인의 평가에서 자유로운 삶을 살고 싶었던 오래전의 바람을 다시 한 번 느끼게 된다.

최근 만난 한 친구는 초대를 받아 간 저녁식사 자리에서 빳빳한 리넨 식탁보와 그보다 더 빳빳한 종업원들을 보고 위압감을 느꼈다고 했다. 나이프와 포크가 당황스러울 만큼 많은 걸 보고 수프 그릇을 두 손으로 들고 꿀떡꿀떡 마시고 싶은 충동마저 일어났다고 한다. 우리가 동물의 본성, 어지럽고 귀가 먹먹해지는 인간의 소음으로부터 벗어나 있는 야만적 자아에 끌리는 건 사회화되지 않은 인간의 진정한 본질에 호기심을 느끼기 때문일 것이다.

로마를 건국한 것으로 알려진 로물루스와 레무스의 전설부터 타잔에 이르기까지 늑대 소년을 주제로 한 신화나 우화는 수없이 많다. 뿐만 아니라 실제로 문명 세계 밖에 버려진 아이들의 이야기도 관심을 불러일으키기는 마찬가지다. 프랑수아 트뤼포의 영화 〈야생의 아이The Wild Child〉와 베르너 헤어초크의 〈카스파 하우저의 신비The Enigma of Kaspar Hauser〉는 그와 같은 실제 사례를 영화화한 것이다.

리어왕이 '그것 자체'라고 부른 것이 삶의 본래 형태, '환영받지 못한 사람은 가엾고 벌거벗은 모호한 동물에 불과…'[94]하다고 해도 우리는 타인의 끝없는 감시와 기대에서 벗어나 문명에 길들여지지 않은 인간 본연의 자아를 들여다볼 수 있기를 고대한다.[95] 이 장에서는 타인의 평가로부터 자유로워지고 싶은 욕구에 대해 알아보겠다.

인간의 자아가 만들어지기까지

철학자 마크 롤랜즈Mark Rowlands는 늑대 소년의 전설을 실현하기 위해서 새끼 늑대 한 마리를 입양해 11년간 매일같이 동고동락한 생활에 대해 이야기한다. 회고록 『철학자와 늑대The Philosopher and the Wolf』에는 그와 늑대가 얼마나 강력하게 결속되어 있었는지 생생하게 묘사되어 있다. 늑대 브레닌은 롤랜즈가 요리할 때나 럭비할 때, 심지어 강의할 때까지 매 순간 그의 곁을 지켰고, 이런 브레닌에게 롤랜즈는 그때껏 경험해보지 못한 애정과 존경심을 느꼈다. 브레닌과의 관계에 비하면 인간 세상에서 맺는 관계들은 얄팍하게 느껴질 정도였다. 저서에서 롤랜즈는 어떻게 하면 타인의 마음을 얻을 수 있을지 계산하기 급급한 인간보다 순수하고 정직한 브레닌이 한 수 위라며 찬사를 보낸다.

> 늑대의 본질이자 전부인 영혼을 이해하고 싶다면 늑대가 어떻게 움직이는지 살펴봐야 한다. 슬프고 또 유감스럽게도 나는 유인원의 괴팍하고 볼품없는 언동이 그 안에 놓인 괴팍하고 볼품없는 영혼의 표현임을 깨닫게 되었다.[96]

롤랜즈가 강한 호기심과 중상모략이 복잡하게 뒤얽힌 유인원의 전형적 특징보다 늑대의 순수한 정직함에 깊은 애정을 느낀다는 사실은 인간이 좀 더 늑대 같을 수 있다면 모든 게 얼마나 더 수월할지를 말해준다. 하지만 유인원과 늑대의 격차를 좁힐 수는 없을 듯하다. 인간세계로 들어가 타락하기 이전의 아이를 진정한 야생 소년이라고 할 수 있을까? 위키피디아에 게재된 늑대소년의 정의 중 도입부를 보자.

> 전설이나 허구 속 아이들은 비교적 정상적인 인간의 지능과 기술, 그리고 문명 감각을 타고난 데다 건강한 수준의 생존 본능을 띠고 있는 것으로 묘사된다. 이들이 인간 사회에 진입하는 것은 그리 어렵지 않아 보인다.

『정글북』 후반부, 인간의 문명사회에 합류한 모글리에게서 늑대 소년의 모습은 전혀 찾아볼 수 없다. 그저 전혀 다른 문화 사회에 진입하는 이주자처럼 보일 뿐이다. 인간과 동물의 차이는 끊임없는 논쟁의 대상이 되어 왔고, 인간을 인간답게 하는 특징으로 언어, 앞을 내다보고 계획하는 능력, 도구 사용 능력, 문화적 진보 등 수없이 많은 요인들이 거론된다. 하지만 이 책의 내용과도 연관되는 핵심적 차이라면 인간이 공동체에 엄청난 투자를 한다는 사실을 꼽을 수 있다.

진화심리학자 존 투비John Tooby는 공동체를 이루고자 하는 본능이야말로 여타 동물 왕국과 인간 세계를 극명하게 구분 짓는 요소라고 주장했다. 투비에 따르면 집단을 구성하는 능력인 공동체적 본능 덕분에 비교적 힘이 약한 개인도 사회적으로 우월한 지위에 놓인 남성들과 경쟁 구도를 형성할 수 있다. 집단을 이루면 두 명으로 이루어진 팀이 한 명인 팀을 이기고, 세 명인 팀이 두 명인 팀을 이기는 방식이 가능한 것이다. 반면 동물들은 조화와 협력을 통해 누릴 수 있는 이점들을 인간만큼 잘 알아차리지 못한다. 그 결과 인간은 각자 소속되어 있는 집단의 영향을 상당히 크게 받는다.

> 특정 집단에 소속되기 위해서는 (당신 같은) 누군가에 의해 그 집단의 일원으로 여겨져야 하며 아무도 그렇게 여기지 않는다면 일원이라고 할 수 없다. 심지어 과학처럼 실체가 없는 분야에서조차 공동체를 만든다. 그야말로 정체성에 열광하는 것이다.[97]

그만의 복잡성을 가진 어떤 생명체가 세상을 헤쳐 나가기 위해서는 비교적 명민한 판단력을 갖추고 있어야 한다. 만약 주변 환경을 인지하고 평가하지 못한다면 앞가림을 제대로 할 수 없을 것이다. 자신을 위협하는 포식자와 사냥 대상인 먹잇감 앞에서도 마찬가지다. 위험성을 고려하거나 최종 공격을 위해 질주해야 하는 거리 등을 신속하고 정확하게 판단할 수 있을 때에만 상황에 효율적으로 대처할 수 있다. 동물들은 주변의 사물과 물리적 공간에 대해 판단 내릴 수 있을 뿐 아니라 서로에 대해서도 끊임없이 평가하고 예측할 수 있다. 나무를 오르려고 할 때 단순히 어떤 나뭇가지가 부러지지 않을지 판단하는 것은 물론 고양이가 생쥐를 쫓을 때에는 쥐의 마음까지 읽을 수 있어야 하는 것이다. 그리고 생쥐 역시 고양이의 생각을 예측하면서 경로를 이리저리 바꿔야 한다. 이렇게 지각 있는 대부분의 존재들이 사회적으로 마주하게 될 경우 받은 대로 돌려주는 능력이 자동적으로 발휘된다.

여기서 초점을 다시 인간 세계로 돌리면 상황이 훨씬 복잡해지는 것을 알 수 있다. 언어를 사용하는 초사회적 동물인 인간은 집단 내 협력 및 경쟁을 통해 많은 것을 얻는 단계로까지 발전했다. 덕분에 더 높은 수준의 협력을 달성해 엄청난 이득을 누리게 됐지만 한편으로는 사기꾼과 무임 승차자들이 성공하는 환경도 조성되어 누군가 잘못된 길에 들어설 수 있는 여지도 많아졌다. 따라서 우리는 이제 좀 더 신중하게 예측하고 무의식중에라도 평가를 거듭 재고하는 태도를 갖춰야 한다.

이렇게 생각하고 평가에 거듭 반대되는 생각을 감당하려면 커다란 두뇌가 필요하다. 인간이 다른 포유류에 비해 발달이 덜 된 상태로 태어난다는 사실은 익히 알려져 있다. 아기 사슴이나 송아지는 태어난 지 몇 시간 만에 걷고 스스로 먹이를 먹

평가받으며 사는 것의 의미

기도 한다. 이에 비해 인간의 아기는 태어나고 최소 10년은 지나야 어느 정도의 독립성을 갖출 수 있고 이후 10년을 더 기다려야 완전한 성숙에 이를 수 있다. 인간의 뇌는 다른 포유류의 뇌보다 훨씬 크고 태어난 후에도 계속해서 발달해야 한다. 그래야 직립보행을 하는 인간이 출산을 할 수 있을 뿐 아니라 뇌 역시 사회화 과정을 거쳐야 그 잠재력을 제대로 발휘할 수 있기 때문이다.

뇌의 크기는 포유류의 종류에 따라 다르지만 그중 인간이 단연 가장 크다. 뇌 크기와 큰 연관이 있는 것은 사회적 집단의 크기다. 침팬지는 서른 마리 정도가 집단을 이루고 서로 털을 손질하면서 애착 관계를 유지하지만 인간은 150명 이상이 집단을 이루고도 소속감을 유지하고 서로를 알아볼 수 있다. 인류학자 로빈 던바는 언어가 발달해 털 손질의 기능을 대신하게 되면서 안정적인 애착 관계를 형성할 수 있는 인간의 수가 극적으로 늘었다고 설명한다.[98]

하지만 무려 150명의 사람들을 관리하려면 멀찍이 떨어져서도 효과를 낼 수 있는 조치가 필요하다. 로빈 던바는 그 역할을 하는 것이 거리와 상관없이 평판을 좌우할 수 있는 인간의 독특한 체계인 소문이라고 주장한다. 누군가 비밀은 다른 한 사람에게만 귀띔해주는 이야기라고 비꼬아 말한 적이 있다. 비밀을 발설하는 개인의 습관을 인구 전체에 적용해보면 사람들 사이에 감시 체계가 발달해 오히려 신뢰와 사회적 협력의 밑바탕이 구축된다는 사실을 알 수 있다. 따라서 평판은 말이 입에서 입으로 전해지면서 달라지게 마련이다.

인간은 독특한 동물이다. 앞 장에서 인간이 자신들이 세상을 객관적으로 바라본다는 순진한 현실주의에 빠져 스스로를 합리적 개인으로 여기는 경향이 있다고 말했다. 그리고 우리는 어떤 물에서 헤엄치고 있는지 알지 못하는 물고기처럼 사회적 현실을 직시하려 애쓴다. 그런데 만약 직시하지 못하면 약간의 의식적 사고 밑에서 거대하게 이루어지는 무의식적 작용 역시 무시하게 된다.

심리학 분야에서 백여 년간 연구가 계속된 끝에 프로이트는 두뇌의 주인이 자아가 아니라는 결론을 얻어냈다. 앞에서 살펴봤듯 내재적 선입견, 인식적 망상과 도덕 심리학에 따르면 인간이 특정한 방식으로 행동하고 또 사고하는 이유를 스스로 분명히 파악하고 있는 것은 아니다. 수세기 전 플라톤 시대 당시 많은 이들이 이성과 감정의 관계, 그리고 이 두 가지가 인간의 평가에 어떻게 얽혀 있는지에 관해 논의를 벌였다. 한편에서는 평가에 가장 큰 영향을 미치는 게 이성이라고 결론지었지만 다른 한편에서는 데이비드 흄과 같은 사상가들이 "이성은 항상 열정의 노예일 수밖에 없다."고 주장했다.

앞 장에서 제시한 증거에 따르면 흄의 결론이 옳았다고 할

평가받으며 사는 것의 의미

수 있다. 특히 옳고 그름에 관한 문제로 서로를 평가할 때 사람들은 일단 감정적 직관에 따라 결론을 내리며 그 후에야 결론에 맞는 논리적 근거들로 포장한다. 공동 저서『이성의 진화The Enigma of Reason』에서 위고 메르시에Hugo Mercie와 당 스페르베르Dan Sperber는 근거라는 것이 본래 논란을 일으키는 방식으로 수집된다고 지적했다. 앞 장에서 논의했듯 인간은 다양한 선입견과 경험에 쉽게 휩쓸리는 경향이 있는데 사람들이 원하는 것은 추론의 논리성이 아니라 설득력이기 때문이다. 이 부분에 대해서는 조너선 하이트가 날카롭게 묘사했다. "사실 우리가 사는 세상을 구성하는 건 바위, 나무 등의 물체가 아니다. 모욕, 기회, 지위의 상징, 배신, 성인(聖仁)과 죄인들이다."[99]

우리는 늑대와 달리 타인을 얼마나 능숙하게 평가하고 반대로 타인으로부터 얼마나 좋은 평가를 받느냐에 따라 삶의 질이 크게 달라진다는 사실을 깊이 새기며 세상을 살아가야 한다. 평가가 편협하기도 하고 왜곡될 때도 있지만 모든 사람이 동일한 평가 기술을 갖고 있는 것은 아니다. 남들보다 눈치 빠르고 통찰력이 좋은 데다 관심도 많아서 누군가를 평가할 때 더 많은 근거를 제시할 수 있는 이가 있는가 하면, 자신 이외에는 아무런 관심도 없는 이들도 있다. 결국 시간과 관심은 한정적이고 그 사람에 대해 모든 걸 알 수 없는 만큼 평가의 한계를 극복할 수 있는 방법은 존재하지 않는다.

사람들은 평가의 세계에서 벗어나길 원하지만 어쩔 수 없이 갇힌 채 서로 충돌하는 동기와 부분적 인식을 바탕으로 나름의 평가를 내리며 살아가고 있다. 인간을 구성하는 자아에는 소속된 사회와 인간관계가 그대로 반영되어 있어서 늑대 소년은 명칭 자체도 모순될 뿐더러 현실성도 없는 존재로 다가온다. 인류학자 클리포드 기어츠Clifford Geertz는 문화를 '행동을 조정하기 위한 통제 체계'[100]로 묘사했다. 여기서 인간이 그와 같은 족쇄를 벗어던지고 싶어 하는 이유가 더 확연히 드러난다.

하지만 기어츠에 따르면 거의 모든 다른 동물들은 통제 체계가 생물학적으로 입력되어 있는 데 반해 인간은 모글리의 경우처럼 후천적으로 학습된 문화에 '필사적으로 의존'하며 특정한 사회 환경 내에서만 '스스로를 완성'할 수 있다. 그래서 문화의 굴레에서 벗어난 인간은 새처럼 자유롭기는커녕 쓸데없는 본능과 보잘 것 없는 정서 및 지능을 가진 '덩치만 큰 무용지물의 존재'가 되고 말 것이라는 게 기어츠의 결론이다. 이런 점에서 인간과 동물 세계 사이의 균열은 메우기가 쉽지 않아 보인다. 비트겐슈타인 역시 이 점을 인지하고 "만약 사자가 말할 수 있다고 해도 우리가 이해할 수는 없을 것"이라고 우회적으로 표현했다.[101]

삶에서 보편적으로 진실인 사항은 인위적인 것들을 모두 떨쳐내는 데 초점을 맞추더라도 여전히 진실이기 마련이다. 대부분의 사람들이 독립적으로 움직이고 진실하며 고유한 존재라고 말하지만 이 또한 그들이 속한 문화적 맥락 속에서 이루어지는 평가다. 소설가 스탕달이 '자연스러워지는 것'에 허무하게 집착했던 사례를 보자. 그는 "머릿속에 드는 생각은 무엇이든 꾸밈없이 간결하게 말하는 한편 자신의 이야기에 영향력이 있기를 바라지는 않기로" 결심했다.[102] 그리고 이에 성공하기 위해서는 "나의 무심함을 보여주는 법을 배워야" 한다고 생각했다. 하지만 이 같은 이상 속에서도 우리는 모순되는 지점을 발견할 수 있다. 무심함을 배운다는 것은 편안해 보이려고 노력하는 것, 그러니까 "의지의 문제가 아닌 것을 억지로 어떻게 해보려는" 것을 말한다. 심지어 '진실함'을 전달하려고 해도 다른 사람들의 언어에 얽매이게 되어 있다.

결국 우리는 어떤 방식으로든 사회적 영향에서 자유로울 수 없다. 그럼에도 불구하고 늑대 소년에 대한 환상은 지속된다. 비록 가능성은 없다고 해도 활기를 주는 자유를 향한 깊은 갈망을 다양하게 일으키기 때문이다. 타인의 시선으로부터 도피하고 싶은 욕구뿐 아니라 자유롭게 스스로를 창조하고 극복하고 싶은 욕구까지 자극한다. 사회 구성원이 되려면 옷을 입어야 하지만 자신을 옥죄는 의복을 벗어 던지는 꿈 역시 여러 의미를 갖는다. 타인의 기대에 순응하지 않는 저항적 정서의 이면에는 매일같이 마주치는 사람들이 아무리 끈질기게 평가해도 개의치 않는 강력하고도 창의적인 충동이 놓여 있다. 규칙을 위반하고 권력을 훼손하는 한편 개인의 목소리에 힘을 실어주고 싶은 욕구는 우리 삶에서 가장 풍요롭고 만족스러운 경험을 선사할 것이다.

예이츠Yeats의 시 「외투A Coat」는 이렇게 구속을 떨쳐버리도록 권유한다.

> 나는 내 시로 외투를 지었다
> 땀땀이 수를 놓았다
> 옛 신화를 담아
> 발목에서 목깃까지
> 그런데 얼간이들 그 외투를 집어서
> 세속의 눈으로 입고 다닌다
> 시, 아무려나 입어 보라지
> 거기엔 더 많은 의도가 있으니
> 걸어 다닐 때 알몸이 비쳐 보이도록

늘대만큼이나 자유롭고 자연스러워질 수는 없지만 예이츠 같은 예술가들은 인간이 창조한 문화 속에서도 자유로울 수 있는 방법들을 보여주었다. 하지만 결국 그도 사랑하는 이에게는 "사뿐히 걸으소서, 그대 밟는 것 내 꿈이오니"라고 속박을 노래

한 시인이었다. 자유를 향한 예술적 충동은 타인의 평가를 포기하는 것으로 규정되기도 한다. 사실 별나고, 고유하며, 골치 아픈 대부분의 사람들보다 덜 거슬리는 예술가들은 수없이 많다. 문학평론가 해롤드 블룸은 '영향을 미쳐야 한다는 강박'에 사로잡히지 않고 오히려 그런 것들을 무시하고 본연의 고유함을 지니는 시인이야말로 '거장'이라고 묘사한다. 그리고 거장들이 자신들의 신선한 상상력으로 채울 공간을 만들어내기 위해 선구자들의 작품들을 잘못 해석한 것을 '오독'이라고 규정한다.

예술가들은 (관습을 포기함으로써) 일종의 진실성을 도모하고, 진실을 위해 일상적 책임을 희생한다. 1892년 자서전 『거짓의 쇠락The Decay of Lying』에서 오스카 와일드는 "거짓, 아름답지만 진실이 아닌 것을 이야기하는 행위는 예술의 적절한 목표"라는 사실을 축복하면서 '정확성에만 빠져들' 위험에 대해 경고했다.

하지만 이 같은 반항적 영혼은 예술가와 시인들만을 위한 것은 아니다. 사람들은 각자 제멋대로이고 창의적인 무의식을 갖고 있으며 합리적 자아가 억제되곤 한다는 사실을 프로이트가 밝혀냈다. 이렇게 '천재를 대중화했기 때문에' 모든 사람들이 이따금 복잡성이라는 불온한 우물에서 물을 떠 마실 수 있다는 사실을 우리는 깨닫게 되었다.[103] 프로이트 덕분에 인간의 자아상이 비합리적이고 무례하며 용납할 수 없는 자아를 수용하도록 확장된 것이다. 그렇게 사람들은 다른 이들이 나에게 갖고 있는 이미지와 다른 은밀한 면모들을 갖고 있다. 자아 파괴적 충동이나 기묘한 환상, 특정한 불안과 집착 같은 것들 말이다. 심리분석학자 도날드 W. 위니캇Donald W. Winnicott는 "만일 우리가 제정신으로만 존재한다면 빈곤한 영혼"이라고 주장함으로써 우리 안의 미개하고 제멋대로인 면모들에 경의를 표했다.

그리고 이보다 덜 극적으로 타인의 평가에서 벗어나는 방법들도 존재한다. 그 이상적 조언들은 일상을 장악하고, 남들이 가지 않은 길을 가며, 내면의 힘을 발산해야 한다는 등의 내용을 담고 있다. 이 조언은 모두가 알고 있는 것을 다시 말할 뿐이며, 긍정적 사고와 회복 탄력성의 힘을 통해 자기 의심과 자기 비난의 속박에서 벗어나야 한다고 주장한다. 마치 이것이 순전히 의지만으로 가능한 일인 것처럼 말이다.

평가에서 도피할 수 있는 일상적 전략으로는 TV 보기, 술, 마약과 섹스 등 흔해 빠진 오락거리들을 들 수 있다. 어떤 이들은 명상을 통해 효과를 얻기도 하고, (당신이 자기중심적이고, 정확한 세계관을 갖고 있지도 않으며, 결국 당신에 대해 진지하게 생각하는 사람은 거의 없다는 사실을 깨닫는) 자아 회의론을 설파하는 동양철학이나 스토아 학파의 접근법에 심취하기도 한다.

우리는 자신을 속박하고 애처롭게 만드는 평가에 집착할수록 폐해가 생기며, 평가에서 벗어날 수 있다는 상상만으로도

평가받으며 사는 것의 의미

깊은 만족감을 누릴 수 있다는 것을 인지해야 한다.

나를 가장 괴롭게 하는 것은 누구인가

타인의 평가가 피곤한 이유 중 하나는 누가 가장 중요한 관객인지 결정하기가 어렵기 때문이다. 특정한 누군가의 의견에 그렇게 연연할 필요가 없다는 생각을 해본 적 있지 않은가? '실제의' 당신을 제대로 평가하기에 그들은 너무 무지하고 불친절하다. 그런데도 그들의 의견이 당신을 괴롭게 한다고? 나는 초등학생 시절이던 1976년에 시험에서 커닝을 했다고 나를 몰아붙이던 수학 선생님을 아직까지 기억한다. 이런 사소한 사건 따위 그 선생님은 진작 잊었을 게 분명한데 말이다. 이처럼 타인이 내게 갖는 권력이란 설명하기도, 피해가기도 어렵다. 그리고 관객의 잠재력을 가볍게 보아 넘기려다 결국 자멸하기도 한다. 호통을 치던 아빠에 대한 기억, 거슬리는 동료의 의견 등을 별것 아니라고 치부하다 보면 나 자신에 대한 무력함만이 드러나기 때문이다.

새로운 누군가를 좋아하게 되면 종종 자존감에 혼란이 일어나곤 한다. 소중한 타인의 예측할 수 없는 시선이 중요해지기 시작하면 흥미, 의무와 우정까지도 뒷전으로 밀려난다. 심지어 스스로의 합리적 두뇌가 나의 색다른 모습에 움찔 놀라더라도 원래 그랬다고 포장하며 그 사람으로부터 좋은 평가를 받기 위해 애쓴다. 내 친구가 지질학, 포크 음악이나 현대문학에 갑작스런 흥미를 보일 때마다 그가 새 여자 친구가 생겼다는 사실을 알 수 있었다. 새로운 사랑은 항상 가장 강력한 관객이며 우리가 진심으로 신경 쓰는 건 소중한 타인의 평가뿐이다.

같은 맥락에서 별 영향력이 없는 사람들의 좋은 평가는 신경 쓰지 않는다는 사실은 절망적이다. 선의의 친구들이 보낸 축복을 어떻게 여기는지 생각해보면 마땅한 중요성을 부여하지 않는 게 현실이다. 가까운 사람들로부터 좋은 이야기를 들을 거라고 예상하고 있을 때 실제로 좋은 이야기를 들으면 당연하다는 듯 하찮게 여긴다. 처음부터 '당신 편'으로 분류되어 있던 사람들은 아무리 많은 갈채와 칭찬을 보내도 당신의 자존감을 높이는 데 별로 기여하지 못한다. 사실 이들의 평가에는 사회적 고통의 위험이 동반되지 않기 때문에 아무리 좋은 소식도 기쁨을 주지 못하는 것이다. 흠모하는 팬들로 구성된 관객은 당신이 당연하게 여길수록 무력해져 간다. 평가란 나쁜 평가를 받을 위험이 존재할 때에만 중요성을 갖기 때문이다.

나쁜 평가에 더 큰 중요성을 두고 반응하는 것은 그것이 진실하지 않을 이유가 없다고 생각하기 때문이다. 나쁜 평가는 듣기에 거북하지만 좀 더 진실한 정보의 원천일 가능성이 높으며 따라서 더 큰 중요성을 띠게 된다.[104] 이 때문에 '부정적 피드백'에 대한 조언이 그렇게 만연하고, 비판에 약간의 칭찬을 섞어 상대방을 불안하게 만드는 것이 사람들을 움직이는 효과적인 수단으로 사용되는 것이다.

앞서 설명한 자유롭고 싶은 욕구는 뜻대로 통제되지 않는 관객들에게 계속 지배당하고 싶지 않은 마음에서 비롯된다. 하지만 이 같은 욕구의 이면에는 사실 모든 이들의 찬사 따위 필요로 하지 않는 듯 보임으로써 최고의 찬사를 획득하고 싶은 진짜 속마음이 놓여 있다. 이 점에서 자유와 평가는 떼려야 뗄 수 없는 관계다.

저서 『후디니의 상자Houdini's Box』에서 아담 필립스는 최고의 탈출 곡예사 해리 후디니의 삶을 통해 자유를 향한 욕구가 얼마나 변덕스러운지 보여준다. 후디니가 갇히는 상자는 자유라는 망상을 위해 꼭 필요하다. 도피를 향한 희망을 표현하고 추구할 자유, 그리고 강압과 속박에서 벗어날 자유라는 자유에 대한 오래된 철학적 구분 중 대다수에게는 후자로 표현된다. 따라서 후디니는 자유로워지기 위해 자신을 자발적으로 감금한다. 이런 식으로 관객들을 붙들어 두는 것을 한계가 있다. 그가 열심히 노력했고 (정직하고 공정하며) 공부도 열심히 했다는 등 사람들에게 강력한 확신을 줘야 한다. "후디니는 항상 그가 무엇을 하고 있는지, 무엇을 해야 하는지, 관객들의 회의가 어디서 비롯되는지 잘 알고 있다. 학위나 사회적 지위 등 번듯한 명함은 하나도 없는 후디니로서는 설득 이외에 할 수 있는 게 없다."

우리도 마찬가지다. 결국 자유로워지고 싶은 욕구란 그에 대한 찬사를 얻기 위해 노력하는 또 다른 방법에 불과하다. 우리가 문화의 일원이며 진정 그 문화에 편입되기 위해서는 그 문화의 방식을 습득하고 가끔은 거부하기도 해야 한다는 사실을 배우는 순간 우리의 삶에 그늘을 드리운다. 관객 없이, 그들의 평가 없이 우리는 아무 의미 없는 존재다. 그리고 실패가 예정되어 있는 자유를 향한 투쟁은 좋은 평가를 받는 데 핵심적이다. 만약 후디니가 처음부터 자유로운 존재였다면 아무도 지켜보지 않았을 것이다.

관객을 관리해야 하는 이유는 우리가 그들에게 다양한 감정들을 갖고 있기 때문이다. 우리는 그들이 필요하지만 다른 한편으로는 그들이 휘두르는 권력에 분노한다. 삶의 각 단계 혹은 일상적 만남에서 타인을 향한 모호한 태도로 분열된 자아가 드러날 때마다 선택을 한다. 한순간 그들을 마주했다가도 이내 등을 보이며 돌아선다. 관객의 취향에 맞춰야 한다는 요구 따위 무시하고 자립적이고, 진실하고, 참신하며, 역설적이고 실험적인 존재로 거듭나겠다는 의지야말로 창의력과 영웅주의가 발현된 근사한 행위로 이어질 수 있다. 하지만 만약에 성공하더라도 차후에는 다시 전복시켜야 할 새로운 표준으로 자리 잡는다. 이는 처음엔 참신했던 비유도 결국 상투적 문구가 되고 마는 것과 같다.

『행복의 패러독스The Happiness Paradox』에서 나는 자유롭고 싶은 욕구와 소중한 사람에게서 좋은 평가를 받고 싶은 욕구가 서로 충돌한다는 사실을 탐구했다. 좋은 평가를 받기 위해, 관객을 통제하기 위해 지나치게 노력하면 실패할 확률이 높다. 결국엔 관객이 그다지 중요하지 않다는 생각이 들 정도로 그들에게 익숙해져서 그들의 평가 역시 더 이상 중요하지 않게 되기 때문이다. 자신에게 향하는 갈채를 조작하는 것은 코미디언이 녹음된 웃음소리에 대고 인사하는 것과 같다. 이는 본질적인 만족스러움이 아니다. 그리고 상대방을 기쁘게 하고자 지나치게 노력하는 것처럼 보여 측은하고 안쓰럽게 보일 수 있다.

따라서 좋은 평가를 받을 수 있는 유일한 길은 반대 방향으로 나아가는 것이다. 누가 보고 있든, 어떤 생각을 하든 상관없이 평가에서 벗어나 자신만의 길을 닦겠다는 반항적 욕구를 향해 가는 것이다. 주위를 살피며 동의를 구하는 일 없이 자신만의 계획을 추진할 때에만 좋은 평가를 받을 자격이 주어진다. 그런데 여기서 모순이 더 명확해진다. 자유를 너무 성공적으로 추구하면 관객들의 시야에서 아예 벗어나게 되는 만큼 다시 돌아와 이들을 직면해야 하는 것이다. 이 두 가지 욕구 사이에서 균형을 맞추기는 복잡하고 미묘하다. ' 나는 자유롭고 좋은 평

가도 받았어'라는 명제에서는 둘 사이의 극명한 대조가 드러나
지만 실제 삶에서도 이렇게 명확하게 대비를 이루는 것은 아
니다. 오히려 둘은 서로 구분할 수 없을 정도로 뒤엉켜서 작용
한다. 이 같은 상호작용이 유동적이고 미묘하게 일어나는 만큼
삶의 복잡함을 담고 있는 문학작품을 통해 좀 더 생생하게 느
껴보도록 하자.

자유라는 아름답고 무력한 희망

『휴먼 스테인The Human Stain』에서 필립 로스는 좋은 평가를 얻기
위해 열심히 노력하면서도 평가 자체에서 벗어나고 싶어 하는
망상적 욕구를 놀라울 정도로 섬세하게 그려냈다. 주인공 콜먼
실크는 뉴잉글랜드에 위치한 예술 대학 아테나의 고전문학 교
수다. 많은 업적을 쌓은 그는 심각한 사건에 휘말리게 된다. 수
업에 계속 결석하는 두 명의 학생에 대해 이야기하던 중 그들
을 '유령'으로 지칭했는데, 두 학생이 마침 흑인이었던 바람에
(그들을 한 번도 본 적이 없었기 때문에 시작된 불운이다) 인종차
별 혐의를 받게 되는 것이다. 이 같은 난국에 빠져 있는 내내 콜
먼은 단순히 결석하는 학생들이 유령 같은 존재라는 뜻에서 한
말일 뿐이라고 항변한다. 하지만 결국 설득력을 얻지 못한 채

치욕과 씁쓸함 속에서 교수직을 잃게 된다.

　작가는 네이선 주커먼이라는[105] 내레이터를 통해 콜먼의 과거와 미래를 관찰한다. 그 속에서 콜먼은 '미개한 사회가 자신의 운명을 좌지우지하도록 내버려두는 대신 직접 개척해 나가겠다는 의지로' 타인의 평가에서 벗어나기 위해 노력하지만 실패를 거듭한다. 그 과정에서 인간은 타인에게 상반된 감정을 동시에 갖기 마련이며, 이따금 직접 선택한 소수의 사람들과 친해지기 위해 평가하는 군중으로부터 등을 돌리는 위험을 감수해야 한다는 사실을 깨닫게 된다. 하지만 이 도피하고 싶은 욕구는 계속해서 군중을 피해 다녀야만 하는 고통을 안겨 주기 때문에 위험하다. 콜먼이 가족, 연인, 동료, 그리고 유일한 동성 친구인 네이선과 맺고 있는 관계들을 통해 배신, 상처, 친밀함, 연결성, 그리고 희망에 대해 많은 것을 알 수 있다. 특히, 콜먼의 이야기는 상대에 대해 모두 안다고 생각하는 얄팍함과 피하고 싶을 때조차 이루어지는 사회적 평가의 복잡함 등 이 책의 다양한 주제들을 보여준다.

　고전문학 교수인 콜먼은 인간의 피할 수 없는 운명에 대해 논하는 그리스 비극에 정통해 있으면서도 자신의 삶에서 불가피하게 맞닥뜨리고 순응할 수밖에 없는 상황들에 분노한다. 그는 결코 그리스 비극의 등장인물처럼 살지 않을 것이며 타인의 기대에 반하는 선택을 할 것이라고 일찌감치 결심했다. "이것이 전능하신 신들이 예정해놓은 것! 실키의 자유. 있는 그대로의 나. 실키 실크로 존재하는 것의 모든 신비함." 하지만 그의 도피로가 막다른 골목이었던 것으로 판명날 때마다 그가 타인의 오해로 얽힌 덫에 빠져 있는 모습을 보게 된다. 콜먼이라는 존재의 신비함, '있는 그대로의 나'는 내레이터인 네이선의 목소리를 통해서만 엿볼 수 있다.

콜먼은 인간의 문화에서 벗어나고 운명과 묵인에 갇혀 있는 느낌을 떨쳐내고 싶어한다. 처음엔 이해할 수 없는 타인의 시선으로부터 자유롭고 싶은 충동에서 시작된다. 하지만 콜먼은 고유한 동기를 갖고 있다. 살아오는 내내 감춰야 했던 비밀이 그에게 있는 것이다. 사실 그는 (자신의 진짜 정체성을 들키지 않을 만큼) 밝은 피부색의 흑인이었고, 백인의 삶을 살기 위해 가족을 거부하는 것을 비롯해 모든 위험을 감수했다. 이렇게 강력한 의지로 모두를 속여 자신의 출신과 민족성을 부인하는 과정에는 많은 희생이 뒤따랐다. 이 작품에는 스스로 및 타인의 평가와 더불어 모든 평가에서 벗어나기 위한 시도들이 반복적으로 등장하며 잘 묘사되어 있다.[106]

콜먼이 자신의 흑인 정체성을 저버리고 백인의 삶에 편입하기로 결정한 시점이 언제인지는 정확히 말하기 어렵다. 단, 한 가지 전환점이 된 사건은 권위적이었던 아버지의 죽음이다. 진실하고 강직하고 말수가 적었지만 소중한 관객이었던 아버지를 잃은 것이 콜먼에게는 일생일대의 사건이었던 것이다. 아버지가 돌아가시자 콜먼은 다음과 같은 상태에 빠진다.

> …더 이상 아버지가 자신을 제약하거나 행동의 범위를 한정해주지 않는다는 것은 어디를 둘러봐도 벽시계는 물론 모든 손목시계가 멈추었고 지금이 몇 시인지 알지 못하게 된 것과도 같았다… 원하든 원치 않든 콜먼을 위해 콜먼의 이야기를 만들어나가고 있었던 것은 바로 아버지였다. 하지만 이제 콜먼은 자신의 이야기를 스스로 만들어나가야 했다. 그는 그런 생각에 잔뜩 겁에 질리고 말았다…

그런데 이내 상황은 달라진다. 자유에 대한 두려움이 원하는 대로 무엇이든 할 수 있을 것 같은 힘과 자부심으로 바뀐 것이다. 강력한 관객으로부터 해방되자 그는 스스로를 검열하는 시선에서도 자유로워짐을 느낀다. 뿐만 아니라 내면에서는 더욱 긍정적인 자유가 불타오른다. 여기서 긍정적 자유란 도덕적 관점에서 말하는 게 아니다. 강압과 속박으로부터의 자유가 아니라 표현하고 추구할 자유로 알려진 적극적 형태의 자유다. 이 같은 자유는 강력한 만큼 비도덕적이고 예측할 수 없는 방향으로 나아갈 수 있다. 콜먼에게 아버지는 수년간 양심의 목소리로 존재했지만 이제 그 자리는 공석이 되었다.

두 개의 커다란 벽이 모두 사라진 지금 – 형은 해외에 파병나가 있고 아버지는 이 세상 사람이 아니다 – 콜먼에게는 다시 권력이 주어졌다. 뭐든 되고 싶은 대로 될 수 있고, 중요한 목표를 자유롭게 추구할 수 있고, 개별자로서의 자신이 될 수 있다는 확신이 마음속에 웅크리고 있다. 그의 아버지라면 감히 상상도 할 수 없었을 만큼의 자유로운 상태다.

이 방종한 자유의 혼란스러운 특징은 부친의 억압적 제약과 대비되어 훨씬 극적으로 나타난다. 하지만 이와 같은 해방이 선사하는 흥분과 함께 혼돈도 찾아온다.

그의 아버지가 자유롭지 못했던 것, 그만큼 반대로 누리게 될 자유. 아버지로부터, 뿐만 아니라 아버지가 견뎌내야 했던 모든 것으로부터도 자유로운 상태. 강요. 굴종. 방해. 상처와 고통과 잘난 척하는 태도와 수치심, 실패와 패배감이 주는 마음속의 모든 고통. 그런 것들 대신 넓은 무대에서 자유를 누린다. 하고 싶은 것을 마음대로 하고, 엄청난 존재가 될 수도 있다. 우리, 그들 그리고 나라는 대명사들의 무한함, 자기의 본질을 깨달을 수 있게 해줄 연극을 펼칠 수 있는 자유로움.

이제 부친의 공백을 메우는 건 콜먼의 몫이다. 부친의 죽음 이후 콜먼은 대학교를 중퇴하고 해군에 입대한다. 흑인이 아닌 백인으로서 모험에 뛰어든 것이다. 하지만 새롭게 발견한 이 자유를 위해선 대가를 치러야 한다는 사실을 그는 깨닫는다. 더 이상 거칠 것이 없어진 그가 새로 선택한 세상에는 절망적일 만큼 격정적인 드라마가 기다리고 있었던 것이다. 자신을 속박하던 족쇄로부터 풀려난 그는 이제 아무런 제약 없이 어디든 가고 무엇이든 할 수 있다. 하지만 나침반, 지도와 근본적 기준점이 갑자기 사라지면 일관성을 유지하기 어려울 수밖에 없다. 어린 시절부터 강력한 관객이었던 아버지의 자리는 결코 쉽게 잊힐 수 있는 것이 아니었다.

어느 저녁, 그는 백인들만 출입할 수 있는 술집에서 만취해 그가 흑인임을 알아본 경비원들과 몸싸움을 벌인다. 그리고 신체적, 정신적 고통으로 만신창이가 되고 필름까지 끊긴 상태에서 자신의 피부에 미 해군 문신을 새긴다. 이후 그는 그날 밤이 생애 최악의 밤이었다고 결론짓는데 그렇게 사기가 땅에 떨어져 있을 때 자기혐오로 점철된 비난이 아버지의 음성으로 들려온다. 강력한 관객이었던 만큼 돌아가신 지 한참이 지났음에도 그는 '강직한 남성의 명백한 유산'이라는 오만한 망상에 시달리며 겁을 먹는 것이다. 좌절한 콜먼은 그제야 자유를 택하며 사랑하는 가족에게 주어야 했던 상처를 직시하게 된다. 프로이트의 용어를 빌려 표현하면, 그의 이드Id가 자신을 마음껏 표현하도록 내버려뒀다는 이유로 슈퍼에고Super Ego를 점령한 아버지가 벌을 내린 것이다.

> 콜먼, 이게 바로 존재에 대해서 보다 깊은 의미를 찾기 위해 나섰던 네가 맞닥뜨리게 된 상황이냐? 너는 사랑으로 충만한 세상을 품었던 건데, 이런 꼴이 되기 위해 그걸 버렸구나! 네가 저지른 짓을 봐라! 너는 단순히 자신에게만 그런 슬프고 무모한 짓을 저지른 게 아니다. 우리 모두에게 그렇게 한 거지… 무슨 대단한 일을 또 꾸미고 있는 거지, 콜먼 브루투스? 다음에는 누굴 현혹시켜서 버리려는 거지?

콜먼 실크의 가운데 이름인 브루투스는 불충한 본성을 지녔고 비극적 운명을 피하지 못한 고전문학 속 인물을 떠오르게 한다.

이 같은 잡념이 자꾸만 끼어들어 고통이 떠나지 않는데도 콜먼은 계속해서 사람들을 속이고, 제대 후에는 스티나 팰슨이라는 한 아름다운 금발의 백인 여성과 깊은 관계로까지 발전한다. 스티나는 콜먼을 당연히 백인으로 여기고 콜먼 역시 그녀와 사랑에 빠지면서 잠시나마 자신을 완전히 독점하게 된다. 네이션 주커먼은 스티나가 "위력으로 치자면 사실상 부두교 마법과 맞먹을 만한 힘을 발휘하며… 콜먼이 자신의 의지를 무자비할 정도의 독립적인 것으로 만들어놓은 것만큼이나 그녀 또한 콜먼의 의지를 놀라울 정도로 훌륭하게 지배하고 있었다…"
고 설명한다.

스티나를 만나면서 콜먼은 욕정, 사랑과 관계의 거대한 힘을
깨닫지만 자신의 비밀을 들킬지 모른다는 두려움에 시달리기
도 한다. 콜먼에게 타고난 신체는 굳이 평가가 아니고도 누군
가를 잃게 만들 수 있는 결정적 약점이었다. 하지만 본연의 동
물적 자아로 존재할 수 있는 섹스라는 행위를 통해 그런 자신
을 의식하지 않은 채 스티나와 관계 맺을 수 있다는 사실을 발
견했고, 덕분에 불안을 잠시나마 묻어둘 수 있었다. 섹스를 하
는 것은 누군가를 '알게 되는 것'이라는 성경적 정의가 있지만,
여기서 섹스는 누군가를 아는 것보다 받아들인다는 의미가 더
크다. 이 맥락에서는 신체적 연결성에 인지(認知)가 포함되지
않는다. 머리와 심장은 제쳐둔 채 그저 몸만 밀착하고 있는 것
일 수 있다. 하지만 콜먼은 스티나와 이렇게 육체적으로 뒤엉
켜 있지 않을 때면 진실을 들킬까 봐 끊임없는 두려움에 시달
렸다. 하루는 스티나가 자신에 대한 느낌을 표현한 시(詩)를 발
견하고 충격에 빠진다. '목neck'이라는 단어를 '흑인negro'으로 잘
못 읽은 것이다. 실수라는 것을 깨달을 후에도 혹시 그녀가 자
신의 비밀을 눈치 챈 낌새는 없는지 시를 읽고 또 읽는다.

결국 콜먼은 들킬지 모른다는 두려움 때문에 자유를 온전히
누릴 수 없음을 깨닫고 전환점을 맞이한다. 만약 그녀와 함께

하는 삶을 꿈꾼다면 더 이상 숨겨선 안 되며, 그래서 진실을 털어놓기 위해 그녀에게 자신의 흑인 가족을 소개하기로 결심한다. 가족과의 만남은 다소 긴장되고 어색하기도 했지만 대체적으로 잘 마무리되는 듯했다. 하지만 집으로 돌아가는 기차 안에서 그녀는 눈물 흘리며 '못하겠다'고 말하고 떠나버린다. 받아들여질 것이라는 그의 희망은 산산조각 난다. 그리고 자신의 삶을 얼마든지 적극적으로 개척할 수 있다는 강력한 믿음에도 불구하고 패배한 그는 "운명이라는 게 얼마나 우연에 좌지우지되는 것인지… 한편으로는 의도하지 않은 상황과 대면했을 때 운명이라는 게 얼마나 우연에 의한 것처럼 보이는지를 이해하게 되었다." 그리스 고전에서 그랬던 것처럼 운명은 그의 단순한 의지보다 더 큰 힘을 지닌 것으로 판명된다.

그는 두 번 다시 실수하지 않을 것을 다짐한다. 자신의 오점을 털어놓으려고 했다 크게 데인 콜먼은 교훈을 얻고 필연적으로 부정과 기만의 삶을 살게 된다. 그래서 아이리스를 만나 결혼하기로 결심했을 때 그는 그녀의 문화와 종교에 걸맞게 유태인 백인 남성의 정체성을 구축하기로 마음먹는다. 이를 위해 자신의 인생에서 가족을 아예 제거하기로 하고 부모님은 돌아가셨다고 말한다. 뿐만 아니라 어머니에게도 자신의 끔찍하고 가슴 아픈 선택에 대해 털어놓는다. 이야기를 듣던 어머니는 자신의 손자손녀들을 결코 볼 수 없을 거라는 사실을 깨닫는다. 콜먼은 일요일이면 아이들을 데리고 공원을 산책할 테니 어머니에게 공원 한 구석에 앉아 아이들을 지켜보라고 제안한다. 그녀는 브라운 부인이 되어 공원 한 구석에서 지켜보겠다고 말한 뒤 이렇게 그의 가족과 삶을 철저히 부인하면 자녀들의 머리카락은 산들바람에 날리게* 되는 건지 묻는다.[107]

소설에서 이 장의 제목은 '펀치 받아넘기기'다. 잔혹함이 풍기는 이 제목은 콜먼이 자신의 역사를 벗어던지기 위해 일찍부터 쏟았던 노력을 의도적으로 연상시킨다. 콜먼은 한때 재능있고 노련한 권투선수였지만 링 위에서 상대 흑인 선수를 너무 빨리 때려눕히자 관중들의 볼 거리를 박탈했다는 비난을 받는다. 그때 그는 자신의 정체성을 거부해야 하는 또 다른 전환점을 맞이했던 것이다. 그가 링에서 보여준 폭력성은 자신의 정체성에 연연하지 않기 위해 꼭 필요한 것이었고, 어머니를 떨쳐 내기 위해 그가 가해야 했던 심리적 폭력을 닮아 있기도 하다. 어머니의 반응은 절제되어 있었고 위엄 있었으며 그가 휘두른 날선 말에 비하면 훨씬 강력했다. 그의 어머니는 이렇게 결론짓는다. "인생에서 어떤 난해한 변화가 생겨나는 때는 누군가에게 '나는 당신을 몰라'라고 말할 때라는 생각이 드는구나."

---

* 콜먼이 가족을 부인하면 억센 곱슬머리를 지닌 흑인이 아니라 산들바람에 머리카락이 휘날리는 백인이 되는지 묻는 것이다.

어머니와의 관계가 그토록 소중했음에도 콜먼은 어머니의 절망적인 평가를 온전히 받아들인다. 자신의 역사를 버리기 위해 안간힘을 쓰는 아들에게 어머니가 쏟아내는 절제된 비난을 그는 견딜 수 있었다. "오로지 이런 시험을 통해서만 그는 자신이 되고자 선택했던 사람, 즉 자신이 태어나는 순간 받았던 것과 영원히 결별하고, 자유롭기를 갈망하는 다른 인간과 마찬가지로 자유로운 상태를 얻기 위해 싸워나가는 사람이 될 수 있는 것이다."

이렇게 자신의 권리를 찾기 위한 계획에 착수할 때 한때 강력한 관객이었던 이들의 시선을 의식할 수밖에 없다(새 삶을 살기 위해 배우자와 자녀들을 떠나기로 결심하는 이들을 떠올려 보라). 그래서 계획을 바꾸거나 숨기는 방법으로 그들의 평가에 굴복하거나 아니면 그들을 무력한 존재로 만들어 평가에서 벗어난다. 형인 월트는 콜먼이 어떤 결심을 했는지, 그리고 어머니께 무슨 짓을 했는지 알고는 날카로운 비난을 퍼붓지만 콜먼은 훨씬 가혹한 평가도 견뎌낸다. 사실, 월트의 공격은 가족으로부터 더 멀어지는 계기로 작용한다. 그렇게 완전히 어긋나고 새로운 정체성을 입게 되면서 그는 가족들에게 영원한 작별을 고한다. "펀치를 날리고, 피해를 입히고, 영원히 문을 걸어 닫는다." 콜먼은 아이리스와 새로운 삶을 시작하고 전투적인 결혼 생활을 하면서 누가 봐도 백인인 자녀 넷을 두게 된다. 그 모든 과정에서 그의 비밀은 철저하게 지켜진다.

콜먼의 삶이 이렇게 송두리째 바뀌게 되는 건 엄청난 의지에서 비롯된 행위지만 다소 극단적인 면도 있다 그래서 자신의 가족과 정체성을 그렇게 부인할 정도로 잔인해진 데에는 또 다른 동기가 있지 않을까 짐작하게 된다. 내레이터 주커먼은 콜먼이 어머니에게 이렇게 말했다고 전한다.

'어머니와 저의 관계는 이제 끝난 겁니다. 어머니는 이제 더 이상 제 어머니가 아니며, 어머니였던 적도 없던 겁니다.' 그런 대담한 짓을 저지를 수 있는 사람이라면 단순히 백인이 되고 싶다는 마음에서 그치지 않을 것이다. 그는 그런 짓을 해낼 수 있기를 원한다. 그것은 그저 한없이 행복하거나 자유로운 상태 이상의 것과 관련된 것이다. 바로 인간의 광포한 정신과 관련된 것으로, 그것은 콜먼이 가장 좋아하는 책이기도 한 『일리아스』에 등장하는 흉포함과도 같다…

콜먼에게서는 확실히 자유로움 그 이상의 반사회적 태도가 엿보인다. 그것도 아주 강력해서 도덕적 역겨움 따위는 가볍게 극복한다. 수치심 같은 건 벗어던지고 자기 안의 니체적 슈퍼맨을 일깨워 순전히 의지만으로 이 세상에 맞서는 것이다. 하지만 대체 무엇을 위해? 『즐거운 지식The Gay Science』에서 니체는 변화와 갱신이 번갈아 일어나는 힘을 은유적으로 표현하는데 여기서 콜먼이 연상된다.

> 마치 욕망에 타오르는 것처럼 밀려오는 저 파도! 반드시 무언가에 이르려는 것처럼! 저 파도는 얼마나 서두르며 절벽의 가장 깊은 곳까지 무서운 속도로 기어 오는지! 그 모습은 마치 그곳에 가장 큰 가치가 있는 것이 숨겨져 있는 것 같다. 그리고 이제 파도는 천천히, 그래도 아직 흥분하여 하얀 거품을 내며 되돌아오고 있다. 실망했는가? 찾고 있던 것을 발견했는가? 아니면 실망한 척을 하고 있는가? — 이미 또 다른 파도가 처음 것보다 더 탐욕스럽고 야망스러운 모습으로 다가오고 있다. 이 파도의 영혼도 비밀과 보물을 찾으려는 욕망으로 가득 찬 것처럼 보인다. 이렇게 파도는 살아있다. 이것이 의지를 품고 갈망하는 자들의 삶이다! 더 이상 나는 말하지 않을 것이다. [108]

이제 콜먼이 아테나 대학에서 잘못된 혐의로 인해 불명예에 휘말린 노년기로 다시 가보자. 출신을 은폐하고, 자유를 꿈꿨으며, 배신한 대가를 치르는 등 굴곡 많았던 그의 삶은 역설적이고 또 수치스럽게도 인종 차별주의자로 마감될 위기에 놓였다. 콜먼이 일생을 바친 그리스 고전문학 못지않게 비극적인 운명이 그의 앞을 가로막은 것이다.

만약 콜먼이 문맹의 학교 청소부이자 자신보다 나이가 어린 백인 여성 포니아 팔리를 만나지 못했더라면 그의 삶은 더 이상 회복이 불가능했을 것이다. 어떻게 보면 이는 오래도록 이어져 온 무자비한 방종의 연장선으로 볼 수도 있다. 콜먼 역시 이 관계를 그렇게 규정하는 순간에 맞닥뜨린다. 포니아가 잔디 그곳에 밭에서 다른 잡역부들과 어울리는 모습을 지켜보다 문득 자신을 괴물로 여기게 된 것이다. 잔디밭에 다리를 쭉 뻗고 앉아 웃고 있는 포니아의 모습이 '마침내 그에게 치욕의 맨 밑바닥을 드러내 보여주고 있었다.'

하지만 포니아를 과소평가해선 안 된다. 그녀는 이보다 훨씬 강한 사람이며 자신만의 방식으로 그를 구원하고 있었다. 갑작스런 곤경에 처한 콜먼의 곁에서 그가 독립성과 자유를 회복할 수 있도록 돕고 있었다. 포니아 역시 어릴 적 계부의 손에 학대당하고, 화재에 두 아이를 잃는 등 34년간 무자비한 충격의 희생양으로 살아왔지만, 그 결과 갖게 된 부정적 지혜가 그녀에게 도피처를 찾을 수 있게 해주었다. 그녀는 두 번의 자살 시도를 했지만 그로 인한 끔찍한 고통도 모두 감내해냈다.

콜먼은 주커먼의 입을 빌어 "그녀는 종교적이지 않고, 신앙이 깊은 척하지도 않으며, 그녀는, 그것이 뭐든 갖가지 학대로 그녀가 가졌던 가치가 손상되었다 하더라도, 동화에나 나올 법한 순수함에 대한 환상으로 기형적 사고를 갖고 있지도 않다. 그녀는 뭔가에 대해 판정을 내리는 것에 관심이 없다. 그녀는 그런 헛소리를 너무도 많이 보아왔다."

결국 마지막에는 그녀가 글을 모르는 게 다 연기였다는 사실이 드러난다. 읽을 줄 알면서 일부러 숨겨 왔던 것이다. 포니아는 청소 같은 허드렛일을 하면서 자신을 혹사시키고 순수함이 불가능하다는 걸 알면서도 자신의 오점을 지우고자 한다. 마치 문명에 들어온 늑대 소년처럼 '나는 까마귀'이고 '핵심에서 소외되어 있다'고 말한다. 우리는 이제 그녀가 문맹 행세를 한 게 권력의 일부였음을 안다. "그녀는 읽기라는 것 자체에 대해서는 전혀 반대하지 않는다. 그녀가 반대하는 것은 그녀가 옳다고 여기지 않는 것을 가장하는 짓이다. 물론 그것은 인생사를 흥미롭게 만든다. 그녀는 단지 그런 독소를 충분히 손에 넣을 수 없을 뿐이다. 어떤 인간이 되어서는 안 되고, 어떤 것을 보여줘선 안 되고, 어떤 것을 말해서는 안 되고, 어떤 생각을 해서는 안 되고, 그런 모든 것이 아니라 싫건 좋건 있는 그대로의 나로 행동하고, 있는 그대로의 나를 보여주고, 있는 그대로의 나를 말하며, 있는 그대로의 나로 생각하는 것."

콜먼은 부적절한 스캔들로 곤경에 빠져 있지만 포니아와의 관계에서 안식을 얻는다. 그녀 덕분에 "그들의 기소와 판정을 무시하고 살아갈 목표를 세울 수 있었다." 그는 분노를 일으키고 혐오스러우며 바보 같은 혐의의 사법권에서 벗어나 살아가

평가받으며 사는 것의 의미

는 법을 배우라고 스스로에게 말한다. 세상을 위엄 있고 고지식하게 대하는 그녀의 태도가 타인의 평가에서 벗어나는 방법이라는 사실을 알게 되었다. "사라지는 대신 끈질기게 버티는 모든 것, 그런 기고만장한 정당화를 포니아라는 망치로 부셔버리고 자유로 나가는 길을 찾을 자유… 의미를 찾기 위한 우스꽝스러운 탐색으로부터의 자유. 정당함을 위한 결코 끝나지 않을 싸움으로부터의 자유."

두 사람은 어떤 공통점도 없는 것처럼 굴면서 그러는 동안 그 모든 힘을 낳는 것, 서로 화해할 수 없으며 인간의 모든 모순이라고 할 수 있는 것에서 어떻게 최고의 성적 흥분을 느끼도록 하는 것을 얻어낼 수 있었는지를 기억하는 것만으로도 충분했다. 이중생활이 주는 짜릿함을 느끼는 것만으로도 충분했던 것이다.

오르가슴을 느끼는 것을 콜먼에게 중요했다. 그는 그 자체로 좋은 뭔가를 두 사람에게 제공할 수 있는 섹스의 잠재력을 믿었다. "섹스는 단 하나의 순수한 존재론적 행위다… 섹스는 도로를 건설하지도, 소설을 쓰지도 않으며… 삶의 어떤 것에도 의미를 부여하지 않는다. 그 자체만 의미를 지닐 뿐"이라는 고어 비달Gore Vidal의 정신에 입각해 섹스가 평가와 비난에서 자유로운 공간이라고 말한다. 섹스에는 인간의 혼돈에서 동물적 본능을 드러내는 뭔가가 있다. 스티나와 몸을 섞는 순간이 그랬던 것처럼 콜먼은 말없이 맺는 애착관계에서 위안을 얻는다. 그리고 그가 이보다 확실한 뭔가를 찾으려 하자 포니아가 콜먼에게 현실적이고 냉정한 경고를 건넨다. "뭔가 다른 대단한 것처럼 가장해서 섹스를 망쳐놓지 말아요."[109]

자신을 보호하기 위해 딱딱한 껍질 안에 갇혀 있던 포니아는 난생 처음 자신을 해방시켜 콜먼을 사랑하기 시작한다. 그를 믿기 시작하고 그의 어려움에 공감하며 스스로도 보지 못하는 너그러움을 그에게서 발견한다. 콜먼 역시 포니아를 신뢰해서 그의 비밀을 털어놓는다.

> 포니아는 최선의 것이 아니라 최악의 것이 뭔지 알고 싶었다. 그것이 그녀에게는 진실과 같은 가치를 지니는 것이었다. 진실이라는 게 무엇일까? 그래서 그는 그녀에게 말했다. 그녀가 걸레질하며 핏자국을 닦아내는 장면을 상상했고 그 순간 그는 그녀가 사랑스럽다고 느꼈다… 그는 그녀를 사랑했다. 그게 바로 누군가를 사랑하게 되는 때이기 때문이다. ─ 최악의 상황을 앞에 두고 게임을 하고 있는 누군가를 볼 때 말이다. 그것을 용기 있는 것이 아니다. 영웅적인 행동도 아니다. 그저 게임일 뿐이다.

여기서 우리는 서로의 약점을 감싸주고 또 그 자체로 받아들이

평가받으며 사는 것의 의미

는 연결성이 두 사람 사이에 구축된 것을 볼 수 있다. 하지만 바로 이 때문에 관계가 상처를 입을 수도 있다. 실제로 이렇게 서로 신뢰하고 모든 걸 터놓게 된 두 사람은 한순간 고통스럽게 흔들린다. 콜먼이 한 신문 기사를 포니아에게 읽어주면서 콜먼과의 지식 격차에 수치심을 느낀 포니아는 그에게서 도망친다. 그녀는 까마귀처럼 항상 소외되어 있는 데 익숙했었는데 잠시 경계를 늦춘 대가를 치르는 것이라고 후회한다.

그녀는 예전에 우연히 본 이후 수년간 사랑했고, 지금은 오듀본 협회에 갇혀 있는 '진짜 독수리' 프린스를 찾아간다. 하지만 프린스는 협회에서 한번 탈출을 시도했었고, 인간 손에 자라서 까마귀처럼 울지 못한다는 이유로 다른 까마귀에게 죽기 직전까지 공격당한 적도 있어 지금은 새장에 갇혀 있다. 인간의 오점으로 더럽혀져 야생동물과 어울리지 못하는 것이다. 까마귀는 진정으로 자유롭지만 이 까마귀는 인간의 수렁에 갇혔다. 포니아는 누군가를 믿으려 했고, '내재적이고 고유하며 결정적인' 인간의 오점을 감히 얕볼 꿈을 꿨다는 점에서 스스로를 질책했다.

포니아는 절망에 빠진 채 운명은 정해져 있다고 느낀다. 아무리 청소해도 그녀는 결코 순수해질 수 없고 이미 상처 입은 자신을 되돌릴 수는 없다. 수치심에 빠질 위험 역시 사라질 순 없을 것이다.

하지만 필립 로스가 이 작품에 순수함을 추구하는 것은 기독교의 이해할 수 없는 유산이자 콜먼이 사랑하는 그리스 문학과는 상반되는 성향이다. 늑대나 까마귀처럼 아무 오점 없이 번듯한 건 인간의 조건으로 적합하지 않다. '순수함에 대해 환상을 갖는다는 것은 소름끼치는 일'이지만 그럼에도 불구하고 필립 로스는 그런 환상이 지속적으로 광범위하게 존재한다는 사실을 보여준다.

순수함을 향한 욕망, 혹은 인간의 오점을 씻어내고 싶은 욕구는 1장에서 탐구했던 수치심에 대한 두려움과 깊이 연관된다. 브레네 브라운은 수치심을 조명했던 테드 강연에서 콜먼과 포니아는 물론 우리 모두가 하는 행위를 조명하는 방식으로 이 두려움을 설명한다. 그것을 바로 약함을 마비시키는 것이다. 자신의 약함을 느끼지 않도록 수치심이나 두려움이 일어날 가능성을 아예 차단시킨다. 그를 위해 폭음 같은 수단에 의존하며 중독에 빠지기도 하지만 그런 식으로는 기쁨, 감사와 행복도 느낄 수 없게 된다. 따라서 종교 등을 이용해 자신을 완성함으로써 타인에 대한 우리의 평가를 더 견고하게 만든다.

포니아는 자신의 약함을 받아들이고 용기를 가슴에 새긴 채 씩씩하게 살아가야 한다고 느낀다. 진심을 다하는 것은 타인은 물론이고 자신에게도 열정을 허용하는 행위다. 그럴 필요성을 인식함으로써 약함을 인정하면 기꺼이 먼저 '사랑해'라고 말하

평가받으며 사는 것의 의미

고, 아무 대응책이 없어도 얼마든지 움직이며, 자신을 드러내 보일 수 있다. 포니아는 아이들이 완전하지 않은 존재이며 고군분투할 수밖에 없음을 알고 있다. 그리고 한때 아이들이었던 우리 역시 계속해서 고군분투한다.

포니아는 고난을 통해, 그리고 콜먼은 자유를 향한 노력과 실패를 통해 서로에 대해 배우고 또 서로를 발견했다. 까마귀 프린스에 대해 말하면서 포니아는 '그녀만의 이상한' 음성으로 '나는 저 이상한 소리가 좋아요'라고 말했다. 그리고 이는 콜먼이 사랑한 포니아의 매력이기도 했다. 진정한 사랑은 상대방의 깨끗한 표면보다 오히려 오점을 발견하고 그 오점의 내음과 질감을 좋아하는 것에서 시작되기 때문이다. 스티나는 콜먼에게 그렇게 하지 못했고, 아이리스는 오점을 볼 만큼 그를 잘 알지 못했지만 포니아는 보았고 진정으로 사랑해주었다. 그녀는 그를 보았고 그도 그녀를 보았으며, 두 사람은 서로가 본 것을 좋아했고 서로에 대해 아직 모르는 것까지 받아들였다.

근본적으로 자유롭고자 하는 욕구는 그 반대의 것을, 그것도 만족스러운 수준으로 획득할 수 있는 최고의 방법이자 이 책의 주제다. 그것이야말로 좋은 평가를 받을 수 있는 기회인 것이다. 자유를 향한 무력한 희망이야말로 인간의 가장 큰 특징이다. 노암 촘스키는 자유롭고 싶은 욕구가 인간에게 필수적이고 결정적인 특징이라고 주장했지만 나는 반대라고 생각한다. 우리는 늑대가 아닌 유인원이다. 도피하고 싶은 희망에도 불구하고 선의의 관객들, 다른 수많은 평가 수단 중에서도 박수, 사랑, 찬성, 수용, 지위, 신뢰 등을 통해 중요성을 부여해주는 평가자들 없이는 존재를 합리화할 수 없다. 언젠가는 우리가 이 관객들을 배신하고 상처줄 수도 있고, 그들 역시 우리에게 똑같이 할 수 있다. 그렇게 되기까지는 여러 가지가 복잡하게 얽혀 있겠지만 오점이 깨끗이 제거되기를 바라는 꿈은 궁극적으로 허망한 것이다. 따라서 우리의 오점은 타인에게, 그리고 우리 자신에게도 항상 이해받지는 못하더라도 그럼에도 받아들여져야 한다.

콜먼의 역사를 보면서 어느 누구도 자신이 진정 새로 태어날 수 있다는 뻔뻔한 생각을 가져선 안 된다는 경고를 받게 된다. 그 목표를 이루는 데 잔인성이 필요한 것은 물론, 결국 '자신의 역사가 자신의 숨통을 조여오는' 공격까지 감당해야 할 것이다. 하지만 역설적으로 이 같은 자유를 향한 꿈이 없다면 우리는 진정으로 정당화될 수 없다. 평가에 잠식되거나 당신만의 방식으로 독립하지 않는다면 타인의 평가 자체가 불가능해진다. 어떤 면에서는 비난받는 걸 두려워하지 않는 것이 풍요로운 관계를 맺는 방법일 수 있다. 이 같은 무심함 없이는 불안한 마음에 평가를 조작하고 그에 영합하고 싶어지기 마련이다. 하지만 관객에 지나치게 익숙해져도 그들의 중요성이 떨어지기

평가받으며 사는 것의 의미

때문에 그들의 평가 역시 가치가 없어진다. 최대한 자유롭게 타인의 평가에 노출될 필요가 있으며, 또 자유롭고자 하는 욕구가 있음으로 인해 타인의 평가는 우리 자신의 통제할 수 있는 문제가 아니라는 사실을 견딜 수 있다.

5. 우리 삶이 평가 받는 법

가수 에이미 와인하우스의 굴곡진 삶이 담긴 다큐 영화 〈에이미Amy〉를 대형 스크린을 통해 지켜보면서 그녀의 아버지인 미치 와인하우스는 엄청난 모욕감을 느꼈다. 그가 '돈만 밝히고 사람들의 관심에 목말라 정작 아버지 노릇은 못한 사람'으로 묘사되어 있었기 때문이다. 그는 "에이미는 이 영화를 싫어할 것이다. 사실이 아님을 알고 있기 때문"이라며 강력히 항의했다.[110] 와인하우스 가족이 이 영화에 대해 '편파적이고 오류로 가득하다'며 진실과 다르다는 입장을 호소한 반면 제작진은 백여 건의 인터뷰를 통해 발견한 '사실들을 근거로 철저히 객관적으로' 구성했다고 주장했다.

영화 자체, 혹은 에이미 와인하우스의 삶을 공정하게 담았다는 주장을 놓고 봤을 때 무엇이 사실이든 '철저한 객관성' 자체가 불가능하다는 것은 분명해 보인다. 따라서 이보다는 제작진

이 에이미 와인하우스의 삶을 그릴 때 충분히 신중을 기했는지 여부를 묻는 게 낫다. 유명인들은 공개된 모습만으로 평가받기 마련이고 그렇다 보니 왜곡된 평가를 받는 게 불가피하다. 게다가 이 왜곡은 다양한 형태로 나타난다.

특히 그들의 명성이 하나의 비유나 특징으로 압축되는 경우가 많은데 이를 테면 제임스 딘은 반항의 아이콘으로, 테레사 수녀는 성인(聖人)으로 알려지는 식이다. 이렇게 압축되어 버리면 이들의 삶이 전기 영화로 확장되더라도 그에 걸맞은 단편적 모습들만 담길 수밖에 없다. 영화배우 케리 그랜트는 이렇게 말했다고 하지 않는가. "모두가 케리 그랜트가 되길 원한다. 심지어 나조차 케리 그랜트가 되고 싶다." 작가 크리스토퍼 히친스Christopher Hitchens가 테레사 수녀에 관해 쓴 책을 보면 그의 삶 역시 그렇게 단순하지 않다는 사실을 알 수 있다.

삶을 구석구석 들여다보고 평가한다는 발상은 매혹적이지만 사실 불가능하다. 압축만이 문제는 아니다. 일관된 관점을 유지하는 것도 결코 쉽지 않다. 철학자 키르케고르는 계속해서 앞으로 나아가는 게 삶이지만 뒤돌아볼 때에만 이해가 가능하다고 말했다. 하지만 이 또한 일정 수준 이상의 서사적 확실성이 뒷받침되어야 하는 것인데 그런 점에서 누군가의 삶을 정확하게 전달하기란 불가능에 가깝다.

따라서 정확한 이야기와 일관정 있는 이야기 간에 협상이 필

평가받으며 사는 것의 의미

요하다. 사람들은 한 사람의 삶에 흥미를 부여하는 서사를 좋아하지만 이를 위해서는 실제 그 삶의 주인공은 아무도 이해하지 못하는 인물로 전락해야 할 수도 있다.

〈에이미〉의 제작진은 영화가 '객관적'이라고 했지만 압축하고 걸러내는 창의적 조작이 이뤄졌을 수밖에 없다. 게다가 서사를 갖춰야 한다는 강박으로 인해 영화 속 삶은 실제 삶과 여러 모로 다를 것이다. 그럼에도 불구하고 우리는 누군가의 삶에 대해 듣고 싶어 한다.

편집된 삶의 이야기

누군가를 '알기' 위해 일부 심리학자들은 개인의 고유성을 규정하는 생물학, 개인적 경험 및 문화, 사회화 등에서 다양하게 얽혀 있는 여러 환경에 사람들을 처하게 해보았다. 댄 맥아담스Dan McAdams가 제시한 3단계 인성 모형[11]이 이 같은 실험의 좋은 예다. 그는 심리학의 여러 영역에서 실시한 연구들을 종합해 누군가에 대해 알기 위해서는 세 가지 측면에서 들여다봐야 하는데 이는 바로 사회적 행위자social actor, 동기에 따른 주체motivated agent, 그리고 마지막으로 자전적 저자autobiographical author라고 설명했다. 첫 단계인 사회적 행위자는 당신의 기질에 대해 알려준다. 지난 20여 년간 인성 이론가들은 논의 끝에 심리학에서 말하는 '5가지 성격 특성 요소'에 합의했으며 이들은 다음과 같다.

> 외향성: 사교성, 사회적 지배력, 열정, 보상 추구 행동
> 신경성: 불안감, 감정적 불안, 우울한 경향, 부정적 감정
> 성실성: 근면함, 원칙, 규율 준수, 조직
> 친화성: 따뜻함, 타인에 대한 배려, 이타심, 동정심, 겸손함
> 개방성: 호기심, 자유로움, 상상력, 새로운 생각에 대한 열린 자세

이 같은 특징들은 개인마다 어느 정도 다를 수밖에 없으며 일상적 경험들에 대한 반응을 결정하는 방식으로 삶 전반에 영향을 미친다. 예를 들어 맥아담스는 도널드 트럼프를 이렇게 평가했다.

> 외향성은 하늘을 찌를 듯하고(감정적 과잉과 사회적 지배력을 의미) 친화성은 밑바닥 수준(동정심, 배려, 친절함과 이타주의의 부족 의미)이다. 공직자가 되고자 하는 사람들에게서는 특히 찾아보기 힘든 이 아슬아슬한 조합은 흥분 잘하고 위협적이며 예측하기 힘든 사회적 행위자를 만들어낸다.[112]

이 같은 특징들은 타인에 대해 단순히 아는 것을 넘어 어느 정도의 통찰을 갖게 해준다고 맥아담스는 주장한다. 특징 묘사만으로는 앞뒤 맥락을 알 수 없기 때문에 그 사람에게서 고유하게 나타나는 세부사항들을 풍부하게 파악할 수는 없다. 맥아담스는 각 특징들 간의 차이를 중시하지만 현실의 복잡하고 중복되는 방식에 맞닥뜨리면 헷갈릴 수밖에 없다. 다소 이상주의적이라도 이들 특징들을 개념적으로 구분할 필요가 있다.

다음 단계는 우리가 행위의 주체로 인식되는 특성적 적용이나 개인적 영향으로, 앞의 특징에 비하면 좀 더 조건부적이고 맥락이 들어 있다. 여기에는 도덕적 노력으로 여겨질 수 있는 목표와 가치도 포함된다. 특성적 적용은 기질적 특징보다 일생 동안 더 쉽게 변화할 수 있으며 개인에 따른 차이도 더 크다. 다음은 맥아담스가 트럼프에 대해 묘사한 또 다른 글이다.

> 트럼프의 충동적 기질은 삶의 핵심 목표, 즉 도널드 트럼프를 확산시킨다는 나르시시즘적 목표에 정확히 들어맞는다. 고교 시절 뉴욕 밀리터리 아카데미를 다닌 이래 그는 자신을 칭찬하며 과시하고 감탄하는 등 끈질기게 동기 부여를 해왔다.

이 정도 지식이면 단순한 기질적 특징들보다 더 많은 것을 알게 해주지만 그럼에도 아직 충분하다고 할 수는 없다. 이제 맥아담스의 인성 모형 중 3단계인 자전적 저자를 만나 통합적 삶의 이야기를 듣게 된다. 이 같은 서사적 정체성은 누군가를 설명할 수 있는 이야기지만 동시에 그렇게 중요한 이야기에도 한계는 있다는 측면에서도 이 장의 핵심 주제다. 이 서사를 통해 사람들은 자신의 가치와 신념을 일관된 프레임에 끼워 맞춤으로써 스스로를 합리적으로 구성한다. 심지어 자신이 어떻게 지금의 정치적, 도덕적 견해를 갖게 되었는지 노골적으로 설명할 때도 많다.[113]

맥아담스에 따르면 도널드 트럼프의 개인적 서사에서는 세상이 얼마나 위험한 곳인지, 싸울 준비를 어떻게 갖춰야 하는지가 가장 중요하다. 트럼프는 이 같은 세계관을 뒷받침할 이야기들을 많이 해왔으며 다음은 전형적인 예시 중 하나다.

> (도널드의 부친인) 프레드 트럼프는 퀸즈와 브루클린에 아파트 단지를 건설하고, 소유 및 관리까지 직접 해 엄청난 돈을 벌었다. 주말이면 자녀 한두 명을 데리고 건물 시찰에 나서고는 했는데 『불구가 된 미국Crippled America』에서 도널드는 "아버지는 나를 데리고 브루클린의 위험한 구역들을 돌며 집세를 거뒀다."고 회고했다. "집주인 행세를 하는 것은 전혀 즐겁지 않다. 강인해야 하기 때문이다." 하루는 도널드가 왜 항상 세입자 집의 벨을 누르고 문 옆으로 비켜서는지 묻자 아버지는 이렇게 대답했다. "세입자가 문에다 대

평가받으며 사는 것의 의미

고 총을 쏘기도 하거든."

삶을 이야기로 전해들을 때에는 망원경을 통해 멀리서 보았다
가 현미경을 통해 가까이서 구체적으로 살펴보기를 번갈아 할
수 있다. 이야기는 수많은 한계를 지니고 있지만 무엇이 되었
든 삶의 명분을 찾으려면 반드시 필요하다. 결국 우리의 삶에
는 말 그대로 시작, 중간과 끝이 있고 그 이상으로 어떤 의미
를 찾고자 할 때에는 이야기를 통해 근거와 교훈을 찾을 수 있
다. 비서사적 담론 역시 정보를 제공해줄 수 있지만 시선을 끌
수 있는 건 오직 이야기뿐이다. 이야기만이 평범함과 특별함
사이의 연결고리를 만들어 마음을 사로잡는 것이다. 헤밍웨이
의 작품으로 추정되는 다음의 일곱 마디 소설은 이 점을 잘 보
여준다.

　팝니다: 아기 신발, 한 번도 신지 않음.

정상과 비정상이 뒤섞여 있는 이 이야기는 "왜?"처럼 우리 삶
을 관통하는 질문에 답을 구하게 만든다. '왜'라는 이 질문은 인
간의 동기를 묻고 서사 형식의 설명을 요구하며, 일상적이지
않은 일이 벌어졌을 때에만 등장한다.
　수년 전, 어머니가 은행에서 콘택트렌즈를 잃어버린 이야기

를 해주신 적이 있다. 어머니의 비명소리를 듣고 많은 사람들이 함께 바닥을 살피고 있었는데 때마침 은행에 들어선 고객은 강도 사건이 벌어졌다고 생각했다. 일상적으로 볼 수 없는 장면을 이해 가능한 서사로 구성한 것이다. 그는 사람들이 왜 쭈그리고 앉아 바닥을 살피고 있는지 그럴 듯한 이유를 생각해냈다. 사람들은 일상적이지 않은 행위를 하는 데에는 항상 '이유가 있다'고 짐작한다. 관습과 표준은 해석할 필요가 상대적으로 적은 반면 예상을 빗나가는 행위는 일상적이지 않은 순간도 이해할 수 있도록 이야기를 구성하게 한다.

만약 내가 중동에서의 유년기와 열 살이 되기 전 영국으로 이사한 이유를 연관 지어 설명한다면 다음과 같을 것이다.

나는 엔지니어이자 개인 사업가였던 요르단인 아버지와 교사였던 아일랜드인 어머니 사이에서 태어났다. 바그다드는 가족을 꾸리기에 적당했고 경력을 쌓을 기회도 풍부해 그곳에서 10년을 머물렀다. 하지만 사담 후세인이 집권하면서 아버지 같은 외국인들이 버틸 수 없게 되어 우리는 이라크를 떠났고, 이후 레바논에서 행복하게 지냈지만 결국 런던 남부의 펄리로 떠나야 했다. 1975년 내전 당시 부모님이 시내 반대편에서 열린 파티에 참석했다 집으로 돌아오는 길에 총에 맞았기 때문이다.

이렇게 대략적인 이야기 중 '10년간의 행복한 생활' 같은 건 별 이목을 끌지 못하는 반면 이민 같은 변화나 전환점은 반드

평가받으며 사는 것의 의미

시 '이유'를 설명할 필요가 있다.

서사적 관점에서 삶을 구성하는 것은 삶에 의미와 중요성을 부여할 방법을 찾는 것이다. 아리스토텔레스 시대의 수많은 작가들은 서사적 형식에 반복되는 요소와 특징들이 있다고 지적했다. 그리고 이와 같은 스토리텔링 유형을 분류하기 위해 작가 크리스토퍼 부커는 문학이나 영화 같은 다른 형태의 스토리텔링에서 반복적으로 등장하는 일곱 가지 기본 플롯을 탐구했다.[114] 이 형식들은 각자의 삶을 서사적 형태로 구성할 때 활용할 만한 플롯 장치라고 할 수 있다.

1. **괴물 물리치기**: 이 형식에서는 특정 형태의 위협을 물리치는 이야기가 등장한다. 이런 식으로 자신의 기술을 과시하는 영웅들은 하나의 이야기 형식으로 특히 만족감을 준다. 부커는 공포 영화 〈죠스Jaws〉와 고대 영문학 『베오울프Beowulf』를 비교해 두 작품의 명백한 공통점인 두려운 적을 상대로 승리를 거두는 영웅적 이야기를 우리가 얼마나 좋아하는지 보여준다. 하지만 이런 드라마는 얼마든지 다양한 스케일로 펼쳐질 수 있다.

펄리에서 고등학교에 입학했을 때 나는 한 무리의 남학생들로부터 종종 괴롭힘을 당했다. 특히 그중 한 명은 툭하면 나를 '마늘 냄새 나는 아랍인'이라고 놀려댔는데 1학년 때에는 계속 참기만 하다 어느 날, 물리학 연구실에서 그의 뾰족한 턱을 주먹으로 갈겼다. 그리고 이 때문인지는 모르겠지만 그날 이후 녀석들은 나를 더 이상 괴롭히지 않았다. 괴물을 물리침으로써 내 자서전에서 하나의 서사가 완성된 것이다!

2. 거지에서 부자로: 찢어지게 가난했던 주인공이 부와 명성을 얻는 이야기다. 이들은 이따금 손에 넣은 모든 걸 잃게 될 때도 있지만 겸손한 지혜 덕분에 다시금 부유해진다. 그리고 이 이야기는 가난한 사람이 부자가 되는 데에만 초점을 맞추지 않는다. 평소 초라하고 무시당하던 이가 어떻게 세상의 이목을 끌고 박수갈채를 받게 되는지도 그려낸다. 신데렐라, 전화 부스 안에서 슈퍼맨으로 변신하는 클라크 켄트를 떠올려보라. 1975년, 내전으로 폐허가 된 베이루트에서 사업체를 접고 빚더미 위에 앉은 채 밑바닥부터 다시 시작해야 했던 내 아버지의 이야기가 이 패턴을 따른다.

3. 추구: 이 형태의 이야기는 전환적 가치를 지닌 무언가를 추구하는 데 초점을 맞춘다. 『모비딕Moby Dick』부터 『라이언 일병 구하기Saving Private Ryan』에 이르는 다양한 이야기들이 해당되는데, 할리우드에서는 히치콕이 만들어낸 '맥거핀'이라는 용어로 통한다. 개인의 삶에도 이 논리가 작용하는 것을 알 수 있다. 만약 인생의 목표를 세우고 열심히 노력해서 성공했다면 남들에게 해줄 만한 이야기가 있는 것이다. 생물학자 프랜시스 크릭, 제임스 왓슨과 로절린드 프랭클

린처럼 이중나선구조라도 발견해야 이야기가 되는 게 아니다. 런던 마라톤을 위해 훈련하고 출전하는 것 역시 동일한 가치를 지닌다.

4. 항해와 귀환: 이 형태의 이야기는 상당히 알아보기 쉽다. 〈스타 트렉Star Trek〉이나 『율리시스Ulysses』의 선원 같은 항해자들이 그들 만의 모험에 나섰다 삶을 바꾸는 경험을 하고 다양한 시련까지 극복하고 돌아와 이야기를 풀어놓는다. 사람들 중에는 말 그대로 전 세계를 돌고 와서 이 같은 이야기를 하는 이들도 있겠지만 대부분 은 대학에 간 경험만으로도 이 형태를 차용한다.

이 이야기 장르는 우리 삶의 대부분을 기술하는 데 적용될 수 있다. 대부분의 사람들이 이야기할 것이라고는 이벤트로 가득 찬 휴일뿐 이라고 해도 말이다.

뒤이어 등장할 다섯 번째와 여섯 번째 플롯은 코미디와 비극이 다. 각각 다양한 상황들이 설정될 수 있지만 해결 방식은 다르 다. 일례로 누군가 큰 상실을 겪고 엄청난 슬픔과 고통을 헤쳐 나가는 상황에서 진정한 뉘우침이 없이도 뭔가 좋은 일이 일어 날 수 있다. 또한, 주어진 조건으로 인해 끔찍한 결과가 초래됐 다고 해도(오셀로와 그의 치명적 결점인 질투심을 생각해 보라) 흥 미진진한 이야기의 형태를 구축할 수 있다.

코미디에서는 비극의 고난과 위협이 종종 주인공의 희생을 통해 재치 있게 해결되거나 혹은 아예 일어나지 않는다. 코미디는 고통의 수많은 원인에 직면하고도 웃을 수 있게 해준다. 〈내 여자친구의 결혼식Bridesmaids〉 같은 영화에서는 비판, 거부, 혼란, 그리고 지위의 박탈 등 다양한 고통이 임시방편이긴 하지만 재치 있고 사랑스러운 해결책에 맞닥뜨려 그대로 와해되는 걸 볼 수 있다.

마지막으로 부커의 일곱 번째 플롯 장치는 환생이다.

> 유년기에 우리는 다른 어떤 것과도 비슷하지 않은 유형의 이야기를 마주한다. 처음 마주한 형태, 유년기의 이야기는 동화 속의 익숙한 등장인물들을 중심으로 진행된다. 이를 테면 어둠의 마법사들이나 사악한 마녀, 혹은 계모의 계략에 빠지는 어린 영웅, 왕자와 공주들 말이다. 하지만 가난뱅이였다 부자가 되거나 괴물을 무찌르는 고전적 형태의 이야기는 아니다. 여기에는 이 두 가지와는 차별되는 핵심 요소들이 존재한다.

여기에는 일종의 개인적 변화가 포함된다. 잃어버렸던 나를 발견하는 것이다. 성장과 발전, 자신의 잘못을 뉘우치고 교훈을 얻는 이야기가 있다. 유년기의 불안과 성인이 되고 나서 화해하거나 두려움에 직면함으로써 해결되는 것을 생각해보라.

일곱 가지 기본 플롯들을 요약하려 한 부커의 시도[115]를 통해 일반적 스토리텔링에 이용되는 요소들을 탐구하고, 이들이 삶에 어떻게 적용되는지 알아보았다. 직접적이든 간접적이든 선량하고 경쟁력 있다는 메시지를 전달할 수 있는 에피소드들을 제시하려면 이 같은 서사가 중요하다. 부커는 기본 플롯들이 변형되기도 하고, 여럿이 조합된 이야기도 많음을 인정한다.

나는 이 플롯들에 어떤 인위적인 부분이 있다는 사실을 좋아하는데 스토리텔링이 단순히 이야기를 전달하는 것만은 아니기 때문이다. 이야기에 흡입력이 있거나 심지어 믿을 만하려면 인위적 발상에서 시작되었다 하더라도 서술의 원칙에 충실해야만 한다는 것을 이해할 필요가 있다. 평가라는 것을 받기라도 하려면 말이다. 삶에 일관성 있는 서사를 부여하려면 여러 에피소드를 끼워 넣는 한편 맥락도 잡아줘야 한다. 남들이 귀 기울일 만한 이야기를 만들기 위해서는 딜레마와 해결책, 사건들과 기대감을 창조할 수 있어야 한다.

게다가 나의 이야기들이 너무 오래전 일이고 실제 기억보다는 재구성에 더 크게 의존하고 있지만 그래도 이들이 내 생의 일부라고 말할 수 있어야 한다. 그는 나이면서 내가 아니기도 하다. 철학자 알래스데어 매킨타이어 Alasdair Macintyre는 자아가 단 하나의 단순한 개체가 아니라고 주장한다. 그보다 당신은 탄생에서 시작해 죽음으로 끝나는 이야기의 주인공으로서 당신 삶의 이야기를 구성하는 행동과 선택들을 설명할 책임이 있다.[116] 만약 이런 식으로 설명할 수 없다면 우리는 당신이 과연 당신이 말하는 사람이 맞는지 의심하기 시작할 것이다. 따라서 스스로 그 이야기를 이해할 수 있게 만들어야 한다. 나의 이야기는 다른 사람들이 내 행동에 대해 말하는 내용과 일맥상통해야 하고, 따라서 나의 서사는 그들의 서사와 일치해야 한다.

사람들은 지속성을 중시한다. 사실과 허구 사이 어딘가, 과거와 미래의 연결고리가 존재하는 서사적 구조를 자연스럽게 따라가기를 좋아한다. 비트겐슈타인은 다른 맥락에서 유용한 비유를 제시한다.

> 사실 '비교하기'란 단어에 대한 실제 사용은 그 낱말을 멀리서 바라보면서 기대했던 사용과는 다르다는 것을 발견했다. 우리는 비교하기의 그 모든 경우들을 연결하는 것은 방대한 수의 겹치는 유사점들임을 발견한다. 그리고 이 점을 보자마자, 그것들 모두에 공통적인 하나의 특징이 있어야만 한다고 말해야 한다는 느낌을 더 이상 받지 않는다. 배를 부두에 묶는 것은 하나의 밧줄이며, 밧줄은 섬유들로 이루어져 있지만, 밧줄의 힘은 밧줄의 한끝에서 다른 끝까지 관통하는 섬유로부터 얻어지는 것이 아니라, 방대한 수의 섬유들이 겹쳐져 있는 것에서 얻어지는 것이다.[117]
>
> —비트겐슈타인, 『청색책·갈색책The Blue and Brown Books』

이는 우리가 변화와 모순을 설명할 때 기존의 이야기를 해체하고 새로운 이야기로 대체한다는 것을 의미한다. '나는 수학에 소질이 없었다' 말로 자기를 설명하던 사람이 어느 순간 서서히 '나는 예리한 주식 투자자다'로 자신을 소개하게 된다. 이따금 맥락을 잃는게 위험한 나머지 이야기를 다소 부풀리기도 한다. 자연스러운 속성들을 인위적으로 부여하는 것이다. 하지만 아무도 납득하지 않고, 너무 많은 것들이 우연히 일어났음을 직감하는 순간 서사의 빈약함을 인정할 수밖에 없다. 우리의 역사에서 예상치 못한 효과가 발생했음을, 우리의 욕구는 직접 보거나 거역할 수 없는 힘에 의해 구축되었음을 시인해야 하는 것이다.

자서전적 회고의 핵심 특징은 감정과 연관된다. 시인 마야 안젤루Maya Angelou는 "사람들이 당신이 한 말과 당신이 했던 행동은 모조리 잊지만 당신 때문에 느끼게 된 감정은 결코 잊지 않는다."는 사실을 배웠다고 말했다. 그리고 이 같은 통찰은 삶을 반추해봤을 때 어느 정도 진실이다. 실제로 사람들은 특정 상황에 대해 기분 나빴는지, 흥분됐는지, 당황스러웠는지 등 어떻게 느껴졌는지를 중심으로 기억하는 경향이 있다. 특정 사건의 감정적 반응을 확인하고 나면 그것들이 정당화될 수 있도록 이야기를 확실히 구축하고, 향후 설명할 수 있는 적절한 단어를 찾는다. 긍지가 배어 있거나 뿌듯했던 감정을 기억하는 이들은 더 많은 세부사항들을 기억함으로써 요점을 강조하는 쪽으로 이야기를 꾸며낸다. 반면 수치심처럼 유쾌하지 않은 감정에 시달리는 이들은 갈수록 세부사항들을 잊어버려 희미한 안개 같은 기억 속에서 자신을 보호한다.

가톨릭 신자였던 내가 십대가 되면서 무신론자로 전환한 배경에는 그 이면의 감정이 더 진실한 원인이겠지만 그래도 겉보기에 그럴 듯한 자초지종이 있다. 먼저, 그때 나는 남아메리카의 빈국들을 방문한 교황이 그곳의 공항 활주로에 키스할 권리가 있는지 의문이었다. 당시 이 나라들은 낙태를 금지하는 교회 때문에 아동 사망률이 증가해 큰 비난을 받고 있었기 때문이다. 이후 나는 세상을 가톨릭교의 관점이 아니라 기독교도의 관점에서 봐야 한다고 생각하게 되었다. 그런데 문득 사람들이 속한 때와 장소에 따라 종교가 달라지는 것처럼 보일 만큼 종교와 지역 간의 상관관계가 높은 이유가 궁금해졌고 (당시 크로이돈에는 신자가 많이 없었고 요르단인의 6%만이 기독교도였다), 특정한 종교를 갖는 대신 신에 대한 믿음을 포괄적으로 가지면 왜 안 되는지에 대한 의문도 생겼다. 이런 생각은 버트런드 러셀Bertrand Russell의 『나는 왜 기독교인이 아닌가Why I Am Not a Christian』를 보고 바뀌었다. 이 책은 신에 대한 믿음을 유지할 모든 이유를 섬세하면서도 확실하게 물리쳐주고 지금까지 나의 무신론을 뒷받침하고 있다.

나머지는 다 지난 일이라고 말하고 싶지만 삶이 그렇게 명쾌할 순 없는 노릇이다. 내 인생의 형성기였던 당시 내가 가졌던 복잡한 감정들이 선명하게 기억한다. 이전까지 진실이라고 받아들였던 것들을 의심하는 데서 오는 걱정과 불안, 가톨릭 신자인 어머니가 얼마나 실망하고 초조해하실지에 대한 우려 등이 섞여 있었다. 불과 며칠 전 마지막으로 고해성사를 드렸던 로크포드 신부님을 학교 음악관에서 마주쳤을 때의 당혹감을 생각하면 아직도 등골이 서늘하다. 익명으로 진행되는 고해성사에서 내가 무슨 말을 했는지 그분은 모두 알고 있었고 나는 몸 둘 바를 몰랐다.

한편으로는 이렇게 중요한 문제를 나 스스로 결정할 수 있다는 생각에 상당히 들떠 있었던 기억이 난다. 또한 그때 나는 독실한 친구들이 동성애를 바라보는 시각 때문에 무척 화가 났었다. 내 공식적인 기억이 아무리 합리적이고 일관적이라도 그게 엄연한 사실이 될 수는 없다는 걸 나는 잘 안다. 그보다 상황별 감정들을 기억하고 그 감정에 맞는 설명을 짜내는 게 더 쉽다는 것도 확신한다. 하지만 지금 내게는 신앙인에서 무신론자로 탈바꿈한 사건의 단편적 조각들뿐이기 때문에 공식적으로는 좀 더 일관성 있는 이야기가 필요할 것이다. 휴가도 실제 경험에 근거하기보다 사진을 보면서 떠올리는 것처럼 우리는 당시의 느낌과 조금이라도 닮은 감정들 속에서 헤매기 일쑤다.

따라서 자초지종에 대한 그럴 듯한 이야기도 알아서 가려 듣고 서로에 대한 평가가 다소 신뢰할 수 없는 증거에 따라 이루어졌음을 알아야 한다. 심지어 이야기를 하는 당사자조차 당시 정확히 무슨 일이 일어났는지는 알 수 없는 게 현실이다.

내 지난날의 에피소드나 전환점들에 대한 이야기도 전부 믿을 수가 없는데 타인이 나에 대해 하는 이야기는 얼마나 더할까? 에이미 와인하우스의 삶을 다룬 영화는 그녀의 사후 대중에 공개됐고 가족들은 내용을 부인했다. 이것이 유명 인사들이 겪어야 하는 고충이다. 대부분의 평범한 사람들은 영화감독이나 자서전 작가의 해석을 두고 씨름할 일이 없다.

평범한 사람들의 삶을 〈에이미〉 같은 영화로 제작하는 경우는 거의 없으며 대부분은 장례식 현장에서 그 삶에 고유성을 부여하는 경험과 특징들을 살펴보는 식으로 일생을 평가한다. 유명 인사들의 삶은 압축 및 극화되면서 왜곡이 일어나지만 평범한 사람들의 일상도 장례식에서 왜곡되기는 마찬가지다. 단, 장례식 현장에서 최종 평가를 내릴 때에는 대개 모두가 지나치게 너그러워지는 실수를 저지른다. 장례식에 참석한 이들은 모두 슬픔에 잠겨 있고 유한한 인간의 운명에 겸허한 마음까지 가져서 적어도 망자를 험담하고 싶어 하지는 않는다.

평범한 사람들의 삶이 끝을 맺으면 흠 잡을 데 없는 건 물론, 심지어 존경스러워 보이기까지 한다. 그리고 이는 어떤 면에서는 당연하다. 몇 년 전 방영됐던 존 루이스 백화점의 광고를 기억할 것이다. 광고에는 갓난아기가 성장해 할머니로 늙어가는 모습이 담겨 있는데 그 과정에서 인생의 전환점들도 함께 지켜볼 수 있다. 결혼하고 자녀를 낳고 이후 손자손녀들까지 생기는 일련의 삶을 가만히 보다 보면 빌리 조엘의 노래 〈그녀는 내게 항상 아름다운 여인She's Always a Woman to Me〉이 너무도 감상적으로 들린다. 광고 속 이야기는 진부하고 관습적이지만 '모든 여성'의 유한한 삶 앞에서 어딘가 뭉클해진다. 조니 미첼이 말한 '원 게임The Circle Game'이 1분 30초간 펼쳐지는 이 백화점 광고는 조회 수가 무려 2백만 번에 달하고 감상적인 댓글들도 많이 달렸다.

전기 영화, 부고, 장례 연설은 삶을 편집하고 재구성해 실제보다 더 많은 서사를 창조하는 경향이 있다. 당신의 삶에 대한 나의 평가 역시 당신이 이야기에 어떤 걸 넣고 뺐는지, 또 무엇을 강조했는지에 따라 달라질 수밖에 없다. 누군가의 삶을 온전히 평가하려면 보르헤스의 단편 『과학의 정확성에 대하여On Exactitude in Science』에 등장하는 것과 같은 지도가 필요하다. 어떤 지형이든 정확하게 측량하려면 1:1의 비율을 사용해 해당 지역과 동일한 크기의 지도를 제작해야 한다. 하지만 부고는 쓰는 사람의 시각이 담겨 있을 뿐더러 글자 수도 제한되어 있다.[118]

이처럼 스토리텔링의 전통적 기법을 사용해 일생을 포착하면 단순화가 일어나 삶의 결이 마냥 부드러워지는 경향이 있다. 영화 〈라이언 일병 구하기〉 마지막에는 라이언이 50여 년 전 2차 세계대전에서 그의 목숨을 구해준 이의 무덤에 손자손녀들과 함께 찾아가는 장면이 나온다. 라이언 일병을 구하다 사망한 장교는 라이언이 일생을 걸어야 했던 한 마디를 남기고 숨을 거둔다. 바로 "우리들 목숨값을 하게!"다. 이에 라이언은 눈물 흘리며 아내에게 자신이 열심히 살았는지 묻는다. 그렇게 거대한 질문이 마치 한마디로 요약될 수 있는 것처럼 말이다.

하지만 이렇게 감상적인 평가는 성립될 수 없다. 실제 삶은 이보다 훨씬 복잡하다는 사실을 우리는 이미 알고 있다. 불경한 작가들은 마지막 순간에 웃는 걸 더 중시한 나머지 삶의 신성함과 일관성을 가볍게 여기는 경향이 있다. 오스카 와일드가 죽음 앞에서 했던 말 "벽지와 나는 생사를 건 결투를 하고 있다. 둘 중 하나가 죽어야 끝나겠지." 혹은 그루초 막스가 자신의 묘비에 새기고 싶어 했던 "실례지만 지금은 일어날 수 없습니다."는 죽음의 무게와 그에 따른 경외감에 지나치게 위축되지 않도록 도와준다.[19] 부고 작가들은 죽음 자체에 대해 이야기하지 않는다. 죽은 이가 각자의 삶을 어떻게 살았는지 엿볼 수 있게 해줄 뿐이다.

장례식이 탄생부터 죽음까지 펼쳐진 삶의 밧줄을 편리하게 관망할 수 있도록 해주지만 이렇게 제시된 삶이 너무 깔끔하고

평가받으며 사는 것의 의미

단순하다는 사실을 인지해야 한다. 편집된 이야기에서 벗어날 순 없지만 모든 이야기가 그렇게 단순할 필요는 없다.

문학 작품에서 배우기

문학비평가 제임스 우드James Wood는 발터 벤야민Walter Benjamin의 에세이 『이야기꾼The Story Teller』에서 다음과 같이 인용한다. "죽음은 독자가 손을 따뜻하게 녹일 수 있는 불이다."[120] 우드가 보기에 죽음은 전지적 관점을 취하기에 유리하며, 삶 전체를 이야기로 만들 수 있는 권한을 화자에게 부여한다. 예를 들어 당신이 주인공에 대해 진정한 사랑은 딱 두 번 해봤다고 단정지을 수 있는 것과 같은 것이다.

우드는 이 같은 허술함이야말로 픽션이 유용한 이유이며 소설에서는 실제 경험과 기억, 혹은 사례와 형식 간에 구분이 없다고 지적한다. 하지만 누군가의 삶에 대해서는 이렇게 하기가 쉽지 않다. 뒤돌아보기 전까지는 온갖 사례 속에서 헤매게 되어 있을 뿐더러 형식을 파악할 수도 없기 때문이다. 그래도 소설가들에게는 삶의 결을 평가하는 방법에 대해 배울 수 있다. 소설가들은 서사적 일관성을 유지하는 한편 미묘한 뉘앙스와 디테일을 놓치지 않은 이야기를 창조한다. 단순한 이야기와는

달리 복잡한 디테일들이 쌓여 완성되며 이를 통해 의미가 후
대에까지 전달된다. 다양한 에피소드에 서사를 부여한답시고
삶을 지나치게 단순화하면 남는 건 거의 없다. 마가렛 애트우
드Margaret Atwood는 사례와 형식이 서로 간에 어떻게 긴장을 유
지하는지 친절하게 알려준다.

> 이야기의 중간 지점에 있을 때는 이야기가 아니라 혼란일 뿐이다.
> 앞이 보이지 않는 어둠이 모든 걸 집어삼킨 가운데 유리와 나무의
> 파편이 나뒹구는 상황인 것이다. 집에는 회오리가 강타하고, 배는
> 빙하에 부딪혀 산산조각 나거나 급류에 휩쓸려 가는데 올라탄 사람
> 들은 아무것도 할 수 있는 게 없다. 이야기 비슷한 게 완성되는 건
> 모든 것이 끝난 이후다. 당신이 자신이나 다른 누군가에게 전달할
> 때 말이다.

우리는 전지적 시점으로 허구 속 인물의 약점과 역할들을 파악
한다. 그들의 마음을 들여다보면서 우리에게 '감시하는 힘'이
있다고 확신한다. 우드가 지적한 것처럼 "다른 누군가의 은밀
한 생각이라는 주머니를 뒤집어 오류라는 동전이 바닥에 우수
수 떨어지는 것을 지켜볼" 힘이 있는 것이다. 하지만 모두 가상
의 인물들이고 그들의 행동이 미치는 영향이라고 해도 소설 속
에 머물 뿐이다. 실제 현실과 상호작용하지 못하기 때문에 그

평가받으며 사는 것의 의미

들을 관대하게 평가하기 마련이다.

우드는 한 발 더 나아가 "우리는 항상 (도덕적으로) 평가하는 관점에서 점점 멀어짐과 동시에 친밀함, 동료애, 연민, 공동체 같은 감정에 더 가까워진다. 우리에게는 감시하는 예수의 전지전능한 힘뿐 아니라 용서하는 예수의 인간적 시선도 있다."고 말한다. 하지만 이 주장은 다소 과장되었으며 문학 작품을 통해 만나는 모든 등장인물에게 해당된다고 할 수는 없다. 『롤리타Lolita』에서 험버트가 롤리타를 탐욕스럽게 바라보거나 『1984』에서 당의 간부 오브라이언이 주인공인 윈스턴 스미스를 고문할 때 마냥 따뜻한 마음으로 지켜볼 수는 없는 것이다. 하지만 어떤 식으로든 삶을 평가할 때에는 도덕성과 미학이라는 두 가지 관점에서 접근해 균형, 드라마, 진실성을 두루 살피기 때문에 좋은 독자는 어떤 면에서 예술 비평가와 비슷하다고 할 수 있다. 평가를 한다는 것은 책을 읽는 것과 같다.

삶의 디테일들을 관찰할 때에는 나태하고 이기적인 시각으로 바라보기보다 우드가 말하는 '진지한 주시'를 하는 게 좀 더 세심하고 공정하게 평가할 수 있는 좋은 방법이다. 여기서 필립 로스의 『휴먼 스테인』으로 돌아와 어떻게 하면 콜먼 실크를 공정하게 평가할 수 있을지 질문할 수 있다. 도피하겠다는 그의 무모하고 심지어 잔혹한 욕망을 과연 용서할 것인가? 평가는 누가 할 것인가? 로스는 내레이터인 네이선 주커먼이 잠재적 관객이 되어주기를 원하는 것처럼 보인다. 그렇다면 네이선은 콜먼을 어떻게 평가할 것인가? 네이선은 '감시하는 힘'으로 콜먼의 약점을 꿰뚫어보고 있지만 그럼에도 그를 비난하기보다는 '용서하는 예수'처럼 대변해주고 싶어한다. 거기서 그치지 않고 친구의 복잡하고 모난 삶을 강력히 옹호하기까지 한다. '오류라는 동전'이 바닥으로 우수수 떨어지는 걸 지켜보면서도 그게 잘못이라고 평가하기는 단호히 거부하는 것이다.

우리는 작품 초반에서 네이선을 통해 콜먼과 포니아가 죽었다는 사실을 알고 있다. 이들의 장례식은 '정화 의식'이라는 제목의 장에 등장한다. 앞서 말했듯 장례 연설은 필연적으로 삶과 사람을 설교와 위선 속에 매장함으로써 삶의 복잡성을 지우는 요약이다. 그래서 콜먼과 포니아에게 죽음은 그들의 본질을 근본적으로 배반하는 사건이다. 네이선의 말처럼 "죽음은 불쑥 끼어 들어서 모든 걸 단순화시킨다. 모든 의심, 모든 의혹과 모든 불확실성을 최고의 요약이 밀어내는데 그것은 바로 죽음이다." 장례식에서 요약된 콜먼과 포니아의 삶은 타인의 입을 통해 회자되면서 오점이 제거되고 일관성 있는 이야기로 재구성되지만 두 사람에게는 발언권이 없다. 포니아는 농장의 소떼를 사랑했고, 화장실 청소를 고귀하게 여긴 따뜻하고 다정한 '영혼의 구도자'로 치부된다. 결국 그녀 안의 까마귀는 영원히 침묵한다.

평가받으며 사는 것의 의미

콜먼의 장례식에서는 더 큰 정화 의식이 기다리고 있었다. 한 동료가 콜먼의 명성이 땅에 떨어진 사건을 포장함으로써 자기 참회를 시도하는 모습을 많은 이들이 지켜보게 된다. "허브 케블은 죄를 자신에게 뒤집어 씌움으로써 대담하고 심지어는 흥미로운 방식으로 기록을 정화시키고자 나선 또 하나의 인물이다. 정말 중요한 때에 그가 행동하지 않았다는 사실은 여전히 그대로 남아 있었고, 그랬기 때문에 나는 콜먼을 대신해서 생각했다. 엿이나 먹어라, 자식아."

네이선은 가장 친한 친구에 대해 무척 방어적이다. 그는 제3자가 콜먼의 자유를 향한 저항을 옹호할 수도 비난할 수도 있지만 누구도 관여할 바가 아니라는 사실을 깨닫는다.

그는 단순히 위대한 개척자적 전통에 따라, 그렇게 하는 것이 행복 추구에 도움이 되는 것이라면 자신의 기원 따위는 뱃전 너머로 내던져버리라는 민주주의의 권유를 받아들이고 있는 또 다른 미국인에 지나지 않았던 것일까? 그것도 아니라면, 그것 이상의 이유에서였을까? 그것도 아니라면, 그것에도 못 미치는 이유에서였을까? 그의 동기라는 것들이 얼마나 단작스러운 것이었을까? 어느 정도나 병적이었던 것이며? 두 가지 모두라고 가정해보라. 그게 뭐 어쨌다는 건가? 두 가지 모두 아니라고 가정해보라. 그것 또한 그게 뭐 어쨌다는 건가?

콜먼은 여러 가지 면에서 오점을 지녔지만 네이선이나 포니아와의 관계 덕분에 어느 정도 만회가 된다. 네이선의 시각을 통해 우리는 그를 가혹한 환경의 희생양으로 여기고 연민을 갖는다. "적개심으로 가득한 이 세상이라는 이빨에 이중으로 당하는 것이다. 바로 세상 자체인 적대감에 의해."

네이선의 연민이 담긴 평가는 자유롭고자 하는 콜먼의 욕구를 개인적으로 이해한다는 사실에서 일부 비롯된다. 충직한 친구의 무비판적이고 불완전한 평가에는 뭔가 근사한 게 있다. 철학자 알렉산더 네하마스는 저서 『우정론On Friendship』에서 친구를 '살아 있는 은유'에 비유했다. '건축은 냉동된 음악이다' 같은 살아 있는 은유는 상투적 문구로 전락하여 정확하게 요약될 수 있는 죽은 은유와 달리 항상 더 큰 반향을 일으킨다.

수단적 관계는 대체될 수 있다. 만약 당신이 머리칼을 잘라주는 누군가와 함께 있다면 이들은 같은 일을 해주는 다른 누군가와 대체 가능하다. 하지만 친구는 살아 있는 은유, 혹은 중요한 예술 작품처럼 지속적이고 유일한 관심을 요한다. "당신이 실제로 누구인지는 엄청난 차이를 만든다: 마치 살아 있는 은유처럼 당신은 대체 불가능하다."[121] 네하마스는 한 발 더 나아가 "은유와 마찬가지로 우리의 삶에서 그들이 어떤 역할을 하게 될지 우리는 결코 알 수 없다"라고 말한다. 가까운 친구는 그 어떤 것으로도 대체할 수 없고 그들이 어떤 역할을 할지 가

평가받으며 사는 것의 의미

능성은 무한하다.

우정의 이 같은 성질을 발견한 네이선은 운이 좋았다. 그는 자신만의 방식으로 자유를 실험했다. "근심 걱정으로 마음을 상하게 만드는 번잡스러움, 유혹 그리고 기대 같은 온갖 것으로부터 떠나, 특히 자신의 마음속에서 스스로를 얽매는 긴장감에서 벗어나 이 산악 지대에서 혼자 살아가는 요령은 고요함을 체계화하고… 나를 둘러싸고 있는 고요함을 나의 유일한 허물없는 친구로 여기는 것 말이다." 하지만 이렇게 고립되고 보는 이 없는 곳에서 살아가려는 노력은 네이선에게 충분하지 않았다. 그는 자유로움에 대한 욕구의 한계를 인정하면서, '고통을 최소화하며 어수선한 세상속에서 살아가는 비결은 가능한 한 많은 사람이 당신의 망상을 계속 사실이라고 믿게 만드는 것이다'.

네이선은 콜먼의 삶의 특이성을 고스란히 반영해 콜먼을 대변할 수 있는 인물이다. 필립 로스는 콜먼을 대변해주는 네이선을 대변하면서 내레이션은 신뢰할 수 없다는 불가피한 사실을 알려준다. 또한 이는 제임스 우드가 말한 '살아 있음'을 떠올리게 한다. 살아 있음은 삶에 가장 근접한 것이면서도 여전히 삶은 아니다. 네이선이 콜먼을 대변할 수 있고 로스가 전지적 시점으로 네이선을 대변할 수 있다면 남은 우리는 누가 대변할 수 있을까?

우리는 허구 속 인물들에게 더 많은 연민을 갖는 반면 현실

속 사람들에게는 돌부터 던지는 경향이 있다. 현실 속 인물들은 실제적으로 영향을 끼치고, 더 강력한 다른 종류의 평가를 받게 된다. 따라서 문학 작품이 '타인'과 우리의 교감을 형성해주는 공감 엔진으로 여겨질 수 있다고 해도 현실에서 마주치는 사람들에게 공감하는 데 분명 한계가 있고 평가는 무의식적으로 이루어진다. 좋든 싫든 말이다. 하지만 문학 작품을 통해 좀 더 열린 평가를 내리는 방법을 배울 수는 있다. 모순을 인식하고, 사랑과 미움이 같은 줄기에서 자란다는 것을 알 수 있다. 문학 작품은 서로를 변화무쌍한 시각으로 바라봄으로써 덜 유치하고 더 신중하게 묘사할 수 있도록 해준다.

『에고 트릭: 당신이 된다는 것은 무슨 뜻인가?Ego Trick: What Does It Mean To Be You?』에서 철학자 줄리언 바지니Julian Baggini는 인터뷰를 통해 다양한 전문가들에게 평소보다 덜 일관적이고 더 정확한 자아의 이미지를 종합해보도록 요구했다. 그 결과 우리가 자신을 견고하고 단단한 조개 속 진주로 보는 경향이 있다고 결론 내렸다. 하지만 이 같은 은유는 현실을 파악하는 데 도움이 되지 않는다. 우리는 조개 속 진주보다는 가면 뒤의 얼굴, 혹은 무대를 오르내리는 배우이자, 그보다는 나뭇잎 무성한 나무, 그보다는 어쩌면 헐벗은 나무에 가깝다. 우리는 고유성, 고정된 진실, 시작이나 끝에 대한 특별한 주장 없이 차례를 기다리는 선수들의 무리 같다. 자아의 여러 모습이 섞여 있는 가운

평가받으며 사는 것의 의미

데 주제와 가치를 구분할 수 있겠지만,[122] 이 진주 은유 대신 생각, 기억, 그리고 시간에 따라 달라지는 모습을 보여주는 다른 비유로 교체하는 게 나을 것이다.

바지니가 인터뷰 한 사람 중 하나인 철학자 갈렌 스트로슨Galen Strawson은 다른 사람들보다 훨씬 극단적인 단절감을 지니고 있는 것 같았다. 그는 자아가 가진 서사를 자신과는 전혀 무관한 망상으로 보았다. "나처럼 지금 이 순간에 효율적으로 머물고 있으며, 지금 이 순간의 내가 1분 전에도 여기 있었다고 생각하지 않는 사람들이 분명 존재한다."

에고 트릭의 핵심은 수많은 자아는 비밀로 하고 조개 속 진주처럼 서사적 일관성을 갖는 하나의 모습을 대외적으로 유지하는 것이다. "실제로는 엉망인 분절된 경험과 기억의 조각들을 강력한 통합성을 가지고 하나로 창조하는 게 트릭이다."[123] 세심하게 평가하는 기술과 새롭게 알게 되는 사실에 비춰 평가를 기꺼이 수정하려는 의지는 경험의 모순을 보완하고 균형을 맞추는 걸 도와준다. 이 같은 트릭을 얼마나 잘 활용하든 그래 봐야 트릭일 뿐이라는 갈렌 스트로슨의 혼란스러운 직감을 따를 필요는 없다.

삶의 의미를 발견하는 것

필립 라킨Philip Larkin의 시를 읽으면 가슴이 저민다. 그는 자신의 죽음에 대해 매우 두려워하면서도 알고 싶어했다. 그런 감성을 「새벽의 노래Audabe」나 「계속 사는 것Continuing to Live」 등의 작품에 담아냈다. 게다가 우리는 이제 그가 두려워하던 것, 그가 1985년 12월 2일에 킹스턴어폰헐에서 63세의 나이로 죽는다는 사실을 정확히 알고 있다.

하지만 안타까운 마음은 이렇게 그의 죽음을 알고 있다는 사실에서 그치지 않는다. 라킨은 피할 수 없는 죽음뿐 아니라 결국 자신의 삶이 무의미할 것을 두려워했다. 초사회적 동물인 인간은 좋은 평가를 받고 있다는 느낌을 간절히 원하지만 그 이면에는 어떤 평가라도 받고 싶은 마음이 내재되어 있다. 그러려면 타인이 굳이 평가하는 수고를 들일 만큼 의미 있는 존재여야 한다.

「계속 사는 것」에서 '(우리의) 죽음이 시작되는 그 초록의 저녁'에 라킨은 죽음을 앞두고 삶을 돌아보며 '모든 행동들에 대한 인상을/반쯤 눈 감고 확인하는 것을' 상상한다. 당신이 한 것과 하지 않은 것을 살피면서 세상과 타인에게 미친 영향에 대해 헤아리는 시간을 갖는 것이다. 그리고 이때 당신은 이것에 대해 '만족할 수 없다/왜냐면 그것이 적용되는 건 오로지 한

평가받으며 사는 것의 의미

번에 한 사람이기 때문에/그리고 그 사람은 죽어가는 중'이기 때문이다. 다시 말해 최후의 순간에 의미는 우리를 비켜간다는 것이다. 먼지는 먼지로 돌아가고 맹목적인 감동은 희미해진다. 맥베스가 아내를 잃은 후 했던 말을 생각해보자.

> 인생이란 단지 걸어다니는 그림자, 가련한 배우
>
> 무대 위에서 뽐내며 걷고 안달하지만
>
> 그 시간이 지나면 영영 사라져버리는 가련한 배우
>
> 그건 백치가 지껄이는 이야기, 소리와 분노로 가득 찼지만
>
> 아무 의미 없는 것이다.[124]

사라져버리는 수많은 삶과 다르게 라킨 자신은, 역설적이게도 무의미한 삶에 대한 두려움을 표현함으로써 기억되고 있다. 그의 삶은 영원히 의미를 지니게 되었다.

모든 이들이 전기 영화가 제작되는 건 아니지만 평범한 삶역시 영화나 소설 같은 순간을 맞이할 수 있다. 결혼식도 장례식과 비슷하게 무대의 기능을 해서 그날 하루만큼은 결혼하는 커플이 유명인사로 등극한다. 모든 관심을 한몸에 받고, 모든 연설의 주제가 되는 것이다. 심지어 이날 이 '행복한 커플'과 이야기 나눈 사람은 자신이 운 좋게 선택받았다고 느낀다. 이런 순간들이야말로 평범한 삶이 공개적으로 이야기되는 몇 안 되

는 순간들이라 할 수 있다. 하지만 우리의 삶은 대개 소리 소문 없이 지나간다.

물론 우리의 행동이 갖는 작은 의미는 뒤늦게 발견될 수 있지만 이렇게 진실이 밝혀지려면 세심한 주의가 필요하다. 조지 엘리엇George Eliot의 『미들마치Middlemarch』는 작은 마을에서 평범할 수밖에 없는 삶을 산 주인공 도로시아에 대해 다음과 같은 묘사로 끝이 나 내게 오래도록 깊은 여운을 주었다.

그러나 그녀의 존재가 주위에 끼친 영향은 헤아릴 수 없을 만큼 넓었다. 이 세상에서 선善이 늘어나는 것의 일부는 역사에 기록을 남기지 않는 행위들이 있기 때문이다. 그리고 세상이 우리 모두가 생각했던 것만큼 나쁘지 않은 이유의 절반은 다른 사람들이 보지 않는 데서 신실한 일생을 보낸 뒤, 찾아오는 이도 없는 무덤에서 잠든 이들이 존재하기 때문이다.

이 글에서 엘리엇은 우리가 서로에게 미치는 작고 미묘한 영향과 이들이 축적되며 생기는 의미를 차분히 포착한다. 소설가의 전지적 시점 덕분에 도로시아의 미미한 중요성이 보존되는 것이다. 하지만 평범한 관객들은 이 정도 수준의 세심함이 자신에게 주어지기를 기대하기는 힘들다. "우리는 모두 도덕적으로 어리석게 태어나서 세상이 우리의 우월한 자아에 젖을 주는 유방이라고 여긴다."에서 알 수 있듯 엘리엇은 일상적 평가에 대해서는 비극적 관점을 갖고 있다. "우리가 서로에게 마땅히 가져야 할 세심한 관심은 인류의 성긴 관심으로 인해 아직 나타나지 않았고 아마 상당수는 이를 감당하지 못할 것이다. 만약 우리가 평범한 사람들의 모든 삶을 예민하게 바라보고 또 느낀다면 이는 아마 잔디가 자라는 소리와 다람쥐의 심장박동 소리를 들을 수 있는 거나 마찬가지일 것이다. 우리는 정적의 정반대편에 자리한 이 소란 때문에 죽고 말 것이다."

그렇다면 세심한 관객을 갖지 못한 우리는 무심한 눈빛을 바라보며 느끼는 무의미함과 허망함을 쫓아내기 위해 무엇을 할 수 있을까? 한 가지 방법은 프랭크 카프라 감독의 1946년 영화 〈멋진 인생It's a Wonderful Life〉에서 제임스 스튜어트가 연기한 캐릭터 이름을 따 '조지 베일리 기술'로 이라고 알려져 있다. 영화 막바지, 파산하고 우울한 조지는 크리스마스 이브를 맞아 자살 충동을 느낀다. 보험금을 생각하면 '살아있는 것보다 죽는 게 낫기' 때문이다. 그 순간 강에 빠져 익사하기 직전인 남성을 발견하고 구해주는데 그 남성은 조지의 수호천사 클라렌스였다. 클라렌스는 만약 조지가 태어나지 않았다면 마을이 어땠을지 조지에게 보여주기로 결심한다. 그리고 당연히 조지는 마을에 놀라울 만큼 폭 넓고 긍정적인 영향을 미쳤다. 이 같은 플롯은 단순하기 그지없지만 그럼에도 감동을 주는 이유는 자신이 무의미하다는 조지의 느낌을 순식간에 뒤집어 놓았기 때문이다.

이 이야기는 무의미함의 중압감에서 벗어날 수 있는 전략을 알려준다. 여기서 조지가 허무한 감정을 극복할 수 있는 이유는 감사하는 마음 그 자체만이 아니다. 많은 전문가들은 자신의 삶에 감사할 수 있는 방법 중 하나로 고마운 마음이 들게 해준 것들을 목록으로 적어두는 감사 일기 쓰기를 꼽는다. 하지만 연구에 따르면 이 일기의 효과도 제한적일 뿐이다. 저서 『방향을 바꾸다Redirect』에서 심리학자 팀 윌슨Team Wilson은 우리가 쾌락 역설Pleasure Paradox을 지향하게 되어 있다고 지적한다. 만일 감사 일기 등을 통해 일상적으로 감사하는 마음을 너무 자주 가지면 그 의미도 반복과 함께 감소된다. 따라서 그보다는 조지 베일리 기술의 진정한 교훈을 배우는 게 훨씬 효율적이다. 당신이 현재 소중히 여기는 경험이나 관계들이 실제로 일어나지 않았을 경우를 상상하면서 지금이 얼마나 감사한지를 되새기는 것이다. 이렇게 하면 감사한 마음이 훨씬 커지기 마련이다. 윌슨은 만약 사람들에게 배우자가 없는 당신의 삶을 상상하도록 하면 "그 관계가 다시 한 번 놀랍고 특별한 건 물론 신비하게까지 느껴져 삶에서 느끼는 기쁨이 더욱 오래 지속될 수 있을 것"이라고 말한다.

우리에게는 삶의 중요성을 확신시켜 줄 수호천사가 없고, 조지 베일리 기술을 통해 얻을 수 있는 기쁨에도 아마 한계가 있

평가받으며 사는 것의 의미

을 것이다. 사람들은 살아가면서 마주치는 다양한 관객들에게 의존적이며 이들은 평가를 내리는 데 변덕스럽다. 윌슨은 긍정 혹은 부정적 평가를 돌아볼 때 사람들이 겪는 불균형에 대해 묘사한다. 당신에게 가혹하게 구는 누군가로 인해 고통을 당하고 있다고 가정해보자. 최고의 대처 방법은 비난으로부터 거리를 두면서 마치 다른 사람에게 일어난 일처럼 여기는 것이다. 만약, 반대로 좋은 평가를 받고 있다면 그가 말하는 '불확실성의 기쁨'을 누릴 수 있다. 이 같은 불균형은 부정적 평가와 긍정적 평가 사이에서 일반적으로 나타난다. 만약 누군가에게 좋은 이야기를 해준다면 모호한 태도를 유지해도 무방하다. 하지만 부정적인 얘기를 해야 한다면 단호하고 구체적인 태도로 그 사람보다는 잘못에 초점을 맞출 수 있도록 주의를 기울여야 한다.

무의미함의 두려움을 피할 수 있는 또 다른 방법은 타인의 평가의 중요성을 부인하는 것이다. 말하자면 무시당하는 느낌을 무시하도록 노력해야 한다는 얘기다. 이는 앞 장에서 살펴본 자유를 향해 가는 길이자 콜먼 실크의 삶 대부분을 이루는 이야기다. 소설가 비크람 세스Vikram Seth가 라디오 프로그램 〈무인도에 가져갈 음반Desert Island Discs〉에 출연해 제안한 방법도 이와 비슷하지만 좀 더 순화됐다고 할 수 있다. 인터뷰에서 그는 삶과 타인에 대해 현명한 시각을 갖고 있는 한 할머니에 대해 이야기했다. 그녀는 다른 사람들이 자신을 어떻게 생각할지 생각하는 데 많은 시간을 할애하는 대신 자신이 다른 사람들을 어떻게 생각할지에 집중했다고 한다. 그는 일찌감치 이 같은 방법을 배우고 실천하기로 결심했다.

이렇게 전세를 역전시키는 생각의 변화에는 단순하면서도 강력한 뭔가가 있다. 그리고 이것이 타인의 의견에 지나치게 연연하는 이들에게 훌륭한 조언이라고 나는 확신한다. 삶의 후반부에 접어들면 평가받는 일에 대한 불안함이 줄어든다. "나이가 들면 나는 보라색을 입을 거야"로 시작하는 제니 조셉Jenny Joseph의 시 「경고Warning」에는 이 같은 저항 정신이 꽤 잘 드러나 있다. 그녀는 보라색 옷을 입고 세상으로 나가서 "매장의 시식용 음식들을 싹쓸이하고 알람 버튼을 누를 거야/그리고 내 지팡이로 난간을 긁어야지"라고 다짐한다. '젊은 시절에 못했던 것들'을 하고 침 뱉는 법도 배울 것이란다. 그리고 시는 한 가지 단상으로 마무리된다. 기다릴 게 뭐 있나? 비크람 세스가 말한 대로 일흔이 될 때까지 기다릴 것 없이 타인에 대한 자신의 생각에 좀 더 집중하는 방법을 "지금부터 조금씩 연습해보자."

하지만 이 같은 희망에도 역시 한계는 존재한다. 잠재적 관객으로부터 완전히 벗어나기란 불가능하다. 별종으로 전락하거나, 자신의 생각에만 지나치게 집중하거나, 당신에 대한 타인의 생각에 전혀 신경 쓰지 않는 것은 천천히 단절되어 가는 것이다. 결국 이에 성공한다는 것은 고립되는 것을 의미한다. 타

평가받으며 사는 것의 의미

인의 시각에 더 이상 의존하지 않으면 자신의 의미와 중요성이 다시 희미해질 수밖에 없다. 모두가 이 방법을 성공적으로 실천하며 살아가는 세상을 상상해보라. 우리 모두가 평가를 하기만 할 뿐, 결코 받지는 않는 세상 말이다. 이 길에는 나쁜 평가를 받고 고통스러워 할 위험도 없고 그만큼 자신의 존재가 정당화됐다는 느낌을 가질 기회도 주어지지 않는다.

물론, 평가를 무시할 수 없는 존재로 여기고 그만큼 타인의 생각에 신경 쓰면 일상적으로 실망하는 것은 각오해야 한다. 통제할 수 없는 일들이 많고, 이런저런 일들로 평가받을 것이며, 그것들이 고통스러울 만큼 부당하게 느껴질 것이다. 이 책에서 우리는 인간이 내리는 평가의 본질에 대해 실망스러운 점들을 많이 확인했다. 인류는 항상 행복하고 번창할 수 있는 방향으로 진화해오지 않았다. 본능적으로 인류 재생산을 실현하는 방향으로 움직이게 되어 있어서 똑같은 실수를 반복할 수밖에 없다는 비극적 관점이 팽배할 수 있다. 자기기만, 위선, 자기옹호 및 선입견에 취약한 게 인간이며 서로에 대해 내리는 평가도 그리 신뢰할 만한 게 못 된다. 자신에게 유리한 결론을 내리는 건 물론, 하이트가 말하는 무의식이라는 코끼리의 통제를 받기 때문에 어찌 해볼 도리도 없이 이리저리 끌려 다닌다.

세상은 나쁜 평가로 가득차 있고 불평등은 재생산된다. 경제의 불평등과 비슷한 이른바 '매튜 효과'라는 것도 체감할 수 있다. 이미 좋은 평가가 넘쳐나는 사람들에게는 호평이 줄을 잇고 (좋은 평가를 받는 이들의 약점은 개성이라는 미명하에 용서받는다) 그렇지 않은 사람들에게는 비난이 쏟아져 선순환과 악순환처럼 느껴지는 것이다. 타인에 대한 평가는 규제될 수 없는 만큼 강력하다. 따라서 불공평함이 몹시 괴로운 수준이 되면 "내 잘못이 아니야" "난 신경 안 써" 혹은 "나를 진심으로 이해하는 사람은 아무도 없어"라고 말하는 것도 필요하다.

결국 잠재적 관객으로부터 어떤 평가를 받을지에서 우리가 할 수 있는 일은 거의 없다. 만약 통제할 수 있는 게 많았다면 그들이 그리 강력한 힘을 갖지는 못했을 것이다. 인간은 객관적 입장을 유지할 수 없다. 만약 아니라고 생각한다면 내재적 선입견을 다룬 서적들을 보면서 배울 게 많을 것이다. 우리가 할 수 있는 일이라고는 타인에 대한 평가가 틀리고, 편파적이며, 이기적일 때가 많다는 사실을 인정하는 것이다. 그러니 평가 내리되 고민을 멈추지 마라. 이 의견은 일시적일 뿐이며 좀 더 많은 근거를 접할 때마다 수정되어야 한다는 사실을 유념하라. 하지만 이것이야말로 우리가 거의 하지 못하고 있는 행위다.

존 메이너드 케인스John Maynard Keynes가 "사실이 달라지면 내 마음도 달라지는데 당신은 어떠한가?"라고 물은 이유이기도 하다. 물론, 나는 내가 어떤지 안다. 에코 챔버*와 집단 문화가 횡행하는 오늘날을 살아가면서는 거품을 피하기 어렵다. 왜곡된 면모만을 비추는 거울로 가득찬 방에서 벗어나기 힘든 것이다. 그래서 나는 소속된 사회에서는 평가를 엄연한 사실로 받아들이기로 했다.

나는 철학자 리처드 로티Richard Rorty가 사랑의 대리인이라고 부른 것을 일부 소설가나 인류학자들처럼 충분히 생각하지 않는다. 이들 사랑의 대리인은 건강한 사회라면 어디서나 정의의 대리인 반대편에 서 있다. 정의의 대리인은 우리 모두가 법 앞에 평등하다는 표준을 제시하는 존재다. 이는 개념상 맹목적 정의로서, 처한 환경에 따라 차별하거나 평가하지 않는다. 차별하지는 않지만 사람들과는 무관하게 무심한 평가들을 생산한다. 이론상으로는 그럴 듯하지만 역사적, 사회적으로 서로를 구분하는 상황들의 수많은 특수성을 고려하지 않는다.

정의의 대리인은 사랑의 대리인 없이는 앞을 볼 수 없다. 인종, 성별 및 나이에 따른 차별을 금지하는 법은 지금까지 묵인된 사랑의 대리인의 고난들에 목소리를 부여한다. 사랑의 대리인은 이러한 감수성으로 낯선 것을 친숙하게 만들며 이야기를 복잡하게 만든다. 소설가들은 작품을 통해 이 같은 경향을 드러내고 여기서 많은 걸 배울 수 있다. 눈을 크게 뜨고, 진지하게

---

* 방송이나 녹음을 위해 인공적으로 메아리를 만드는 방을 의미한다. 소리가 메아리로 돌아오듯, 인터넷 공간에서 유사한 생각을 가진 사람들하고만 소통하면서 편향적인 사고를 갖는 현상.

임하며, 얼마든지 놀랄 마음을 갖고 있으면 제임스 우드가 말한 것처럼 "우리가 의식을 잠재움으로써 세상에 가할 수 있는 느릿느릿한 죽음"[125]은 피할 수 있을 것이다.

사랑의 대리인이 중요하다고 해도 우리는 네이선 주커먼과 마찬가지로, 한계를 알고 있다. "이 세상엔 자신이나 자기 이웃들에 대해 속속들이 알고 있다고 믿는 사람들로 가득하지만 사실 알려지지 않은 것이 한없이 많다. 우리에 대한 진실에는 끝이 없다. 거짓도 마찬가지다."

로버트 하스Robert L. Hass의 시 「존재의 특권Privilege of Being」에는 한 사랑하는 연인이 궁극적으로 서로에게 얼마나 친밀하며 유일한 존재인지 그린다. 여자가 남자에게 말한다.

> 오늘 아침 잠에서 깼을 때 너무 슬펐어.
> 내가 당신을 사랑하는 것만큼
> 나의 외로움을 치유해 줄 수 없음을
> 깨달았기 때문이야.
> 여자는 이 같은 진실로 남자에게 상처를 줄 의도는 아니라고 말한다.
> 남자는 상처받지 않는다.
> 그는 삶에 한계가 있고
> 사람들은 젊어서 죽고
> 사랑에 실패하며

그들의 야망에 실패한다는 사실을 이해한다.

슬픔을 자아내는 이 같은 관점은 절망적으로 읽힐 수도, 구원적으로 읽힐 수도 있다. 심리분석학자 자크 라캉Jacques Lacan은 "당신이 갖고 있지 않은 뭔가를 원하지 않는 사람에게 주는 것"도 사랑에 포함된다고 말해 사랑의 모호함을 포착했다.

나는 딸들이 잘 알지도 못하는 친척에게서 진심으로 사랑받는다고 느끼고, 그들 하나하나를 복잡하고 구체적인 방식으로 사랑하는 게 가능하다는 얘기를 듣고 놀라지 않을 수 없었다. 사랑이라는 건 서로 간의 지식 격차를 제거하며 온다고 여겼기 때문이다. 하지만 이런 종류의 친밀함, 내가 상대방에 대해 알고 상대방 역시 날 알고 있다는 느낌은 너무 드물고 알아채기 힘들기 때문에 사랑만큼 강력한 것의 밑바탕을 이루거나 다른 보상적 관계들을 밑받침하기엔 턱없이 부족하다.

이 책을 집필하면서 결국 자신을 진심으로 이해할 사람이 아무도 없다 해도 실패가 아니라는 것을 배웠다. 누군가를 이해하고자 하는 시도는 결실을 맺을 수 없을 뿐더러 오히려 그 시도가 추구하는 타인과의 연결성이 훼손되더라도 말이다. '진실'을 발굴해주는 전지적 통제라는 개념은 이따금 우리의 무지, 그리고 우리가 안다고 생각했던 사람들의 온전한 타자성을 받아들여야 하는 상황에서 무력해진다. 심지어 나 자신조차 나를 온전히 이해할 수 없다. 당신에 대한 나의 평가 역시 완전하거나 정확할 수 없기 때문에 나는 당신을 이해하고자 다가가는 게 어떤 면에서는 더 멀어진다는 사실을 깨달아야 한다. 마치 계속 후퇴하는 지평선을 향해 다가가듯 아무리 다가가도 결정적인 면에서, 우리는 결코 가까워질 수 없다.

하지만 이렇게 서로에게 무지한 상태로 남아 있는 것도 희망이 있다. 그럼에도 불구하고 마치 계속되는 기대 속에 어두운 유리를 들여다보는 것처럼 서로에 대해 평가할 수 있고 또 평가할 것이다. 나의 평가는 내가 가진 근거를 넘어설 게 분명하다. 이 사실에 유념해야 내 평가가 편파적이라는 사실을 떠올릴 수 있고, 너무 빨리, 또 너무 자주 일어나는 자기 옹호에 직면해서도 겸손할 수 있다.

게다가 지식의 부족, 정확성의 한계 또한 받아들여야 한다. 이 같은 빈틈이 있어야 우리는 각자 더 나은 존재로 발전할 수 있다. 내가 자신에 대해 하는 생각과 타인이 나에 대해 가진 생각 사이의 격차를 느끼고 불편해하기보다 이 격차를 활용해 더 나은 자신으로 나아갈 수 있다. 만약 모든 사람들이 나를 나 자신이 아는 것보다 친절한 사람으로 생각한다면 그 격차에 집중하고 좁히려고 노력할 것이다. 조개 속에 있는 진주처럼 미리 운명 지어진 진실에 갇혀 있다고 느끼기보다는 시간이 흐를수록 새로운 습관을 발전시켜 나갈 것이다. 지식 격차는 이렇게

평가받으며 사는 것의 의미

모호하게나마 희망을 준다. 빛은 그렇게 새어든다.

좋든 싫든 당신을 진정으로 알 수 있는 이는 없다는 사실은 부인할 수 없다. 『휴먼 스테인』의 콜먼 실크가 해군에 복무할 당시 수치심과 자기 후회에 빠져 문신을 새겼던 그날 밤을 떠올려보자. 그는 이것에 대해 가장 친한 친구 네이선에게 말했다. "이는 작은 상징이었다. 타인의 삶이 처한 수만 가지 상황에 대한 상징, 혼란으로 점철된 한 인간의 내력을 구성하는 수많은 세부 요소에 대한 상징. 어째서 타인에 대한 이해는 아무리 잘해도 늘 약간은 빗나갈 수밖에 없는가를 상기시켜 주는 작은 상징."

우리는 신뢰할 수 없는 평가를 그만둘 수도 없을 뿐더러 공정하거나 정확한 평가를 받지도 못한다. 하지만 평가하는 법을 알게 된다면, 그것을 의식하는 것을 언제 중단했는지도 깨닫게 될 것이다. 그렇게 된다면 살아가면서 마주치는 사람들에 대해 전부는 아니더라도 더 많은 것을 알게 되고, 더 많은 걸 배울 수 있다.

감사의 글

이 책은 내 전작인 『친밀함Intimacy』의 편집자 스티븐 제라드가 프랑크푸르트 도서전 당시 제안한 아이디어에서 출발했고, 지지를 아끼지 않는 나의 에이전트 윌 프랜시스와의 끊임없는 대화를 거쳐 탄생할 수 있었다. 이후 수년간 다양한 사람들이 내놓은 조언의 도움을 많이 받았다. 폴 페터스, 매트 플린더스와 톰 챗필드가 각 장에 대해 구체적 피드백을 해준 데 감사한다. 특히 톰은 포괄적이면서도 통찰력 있는 조언을 주었을 뿐 아니라 소제목에 대한 영감도 주었다. 원고를 다 읽고 내용 전반에 걸쳐 구체적 조언을 아끼지 않은 케이트 부캐넌, 데이브 클라크, 샘 그로브, 마크 라티메르, 나엘 마라, 라이트 마라, 네일 센탠스와 키렌 쇼먼에게도 특별한 감사의 마음을 전한다.

블룸즈버리 출판사의 편집자 리자 톰슨에게는 감사한 마음을 어떻게 다 표현할지 모르겠다. 그녀는 불가피하게 내 전작

평가받으며 사는 것의 의미

들의 출판사가 바뀌었다는 이야기를 듣고 내게 집필을 의뢰했다. 이후 '전통적인' 출판사 점심식사를 함께하며 세심하고 현명한 가이드 역할을 해주었고, 여러 방면에서 책의 수준을 높여주었다. 나이젤 뉴튼 역시 놀라운 열정과 지지로 수년간 내 직업을 응원해주었다.

블룸즈버리의 프랭키 메이스, 인테그라의 레이첼 니콜슨, 마리아 해머쇼이, 베스 윌리엄스와 레베카 윌포드, 노련하고 세심한 편집을 선보여준 에밀리 깁슨에게도 감사한다.

마지막으로 내 가족에게 가장 큰 감사의 마음을 전하고 싶다. 케이트, 안나, 엘리와 샬롯까지. 이 책에 등장하는 대화를 함께 나누고 주말과 휴일이면 (거의 항상!) 뛰어난 유머 감각으로 무장해 내 생활에 침범해줘서 고맙다. 그들이 없었으면 이 책을 쓸 수 없었을 것이다.

주

들어가며

1) 로이 바우마이스터, E. 브랫슬라브스키, C. 핀케나우어, K. D. 보흐스, 〈악이 선보다 강하다Bad is Stronger than Good〉,《일반 심리학 리뷰Review of General Psychology, 5》(2001): 323~70.

2) 레슬리 파버,『의지의 길Ways of the Will』(New York, 2000)

3) 아담 필립스,『일부일처제Monogamy』(London, 1996), 7.

4) 에이브러햄 매슬로는 욕구의 위계에 기반한 인간 동기 이론을 개발했다. 가장 기본적 단계의 욕구는 음식, 물, 안전 등 신체적인 것과 연관된다. 다음 단계는 우정, 사랑 명예 등 심리적인 것들이며 가장 높은 수준은 자기 충족과 자기실현에 대한 욕구다. 그는 아래 단계의 욕구들이 충족되어야 높은 단계의 욕구가 생긴다고 말한다.

5) 어빙 고프만,『스티그마: 장애의 세계와 사회 적응Stigma: Notes on the Management of Spoiled Identity』(Harmondsworth, 1963), 128.

제1장

6) 어빙 고프만,『상호작용 의례Interaction Ritual』(New Brunswick, 1967/2005), 33: 인간에게는 기호와 상징을 사용하려는 성향이 있어서 아주 사소한 움직임에도 사회적 가치와 상호평가의 의미가 담기고 눈에 보인다. 방심한 상태의 눈짓, 순간적 어조 변화, 생태적 위치의 선택 여부에 심판의 의미가 스며 있다. 대화 참여자가 의도했던 의도하지 않았던 그릇된 인상을 불러일으키지 않는 대화 상황이 있을 수 없는 것처럼, 자신의 태도와 다른 참여자들을 대하는 방식을 진지하게 고민하지 않아도 되는 사소한 대화 상황이란 없다.

7) 우드는 작가 포드 매덕스 포드가 이 예시를 활용해 캐릭터를 살렸다고 인정한다.

8)《매일 건강Everyday Health》(2015년 1월 22일)에 게재된 낸시 조지의 기사 〈사회적 고통이 당신의 몸과 마음에 미치는 영향 How Social Pain Affects Your

Mind and Body〉참조. www.everydayhealty.com/news/how-social-pain-affects-your-mind-body/

9) 올리버 버크먼, 『합리적 행복The Antidote』(Edinburgh, 2012), 25.

10) 마크 리어리, 『자아의 저주: 자기인식, 자기중심주의와 인간의 삶의 질The Curse of the Self: Self-Awareness, Egotism, and the Quality of Human Life』(New York, 2007), 77.

11) 에프라임 H. 미즈루치, 『사회의 실체The Substance of Sociology』(New York, 1973), 2000.

12) 타인의 관점에서 사물을 바라보는 능력, 타인이 자신을 어떻게 생각하는지 중시하는 것을 일컫는 이른바 '마음의 이론'을 갖추기 전까지 이런 감정은 일어나지 않는다.

13) 고프만, 『상호작용 의례』, 111.

14) 브레네 브라운, 〈수치심에 귀 기울이기〉, 테드 강연(2012년 3월 16일), https://www.ted.com/talks/brene_brown_listening_to_shame.

15) 존 사비니와 모리 실버, 『감정, 성격과 책임감Emotion, Character and Responsibility』(New York, 1998), 21.

16) 아담 필립스, 〈자아 비판에 반대한다Against Self-Criticism〉, 《런던 도서 리뷰 London Review of Books》, 2015년 3월 5일.

17) 따라서 수치심과 죄책감은 양립할 수 있고 이따금 밀접하게 연관된다. 하나의 행동으로 두 개의 감정이 모두 일어날 수 있는 것이다. 존 롤스는 『정의론 Theory of Justice』에서 다음과 같은 질문을 던진다. 예를 들어 남을 속이거나 비겁하게 항복한 사람이 죄책감과 수치심 모두를 느꼈다고 생각해보자. 그가 죄책감을 느끼는 이유는 자신의 정당성 및 정의감에 반하는 행위를 했기 때문이다. 부당하게 자기의 이익을 추구함으로써 타인의 권리를 침해했으며 그가 피해 당사자와 우정이나 교제의 관계를 가진 경우에 죄책감은 보다 강해질 것이다. 그는 타인들이 자신의 행위에 대해서 분개하고 화를 내리라고 예견하고 그들의 정당한 분노와 보복의 가능성을 두려워한다. 그러나 그가 또한 수치심을 느끼게 되는 이유는 그 행위로 인해 자기가 자제력이라는 선을 실현하지도 못하고 자기의 가치감을 확인시켜줄 동료들에게 무가치함을 보이게 되기 때문이다. 그는 그들이 자기를 배척하고 조소의 대상으로 경멸할 것을 두려워한다. 그의 행동을 통해서 자기가 귀중하게 여기며 얻기를 바라는 도덕적인 탁월성의 결핍을 노출한 셈이다.

18) 스티븐 핑커, 『생각의 재료: 인간 본성의 창으로서의 언어The Stuff of Thought:

Language as a Window into Human Nature』(London, 2008)

19) 피스케는 '시장가 매기기'로 알려진 네 번째 관계 유형에 대해 설명한다. 그에 따르면 앞의 세 가지 관계 유형은 서로 다른 환경에서 자연스럽게 성립되지만 네 번째는 최근의 현상이다. 이는 산업화 이후 시장 기반 사회에서 효율성의 기능적 평가에 따른 것으로, 우리는 이를 받아들이는 데에 익숙하지 않다.

20) M. 모건 외 (2006). 〈의사와 제약 산업 간의 상호작용Interactions of Doctors with the Pharmaceutical Industry〉, 《의학 윤리 저널Journal of Medical Ethics 32(10)》, 559-63

21) P.M. 르윈슨, W. 미쉘, W. 채플렌, R. 바튼 (1980). 〈사회적 경쟁력과 우울증: 망상적 자기 인식의 역할은?Social Competence and Depression: The Role of Illusory Self-Perceptions?〉, 《비정상 심리학 저널Journal of Abnormal Psychology》, 89, 203-12.

22) 이들 중 대다수는 영국에서 실시한 브렉시트 투표 결과가 표현이 수단을 누른 사례라고 주장한다.

23) 샘 셀본, 「외로운 런던인들The Lonely Londoners」(London, 1956), 25.

24) 케이트 폭스, 『영국인 발견: 영국인들의 행동에 숨겨진 규칙Watching the English: The Hidden Rules of English Behaviour』(London, 2005), 92.

25) 에마뉘엘 레비나스, 『존재와 다르게: 본질의 저편Otherwise Than Being, or, Beyond Essence』, (Dordrecht, 1998), 48-9.
    말함은 말하는 자를 발견한다.... 소통은... 말함에서 수행된다... 소통의 열림은 자아의 위험한 발견 속에, 성실성 속에, 내면성으로부터의 결별 속에 그리고 모든 은신처의 포기 속에, 상처에로의 노출 속에, 상처받을 수 있음 속에 있다.

26) 리처드 파인만, 『파인만 씨, 농담도 잘하시네!Surely You're Joking, Mr. Feynman!』(New York, 1997), 60.

27) 찰스 퍼시 스노, 『두 문화The Two Cultures』(Cambridge 2001 [1959])

28) 『문화의 해석The Interpretation of Cultures』(New York, 1973)
    두꺼운 기술에 대한 라일의 통찰을 발전시킨 클리포드 기어츠는 이렇게 주장했다. "인간은 스스로 친 의미의 그물에 매달려 있는 동물이다. 그래서 나는 그러한 그물의 문화를 분석하는 것을 법칙을 찾기 위한 실험 과학이 아니라 의미를 찾기 위한 해석으로 받아들인다".

29) 마크 리어리, 『자기 표현의 힘Self Presentation』(Colorado, 1995), 165.

30) 리어리는 소위 '자유 영혼'과 '관심에 굶주린 이들'을 시험했다. 두 집단을 한 방에 몰아넣고 마이크에 대고 자신에 대해 말하도록 한 뒤 보이지 않는 청취

자들이 그들과 상호작용하고 싶은지 여부를 1부터 7까지 점수로 매기도록 했다. 조작된 점수가 발표되자 자유 영혼이든 관심에 굶주린 이들이든 모두 결과에 연연하는 것으로 나타났다. 리어리는 "사회관계지표는 무의식적 혹은 전주의적으로 작용하면서 누군가의 관계적 가치가 낮거나 낮아지고 있는 모든 사회적 환경을 감지한다"고 결론지었다. (Ibid, 78)

31) 리어리, 『자아의 저주Curse of the Self』, 115.
테서의 자기평가유지이론은 우리가 각자의 '최고 영역'에서 뒤떨어지는 이들과 자존감 때문에 경쟁하지 않아도 되는 방법을 제시한다. "우리가 선택한 친구와 파트너, 그리고 이들의 성공에 어떻게 반응할지는 우리 스스로의 자존감에 따라 결정된다."

32) 사비니와 실버가 설명하는 것처럼 "진실함은 도덕적이기도 하고 미학적이기도 하다." 처음에는 부여된 역할과 진실한 느낌이 필연적으로 상반되는 것처럼 보인다. 진실함은 느낌, 의식의 내용, 충동의 문제이기 때문에 규칙, 표준, 조작된 인상을 다룬 모형은 무엇이든 진실함에 접근할 수 없다. 대신, 진실함, 심지어 느낌과 시인 사이의 경쟁으로 본 것과 같은 진실함에는 규칙, 표준, 심지어 조작처럼 구축된 것들이 요구된다. (64).

제2장

33) 이는 1970년대에 심리학자 허버트 사이먼이 선견지명을 갖고 예측한 바 있다.

34) S. D. 라이처와 S. A. 하슬람, 〈희망의 정치: 정체성 기업가로서의 도널드 트럼프The Politics of Hope: Donald Trump as an Entrepreneur of Identity〉, 『왜 비이성적 정치가 승리하는가Why Irrational Politics Appeals』 (Santa Barbara, CA, 2017), 25-40.

35) R. 하레, 『사회적 존재Social Being』, 2쇄 (Oxford, 1993).

36) 조너선 하이트, 『바른 마음The Righteous Mind』(London, 2012), 54.

37) 하지만 당신은 여정의 방향성에 의문을 품을 수도 있다. 우리는 좋은 평판에 대한 우려 때문에 도덕적으로 행동하는가 아니면 (생각하고 싶은 것처럼) 다른 동기가 있는 것인가? 어느 쪽이든 평판에 있어 '좋은'이란 단어에는 이 같은 도덕적 어조와 신뢰성이 포함되는 경향이 있다. 따라서 우리는 사기꾼이나 무임 승차자들에 극도로 민감하다.

38) 영국 국민건강보험 웹사이트 NHS Choices 〈알코올 "일곱 가지 암의 직

접 원인Alcohol "a Direct Cause of Seven Types of Cancer"〉, www.nhs.uk/news/2016/07July/Pages/alcohol-a-direct-cause-of-seven-types-of-cancer.aspx.

39) 애런슨은『사회적 동물The Social Animal』에서 이에 대해 밝혔다. 다른 사회 심리학자들은 이 같은 심리를 가리켜 '선의 효율성beneffectance'이라는 포괄적 신조어로 명명했는데 선의benevolence와 효율성effectiveness을 합친 말이다.

40) 스티븐 핑커,『마음은 어떻게 작동하는가How the Mind Works』(London, 1997), 421-3.

41) 수잔 T. 피스케, 에이미 J. C. 커디, 그리고 피터 글릭 (2006). 〈사회적 인지의 공통적 측면: 따뜻함과 경쟁력〉,《Cognitive Sciences 11(2)》http://fidelum.com/wp-content/uploads/2013/10/Warmth-Competence-2007.pdf.

42) 내 동료들이 알면 놀라겠지만, 그레이 매터라는 이름은 두 명의 설립자인 화이트와 독일어로 '검정색'을 의미하는 슈워츠를 합친 데서 연유했다.

43) 미셸 드 몽테뉴,『몽테뉴의 완벽한 작업: 에세이, 여행기, 일기, 편지The Complete Works of Montaigne: Essays, Travel, Journals, Letter』편집 및 번역 도널드 C. 프레임 (Stanford, CA, 1958), I:28 'Of Friendship,' 142.

44) 사라 B. 알고에아와 조너선 하이트(2009). 〈훌륭함의 생성 목격하기: 감격, 감사, 그리고 감탄이라는 "다른 찬사"의 감정들〉《Journal of Positive Psychology 4(2)》, 105-27.
조너선 하이트는 '감탄'과 '감격'을 구분해 사용하는데 전자가 경쟁력 등 비도덕 측면의 훌륭함에서 비롯된다면 후자는 도덕적 훌륭함에서 기인한다. www.ncbi.nlm.nih.gov/pmc/articles/PMC2689844/.

45) 사실 이는 내가 안나 파허티가 만든 실제 벤 다이어그램을 패러디 한 것이다. https://kingstonpublishing.wordpress.com/2011/11/06/love-and-money-its-all-about-the-author-for-sage/.

46) 조너선 하이트 외 (2007). 〈도덕 심리학에서의 새로운 종합The New Synthesis in Moral Psychology〉,《사이언스Science 316, 998》, http://www.unl.edu/rhames/courses/current/ readings/new-synthesis-haidt.pdf.

47) 밀란 쿤데라,『느림Slowness 』(London, 1998), 44.

평가받으며 사는 것의 의미

제 3 장

48) 클리포드 기어츠, 『문화의 해석The Interpretation of Cultures』(New York 1973), 45.

49) 직접 시험해보고 싶다면 이 웹페이지를 방문하면 된다. https://implicit. harvard.edu/implicit/takeatest.html.

50) S. J. 스펜서, C. M. 스틸과 D. M. 퀸 (1999). 〈고정관념의 위협과 여성의 수학 능력 Stereotype Threat and Women's Math Performance〉, 《Journal of Experimental Social Psychology, 35》, 4 - 28.

51) 미국 심리학 협회, 〈성취도 격차 넓히는 고정관념의 위협Stereotype Threat Widens Achievement Gap〉, 2006년 7월 15일, http://www.apa.org/research/action/ stereotype.aspx

52) 〈아이리스 보넷, 차별과 디자인에 대해Iris Bohnet on Discrimination and Design〉, 《사회 과학의 현실》(인터뷰), 2016년 5월 10일, https://www.socialsciencespace. com/2016/05/iris-bohnet-on-discrimination-and-design/.

53) 대니얼 카너먼, 『생각에 관한 생각Thinking Fast and Slow』(London, 2011).

54) 대니얼 카너먼과 아모스 트버스키, 〈불확실성 속 평가Judgement under Uncertainty〉, 《사이언스 27》, 1974년 9월호.

55) 셀리아 무어와 프란체스코 지노 (2013), 〈윤리성의 표류: 타인은 어떻게 우리의 도덕적 나침반을 진실의 북쪽으로부터 잡아당기며 우리는 어떻게 대처할 수 있을까Ethically Adrift: How Others Pull Our Moral Compass from True North, and How We Can Fix It〉, 《조직 행동 연구Research in Organizational Behavior》, 33, 53-77.

56) 조너선 하이트는 『바른 마음』에서 첸보 종의 작업을 인용해 반대의 현상도 성립한다는 사실을 보여준다. 타인이 도덕성을 위반한 사례를 떠올리거나 기술하도록 요청하자 손을 씻고 싶어 하는 경향이 강했다는 것이다. 이를 '맥베스 효과'라고 부른다.

57) 진화론적 설명에 따르면 우리는 누구를 믿을 수 있고 따라서 누구와 협력할 수 있는지 알아내기 위해 이 같은 직감을 발달시켜 왔다. 별로 놀랄 것 없는 이 이야기가 설령 사실이더라도 지금도 동일한 목적을 갖는다고 할 수는 없다. 오래전 특정 목표에 부합해 진화해 온 취향은 현재의 상황을 설명해준다. 일례로 단 것을 좋아하는 취향이 한때는 희귀한 설탕과 지방을 찾도록 동기부여를 해 생존에 도움이 됐지만 지금은 두 가지가 차고 넘치는 만큼 그런 역할을 하지 않는다. (출산을 위해 섹스를 하는 등) 특정한 행동으로 이끄는 본

래의 동기는 시간이 갈수록 변화해 최근의 동기에 가까워지는 경향이 강하다. 따라서 도덕적 직감은 우리가 다른 집단과 계속 성공적으로 거래하거나 협조할 수 있을지에 대한 불안함이 없더라도 유지된다. 문화적 진화도 마찬가지다. 오래전 사람들은 무기를 갖고 있지 않다는 것을 확인시켜 주기 위해 악수를 했고 더 이상은 그럴 필요가 없지만 지금도 이 행위는 계속된다.

58) 로버트 맥크럼, 〈필립 로스와의 대화A Conversation with Philip Roth〉, 《가디언 The Guardian》, 2011년 7월 1일, www.theguardian.com/books/2001/jul/01/fiction. philiproth1.

59) 마사 C. 누스바움, 『혐오와 수치심Hiding from Humanity: Disgust, Shame and Law』 (Princeton, NJ, 2004).

60) 1988년의 영국 지방 정부법 개정안. 2000년에 결국 폐지되었다.

61) L. 카스(1997). 〈혐오감의 지혜The Wisdom of Repugnance〉, 《뉴리퍼블릭New Republic 216(22)》, http://www.public.iastate.edu/~jwcwolf/336/KASS.pdf

62) 지금은 사회적 직관주의자 모형으로 일컬어진다.

63) 〈존엄함의 어리석음The Stupidity of Dignity〉, 《뉴리퍼블릭The New Republic》, 2008년 5월 28일, https://newrepublic.com/article/64674/the-stupidity-dignity

64) 최근 하이트와 동료들은 자유 vs 억압이라고 하는 여섯 번째 토대를 제안했다. 이는 자유의 제약에 저항하는 강력한 자유주의적 경향으로, 권위의 토대와 반대 방향을 지향해서 억압에 저항하며, 억압하는 자들을 처벌한다. 하이트와 동료들은 도덕적 토대를 위한 이들 후보들을 제안했으나 좀 더 많은 연구를 통해 더 많은 것들이 구축, 혹은 통합될 수 있다는 사실을 깨달았다. 하지만 많은 것들이 존재한다는 발상은 고수하기로 했다.

65) 도덕적 토대에 관한 이 같은 설명은 인류학자 리차드 시웨더의 통찰에 기반한다. 그는 이상할 만큼 개인에만 연결시키는 도덕성의 서구적 개념에 반대했다. 언제 어디서든 인간에게는 훨씬 광범위한 도덕적 개체가 존재한다는 것이다. 그는 개인주의적 문화를 집단주의적 문화와 대조해 전자가 서구에서 뚜렷하게 나타나는 자치의 윤리를 중요시하고 개인의 손해 및 권리와 연관된다면, 후자는 집단의 윤리를 중요시해 당신의 몸을 신성하고 순수한 사원처럼 다루도록 하는 신성함의 윤리뿐 아니라 의무 및 그에 따른 집단의 의지도 강조한다고 주장했다. 자치, 집단, 및 신성으로 구성된 삼자 구분은 문화 전반에 다양하게 적용된다. 그중에서도 자치는 주로 서부의 소수 문화에서 두드러진다.

66) 존 헨리치, 스티브 하이네와 아라 노렌자얀 (2010). 〈세계에서 가장 이상한 사

람들은?The Weirdest People in the World〉,《행동 및 두뇌 과학Behavioral and Brain Sciences 33(2-3)》, 61-83.

67) 사실 타인을 평가할 때 처음의 두 가지 도덕적 토대만을 활용해야 한다는 주장이 높은 지지를 얻고 있다. 이 같은 진보적 시각에 따르면 도덕성에 있어서는 상처 입은 사람이 있는지, 부당한 면이 있었는지에만 초점을 맞춰야 한다. 그리고 이 따뜻함/냉청함, 공정함/부정함의 두 가지 기준 이상을 적용하는 이들은 엄청난 문제를 일으킨다. 충성, 권위 및 순수를 지나치게 존중하면 외부자에 대한 적개심, 그리고 약자, 인종, 동성 등 온갖 형태의 억압으로 이어질 수 있다. 하지만 이런 식으로 생각하는 사람은 전 세계 인구의 일부에 지나지 않는다.

68) 〈조지 몬비오가 되기는 어려워It Can't Be Easy Being George Monbiot〉,《생태학자The Ecologist》, 2013년 12월 5일, http://www.jonathonporritt.com/blog/it-can%E2%80%99t-beeasy-being-george-monbiot

69) 〈존 피글러의 "유출된" 이메일John Pilger's "Leaked" Emails〉,《디시던트93dissident93》, 2011년 8월 10일, https:// dissident93.wordpress.com/2011/08/10/pilger-leaked-emails/

70) 제임스 델링폴, 〈조지 몬비오: 제2의 크리스토퍼 히친스?George Monbiot: The New Christopher Hitchens?〉, 2012년 5월 27일, http://www.delingpoleworld.com/2012/05/27/georgemonbiot-the-new-christopher-hitchens/

71) J. M. 달리와 C. D. 뱃슨(1973). 〈예루살렘에서 예리코까지: 남을 돕는 행위의 상황적, 기질적 변수에 관한 연구From Jerusalem to Jericho: A Study of Situational and Dispositional Variables in Helping Behavior〉,《인성과 사회심리학 저널Journal of Personality and Social Psychology》, 27, 100-8.

72) 마이클 I. 노튼과 댄 아리엘리 (2011). 〈더 나은 미국 만들기 – 한번에 부유층 20%씩Building a Better America— One Wealth Quintile at a Time〉,《심리학적 과학의 관점Perspectives on Psychological Science 6(9)》, http://www.people.hbs.edu/mnorton/norton%20ariely.pdf

73) 방관자 효과와 사회 증명은 사회심리학의 개념으로 우리가 타인에게 의존해 각자의 시각을 구축한다는 걸 의미한다. 방관자들은 어려움에 처한 이들을 무시하는 타인을 보고 똑같이 행동하며, 타인의 행동을 통해 옳은 행동이 뭔지 판단하는 사회 증명은 사람들이 왜 그렇게 행동하는지 설명한다.

74) M. 레빈, A. 프로세르, D. 에반스와 S. 리처 (2005), 〈정체성과 응급 상황의 개입: 사회 집단의 멤버십과 소속감은 타인을 돕는 행위에 어떤 영향을 미치는

가Identity and Emergency Intervention: How Social Group Membership and Inclusiveness of Group Boundaries Shapes Helping Behavior〉,《인성과 사회 심리학 게시판 31Personality and Social Psychology Bulletin》, 443-53.

75) 프란체스카 지노, 스하하르 에이알과 댄 아리엘리 (2009), 〈비윤리적 행위의 전염성과 차별성: 썩은 사과 한 개가 집단에 미치는 역할Contagion and Differentiation in Unethical Behavior: The Effect of One Bad Apple on the Barrel〉,《심리 과학Psychological Science》, 20, 393.

76) 로이 F. 바우마이스터, 로라 스마트와 조셉 M. 보덴 (1996), 〈위협받은 자기 중심주의와 폭력 및 공격의 관계: 높은 자존감의 이면Relation of Threatened Egotism to Violence and Aggression: The Dark Side of High Self-esteem〉,《심리학 리뷰Psychological Review》, 103(1), 5-33.

77) 인류학자 스콧 애트란은 우리의 가장 깊은 헌신을 이끌어내고 폭력과 전쟁 같은 극단적 행동까지 허용하는 게 '신성한 가치들'이라고 주장한다.

78) 영국 귀족원은 그와 같은 결과가 예측 가능했다고 결정하기 전에 이전 배심원단이 그 결과의 가능성에 대해 생각하도록 유도되지 못했다는 점에서 새로운 판결을 내렸다. 그들은 형량이 8년으로 줄어 1989년에 석방되었다.

79) 하버드의 심리학자 피어리 쿠시먼은 우리가 의도가 아닌 결과에 따라 처벌받을 때 가장 효율적으로 배운다는 발상을 시험해보았다. 사람들에게 색색의 보드판에 다트를 던지도록 하되 어떤 색이 점수가 높고, 어떤 색이 낮으며, 또 어떤 색을 맞췄을 때 처벌받는지 일절 알려주지 않았다. 그랬더니 사람들은 목표 색상을 선정하는 집단과 아무 생각 없이 던지는 집단으로 나뉘었다. 그 결과, 후자가 높은 점수의 색상을 효율적으로 밝혀내는 법을 배웠다.

80) 조슈아 노브 (2003), 〈일상 언어에서의 고의적 행동과 부작용Intentional Action and Side Effects in Ordinary Language〉,《분석Analysis》, 63, 190-3.

81) 하지만 여기에는 반전이 있다. 화를 참지 못하고 나쁜 일을 하면 왜곡된 감정에 정복당한 듯 보이지만 연민에서 좋은 일을 하면 진정한 자신처럼 보인다. 이는 노브 효과와는 정반대다.

82) 조슈아 그린, 『옳고 그름: 분열과 갈등의 시대, 왜 다시 도덕인가Moral Tribes: Emotion, Reason and the Gap Between Us and Them』 (New York, 2013), 70.

83) 폴 블룸, 『공감에 반대하다Against Empathy: The Case for Rational Compassion』 (New York, 2016), 9.

84) 〈도덕 심리학: 실증적 접근〉,《스탠포드 철학 사전Stanford Encyclopedia of Philosophy》, 2006년 4월 19일, https://plato.stanford.edu/entries/moralpsych-

emp/

85) '행위 공리주의'와 '규정 공리주의'의 차이점에 유념해야 한다. 행위 공리주의
는 해당 행위로 인해 더 많은 이들이 더 많은 행복을 누린다면 그 행위가 도덕
적으로 정당화된다는 점에서 협의의 평가를 일으킨다. 하지만 규정 공리주의
는 규정에도 일치하며 최대 다수의 최대 행복을 일으켜야 한다.

86) 조너선 하이트, 『바른 마음』, 71.

87) Ibid, 71.

88) 산드라 L. 슈나이더와 제임스 샌토 (eds), 『판단과 결정 연구에 대한 떠오르
는 관점Emerging Perspectives on Judgment and Decision Research』(Cambridge,
2003), 438–9

89) 흄은 관중과 수취인의 다양한 조합을 고려해 도덕적 미덕의 속성에 네 가지
항목이 존재한다고 결론지었다. (1) 자애, 온화함, 자선, 정의, 신의와 진실성
등 타인에게 유용한 성질 (2) 근면, 인내 등 자신에게 유용한 성질 (3) 재치,
설득력과 청결 등 타인의 호감을 살 수 있는 성질 (4) 유머감각, 자존감과 자
존심 등 즉시 자신에게 호감을 살 수 있는 성질. 흄이 말하는 도덕적으로 중요
한 자질과 행동은 이 범주들 중 하나 이상에 속하는 것이다.

	유용	호감
자신	근면	자존심, 자존감
타인	자애	재치, 청결

90) 합리성은 대개 도덕적 평가의 근간이 되지 않는다. 칸트가 친구들에게 상처가
되더라도 진실을 말해야 한다고 조언하거나, 벤담이 한 번도 만나보지 못한
아이들의 엄청난 고난을 생각하며 자녀와 시간을 덜 보내도록 경고할때 이들
의 논리를 이해할 수는 있지만 좋아하지는 않는다.

91) 조너선 하이트, 『바른 마음』(London, 2012), 63.

92) 조너선 하이트, 『행복의 가설The Happiness Hypotheses』(London, 2006).

제4장

93) 내가 책과 영화의 식민주의적이고 인종차별적인 어조를 파악하기 훨씬 이전
의 일이다.

94) 윌리엄 셰익스피어, 『리어왕The Tragedy of King Lear』, 3막, 4장, 113–15.

95) 영화 〈인투 더 와일드Into the Wild〉는 문명의 덫에서 벗어나고 싶은 한 남성의

욕구를 소로식 모험으로 잘 그려냈다.

96) 마크 롤랜즈, 『철학자와 늑대: 사랑, 죽음과 행복에 대해 야생에서 얻은 교훈The Philosopher and the Wolf: Lessons from the Wild on Love, Death and Happiness』(London, 2009), 86.

97) 존 투비, 〈엣지 2017이 '연합 심리학'을 묻다Edge 2017 Question 'Coalitional Psychology'〉https://www. edge.org/response-detail/27168.

98) 던바는 "이 숫자가 술집에서 우연히 마주쳐 급작스레 동석하게 되더라도 당황스럽지 않은 사람들의 수"라고 설명한다.

99) 조너선 하이트, 『바른 마음』(London, 2012), 76.

100) 클리포드 기어츠, 『문화의 해석The Interpretation of Cultures』(New York 1973), 33.

101) 루트비히 비트겐슈타인, 『철학 탐구Philosophical Investigations』(Oxford, 1998), 223.

102) 스탕달, 친밀한 작업, 존 엘스터의 『시큼한 포도: 현실의 전복성 연구Sour Grapes: Studies in the Subversion of Reality』, (Cambridge, 1985)에서 인용.

103) 필립 리프는 『치료법의 승리Triumph of the Therapeutic』에서 프로이트가 천재를 대중화시켰다고 말했다.

104) 존 고트만은 관계에서 하나의 부정적 상호작용을 보상하려면 다섯 개의 긍정적 상호작용이 필요하다고 말한다.

105) 로스 자신이 살짝 투영된 인물, 로스는 자신의 여러 작품에 등장한다.

106) 요르단계 아일랜드인 작가가 백인을 척하는 흑인 남성의 자서전을 쓰는, 유태인 소설가에 대해 쓰는 것은 부분적 이해와 의도되지 않은 무감각이 잠재되어 있다. 이는 그 자체만으로 내가 이 책에서 강조하고 싶은 주제를 반영한다.

107) 치마만다 아디치에는 소설 『아메리카나Americanah』에서 흑인을 극단으로 몰아가는 상징으로 머리칼을 거듭 사용한다.

108) 프리드리히 니체, 『즐거운 지식The Gay Science』(New York 1974)

109) 여기서 인간은 소처럼 동물의 형태를 띠고 자신의 세상에서 와해된다. 낙농장을 걸으면서 부패한 마을을 찾고 큰엉경퀴와 달팽이액을 끌고 다니는 하디의 『더버빌가의 테스』처럼 본능적으로 적절한 글이 등장한다.

평가받으며 사는 것의 의미

110) 에미네 사너, 〈와인하우스를 빼먹은 영화 에이미Mitch Winehouse on Amy the Film〉, 《가디언》, 2015년 5월 1일, www.theguardian.com/music/2015/may/01/mitchwinehouse-interview-amy-documentary-film

111) 댄 P. 맥아담스, 『인성 발달의 예술과 과학The Art and Science of Personality Development』(Guilford, 2015).

112) 트럼프에 관한 이 같은 묘사는 맥아담스가 《애틀란틱》에 게재한 것으로 《가디언》에서 이 단락을 발췌해 요약했다. www.theguardian.com/us-news/2016/aug/05/donald-trumppsychology-personality-republicans-election

113) 3장에서 다룬 WEIRD 진보주의자들의 탄생 스토리를 보수주의자들에게 적용한 글에 대조해보면 이들의 특성을 잘 알 수 있다.

자신을 규정하는 삶의 서사에서 가장 중요한 에피소드를 묘사해 달라는 요청에 보수주의자들은 엄격히 규칙을 집행하는 권위를 만나 자기 규율과 책임감의 가치를 배운 이야기를 하는 반면, 자유주의자들은 동정심이 발달하고 새로운 사람들과 생경한 환경에 대해서도 마음을 여는 법을 배우게 된 일화를 소개했다. 현재의 종교 및 도덕적 신념을 어떻게 갖게 됐는지 묻는 질문에 보수주의자들은 권위에 대한 깊은 존중, 자신이 속한 집단에 대한 충성, 자신의 순수성을 강조한 반면 자유주의자들은 인간의 고난과 사회적 공정성을 떠올렸을 때 느끼는 깊은 감정을 강조했다.

– D.P.M. 맥아담스 hl (2008), 〈가족 은유와 도덕적 직감: 보수주의자들과 진보주의자들은 자신들의 삶을 어떻게 서술하는가Family Metaphors and Moral Intuitions: How Conservatives and Liberals Narrate Their Lives〉 《인성과 사회 심리학 저널》(95), 978.

114) 크리스토퍼 부커, 『일곱 가지 기본 플롯: 우리는 왜 스토리를 이야기하는가 The Seven Basic Plots: Why We Tell Stories』(Londodn, 2004).

위대한 작품들이 기본 플롯을 제대로 지키지 않았다고 비판하는 대목에서는 그가 선을 넘었다고 나는 생각한다.

115) 그는 책을 『일곱 가지 기본 플롯』으로 명명하고 이들에 대한 내용으로 첫 장을 구성하지만 뒤에서는 두 가지를 덧붙인다. 첫 번째는 '반란'으로 주인공이 엄청난 적의 세력에 저항하다 압도되는 것이다. 두 번째는 '미스테리'로 두렵지만 설명할 수 없는 사건에 휘말리게 되면서 무슨 일이 벌어지는지 파헤치는 것이다.

116) 알래스데어 매킨타이어, 『덕의 상실: 도덕 이론 연구After Virtue: A Study in Moral Theory』(London, 1985).

117) 비트겐슈타인, 『갈색 책The Brown Book』(Oxford, 1958), 87.

118) 물론 일부는 사망자가 스스로 쓰기도 했다. 직접 쓴 부고는 언제든지 알아볼 수 있다고 편집자는 말하는데 끝에서 두 번째 단락이 '간과된 수많은 업적 중 한 가지 영역'으로 도배되는 경우가 많기 때문이다.

119) 스파이크 밀리건의 "거봐, 내가 아프다고 말했잖아"가 게일어로 적혀 있어서 지나다니는 이들에게는 덜 퉁명스럽게 보일 수 있다. 우리는 죽음을 웃을 일로 생각하지 않는다. 아일랜드계 화자들은 철학적으로 좀 더 회복 탄력적이라고 여겨지는 듯하다.

120) 제임스 우드, 『삶에 가장 가까운 것The Nearest Thing to Life』(London, 2015), 19.

121) 알렉산더 네하마스, 『우정론On Friendship』(New York, 2016), 125.

122) 이 같은 아이디어는 작가이자 기술 이론가인 톰 챗필드가 내게 제안해주었다.

123) 줄리언 바지니, 『에고 트릭: 당신이 된다는 것은 무슨 뜻인가?The Ego Trick: What Does It Mean To Be You?』(London, 2012).

124) 윌리엄 셰익스피어, 『맥베스Macbeth』, 5장, 5막, 24-28열.

125) 제임스 우드, 『삶에 가장 가까운 것』(London, 2015), 19.

평가받으며
사는 것의 의미

초판 1쇄 발행 2020년 3월 3일

지은이   지야드 마라
옮긴이   이정민
펴낸이   조미현

편집주간   김현림
책임편집   박이랑
표지 디자인   this-cover. com
본문 디자인   Design Chang

펴낸곳   현암사
등록   1951년 12월 24일 (제10-126호)
주소   04029 서울시 마포구 동교로12안길 35
전화   02-365-5051   팩스   02-313-2729
전자우편   editor@hyeonamsa.com
홈페이지   www.hyeonamsa.com

ISBN 978-89-323-2035-9 03180

이 도서의 국립중앙도서관 출판예정도서목록(CIP)은 서지정보유통지원시스템 홈페이지
(http://seoji.nl.go.kr)와 국가자료종합목록 구축시스템(http://kolis-net.nl.go.kr)에서 이용
하실 수 있습니다.
(CIP제어번호 : CIP2020005311)